LES INFLUENTES

De la même auteure :

La Cour des grandes, Lattès, 2015.
Les Jeux de garçons, Lattès, 2015.
Les Devoirs de vacances, Lattès, 2016.
L'Odeur de la colle en pot, Lattès, 2019.
Frangines, Lattès, 2020.
Haute Saison, Lattès, 2021.
L'Heure des femmes, Lattès, 2023.

editions-jclattes.fr

Adèle Bréau

LES INFLUENTES

Roman

JC Lattès

Couverture : Le Petit Atelier
Photo : Robert Katzki sur Unsplash.

ISBN : 978-2-7096-7271-9
© 2025, éditions Jean-Claude Lattès.
Première édition : janvier 2025

*À Domi, l'homme le plus élégant
qu'il m'ait été donné de rencontrer.*

« Je sais qu'il y a des gens qui meurent dans le monde, mais réglons un problème à la fois et commençons par tes cheveux. »

Loïc Prigent, *J'adore la mode mais c'est tout ce que je déteste.*

Prologue

— Vous avez votre invitation ?
Tout ce qui constitue le monde de la mode se presse à l'entrée. D'immenses femmes, fines comme des roseaux, perchées sur des talons carrés, vernis, les cheveux joliment plaqués à la cire, raie au milieu, créoles dorées, le visage fardé à la perfection. Sourcils étirés, redessinés, sacs à main lustrés, manteaux en cachemire. Ça sent le parfum de luxe à plein nez. Les fragrances se mélangent quand les mains se serrent sur des bijoux énormes, lorsque les corps s'étreignent sans se toucher – il ne faudrait pas abîmer ce beau travail ! Certaines ont opté pour le cuir – blousons à épaulettes Saint Laurent, trenchs larges sanglés à la taille, qui crissent et tranchent élégamment avec les cheveux blonds, balayage urbain, extensions, brushings et chignons hauts laqués. Hommes et femmes avancent par petits groupes de deux, munis de leurs cartons d'invitation. Quelques-uns sont venus seuls. Tous portent des lunettes noires. Bouche rouge ou glossée.

Les barbes sont bien taillées. Les vestes coupées au rasoir. Rien ne dépasse. On s'observe à la dérobée. Qui sera le plus élégant, le plus digne, le plus attendu ? Qui sera au premier rang, surtout ?

Les cartons ont été envoyés à la dernière minute. Le lieu est resté secret jusqu'au matin. Les noms et prénoms sont calligraphiés à l'encre marine et consignés sur une liste qui renvoie au placement. Beaucoup ont œuvré toute la nuit pour gagner des rangs. Ont passé moult coups de fil, envoyé des textos, jusque dans les ministères. On murmure qu'il y aura des photographes à l'intérieur. Et probablement la télé aussi.

Il y a longtemps que Paris n'a pas été aussi beau, avec son ciel bleu turquoise. « On dirait du Tiffany », glisse la plume féroce d'un hebdomadaire masculin qui se faufile dans la foule, trace son chemin à coups d'embrassades. On dirait un alpiniste qui pose habilement ses pieds sur des prises minuscules pour atteindre le sommet. Les flashes crépitent lorsque surgit une célébrité qui passe sans s'arrêter. Juste un petit signe de la main comme dans la cour de l'Élysée. Sourire. Tempête, éclats de lumière. On chuchote, puis on s'écarte. La notoriété a tendance à mettre tout le monde d'accord. Mais dans cette file-là c'est différent. On commence à s'irriter parce que, franchement, qu'est-ce qu'il a de plus que moi, celui-là ? Ne poussez pas !

À l'intérieur, il y a cette femme puissante qui a été chargée du placement. Parfois, d'élégants grooms en manteau noir viennent lui parler à l'oreille. Elle fait « oui » ou « non » de la tête, comme aux temps du cirque. Pouce en haut, pouce en bas. Les dernières rangées sont évidemment remplies avant les premières. Comme à l'Opéra. Arriver trop tôt, c'est tellement humiliant. On reste seul, et puis tout le monde vous regarde, vous photographie à la dérobée.

La musique emplit le vaste espace, somptueux. De gigantesques gerbes de fleurs blanches décorent les dizaines d'allées de chaises en bois brun parfaitement ordonnées. C'est le fleuriste de Dior qui a tout ornementé, dit-on. C'est beau à pleurer. L'exceptionnelle hauteur sous plafond amplifie le brouhaha, le fait danser entre les murs vieux de presque deux siècles. On aperçoit la Première dame coiffée d'un chignon bas. « Que porte-t-elle ? » demande-t-on dans les allées. Du *made in France*, forcément. Ses talons claquent sur le marbre du sol. Elle est suivie par des gardes du corps, et un capitaine d'industrie. Puis une mannequin des années 1990 fait son entrée.

— Elle a pris cher.

— Non, elle est ravissante.

— On dit qu'elle a fait un demi-lifting.

— Ah bon, tu crois ? Je dirais plutôt des injections.

— Excusez-moi, mais c'est mon siège. Le A8 c'est le mien. Regardez, c'est marqué.

— Ah, pardon. Avec mon ami, nous voulions être à côté.

— C'est hors de question, la vôtre est derrière la colonne. Débrouillez-vous, mais je veux ma place.

— Tu fais quoi, en ce moment ?

— J'écris un livre sur ma vie. J'espère le vendre à Netflix.

— Ah canon. Tu pars au Japon la semaine prochaine voir la collab italienne ?

— Non, je ne pense pas. Je l'ai déjà vue à San Diego.

L'église de la Madeleine est bondée. On n'a pas vu ça depuis Johnny. Ils sont des centaines, des milliers peut-être. Tous vêtus de noir – que d'aucuns appellent charbon, réglisse, encre ou carbone. Les photographes vont prendre place près de l'autel. Les écrans des téléphones font comme un océan de petits cierges, c'est vraiment joli. Et puis les visages se ferment. Le chagrin s'y dépose. Le tableau est parfait. Sublimement esthétique. Tout comme le prêtre, qu'on dirait optionné sur casting. Beaucoup chuchotent des inconvenances à son arrivée.

— Non mais a-t-on idée d'embaucher un homme d'Église aussi sexy ? C'est peut-être un mannequin, tu ne crois pas ?

— Ils en sont capables. Je suis sûr de l'avoir déjà vu chez Gucci.

Enfin, les orgues s'animent, les proches entrent, mines contrites, main dans la main. C'est si beau, le chagrin. Et l'assemblée se lève tandis que surgit le cortège et que résonne le *Requiem* de Mozart joué au clavecin par ce pianiste marié à une célèbre journaliste télé.

— Mon Dieu, c'est magnifique, chuchote la plume, d'une voix tremblotante.

La messe funéraire va commencer.

ACTE I

Anne

La cafetière émet des petits bruits réconfortants. Anne sort un à un les bols, les cuillères, puis le lait et le beurre du frigidaire. Elle les dispose autour de la table ronde en bois, clipse la chaise bébé qu'elle vient tout juste de recevoir. C'est vraiment pratique, ça gagne de la place. Elle a vu passer une publicité sur son fil Instagram. Elle a un peu hésité, bien sûr. Parce que, souvent, on essaye de vous vendre tout et n'importe quoi, puis vous recevez un produit de qualité médiocre, qui finit abandonné dans un placard. Comme cet extracteur de jus qu'elle n'a jamais utilisé parce qu'il manque une pièce que Brice n'a jamais remplacée. Ou cette serviette censée vous sécher les cheveux en deux minutes chrono.

Cette chaise, en revanche, est parfaite. C'est à se demander comment ils ont su qu'elle en avait besoin. Brice prétend que l'algorithme se cale sur ses envies, sur ce qu'elle regarde, ce qu'elle cherche, ce dont elle parle, aussi. Il pense que les téléphones sont de vrais mouchards. Elle trouve qu'il exagère. Comment un robot pourrait-il savoir ce qu'elle aime, elle, Anne, trente-neuf ans, maman à la maison – elle n'aime pas l'expression « femme au foyer », trop réductrice et désuète – de Daria, douze ans, Tom, huit ans, et Suzanne, deux ans, épouse de Brice Travers, cadre de banque qu'elle a connu au lycée, sœur de Nine et Frédéric Berger, fille de Marlène et Alain Berger, présidente adjointe de l'association des parents d'élèves de l'école élémentaire de Viroflay ? Oui, qu'est-ce que ce robot pourrait bien avoir à fiche de ses besoins à elle ? Et surtout, qu'est-ce que ça pourrait bien lui faire ? C'est comme la géolocalisation, que Brice lui a demandé de désactiver sur son téléphone, au prétexte que d'obscurs espions s'intéresseraient à ses trajets quotidiens.

Anne a refusé. Depuis quelques mois, elle a ouvert un compte Instagram. Ou plutôt, elle a rendu public le compte sur lequel elle poste depuis des années les photos de vacances en famille, sans grand entrain, simplement pour avoir quelques likes, et des commentaires de cousines et de vieilles copines qui lui disent combien sa vie est belle. Ça lui donne l'impression d'avoir réussi quelque chose.

Et puis, il y a eu ce club tricot et couture, auquel elle s'est inscrite l'année dernière parce qu'elle trouvait le temps long, le mercredi après-midi, à attendre que Tom et Daria aient fini leurs activités. D'autres mamans lui ont proposé de les y accompagner. À première vue, ça avait l'air vieillot et plutôt déprimant. Mais des femmes très bien, comme Sophie Labbée ou Lauren Marsac, y étaient inscrites – et Lauren n'a même pas d'enfant ! Là-bas, Anne s'est fait de nouvelles copines, et elle s'est découvert un talent. Devant la machine à coudre, elle qui n'en avait plus touché depuis l'époque où, enfant, elle confectionnait des robes et des manteaux pour ses poupées, elle a retrouvé sa dextérité d'antan, et fait l'admiration de ses comparses du mercredi et de Pierrette, la professeure un peu *new age* qui a monté l'atelier. Anne a même emporté des devoirs à la maison. Le soir, tandis que Brice regardait ses séries d'action, elle a laissé courir ses doigts sur les étoffes, dessiné des patrons, taillé des tissus qu'elle allait de temps en temps chercher à Paris – pas souvent, car Brice n'aime pas beaucoup la capitale.

Et puis l'année passée, à la kermesse de l'école, elle a débarqué avec des dizaines de ses créations. Des tutus en tulle, des sacs en crochet multicolores, des bustiers volantés que lui avait inspirés la visite avec la classe de Tom d'une exposition rendant hommage à Frida Kahlo. Elle avait baptisé cet embryon de marque « Irène », du nom de sa grand-mère. Tout était parti en une heure. Ça l'avait émue, car c'était la première fois qu'on s'intéressait à elle pour autre chose que pour ses enfants ou son « job de maman ». Et puis, ça avait rapporté un peu d'argent. Après coup, elle s'était même dit qu'elle aurait dû vendre tout ça plus cher, mais elle craignait que ces petites créations amateures n'intéressent personne. Anne doute beaucoup, depuis toujours. Sophie et Lauren l'avaient pourtant prévenue que ça s'arracherait.

Ce sont elles qui l'ont poussée à vendre ses pièces en ligne. Viroflay est trop petit, il fallait que la France entière puisse accéder à de telles merveilles. En septembre, Anne a donc réinvesti ses bénéfices, en les versant à un jeune du quartier fondu d'informatique, qui lui a promis un « e-shop de fou ». Trois semaines plus tard, incrédule, Anne a compris qu'elle était devenue entrepreneuse. Ou « mompreneuse », selon le néologisme un peu niais qui accompagne la biographie qu'elle a eu tant de mal à écrire pour le site, à la demande du jeune. Selon lui, il fallait « incarner la plateforme », y mettre un portrait d'elle, expliquer l'histoire de la marque. Daria a trouvé amusant de prendre sa mère en photo dans le jardin, devant ses plus beaux sacs. Brice s'est dit « très fier ». Toutefois Anne a cru percevoir un brin de condescendance dans leur regard à tous – c'était une bonne chose qu'elle s'amuse un peu et s'épanouisse loin d'eux, avec tout le temps qu'elle leur consacrait.

Et puis, elle avait supprimé les clichés trop intimes de son compte Instagram, l'avait rendu accessible au plus grand nombre et commencé à poster des photos professionnelles accompagnées de hashtags. Avec Lauren et Sophie, elles avaient

Anne

organisé un grand shooting dans le jardin, pour la collection cette fois. Ça avait été très amusant. Sophie avait renoué avec la photographie, qu'elle pratiquait dans sa jeunesse avant d'y renoncer pour embrasser une carrière bien plus sérieuse – et surtout rémunératrice – de comptable dans un gros groupe industriel qui lui a accordé un quatre cinquième pour la naissance de son second. Elles avaient imaginé des mises en scène, installé deux, trois sacs dans un rayon de soleil, posé en bombant le torse, vêtues des superbes pulls torsadés « best-sellers de l'hiver », pris quelques vidéos sur les conseils de Daria qui assurait que ce format lui apporterait une meilleure visibilité. Depuis, chaque soir, Anne postait scrupuleusement un nouveau « visuel », ajoutait quelques *stories* et un clip accompagné d'une musique entraînante.

6 h 58. Dans deux minutes, le réveil de Brice sonnera. Anne entendra ses pas se diriger vers la salle de bains. Ceux de Daria prendront le relais à 7 h 15. Quelques minutes plus tard, cette dernière embrassera son père sortant de sa douche dans un nuage de buée, et se claquemurera un long moment. À 7 h 30, après avoir pris un premier café avec Brice, Anne montera chercher Tom et Suzanne – cette petite fille magique qui attend sagement qu'on vienne la sortir de son lit en gazouillant.

En attendant, il lui reste deux minutes de sérénité pour consulter son compte. 1 807 abonnés.

Pas mal. Il y a encore un mois, elle plafonnait à 346. Ce matin, elle doit aller à la poste livrer trois pulls et deux écharpes en cachemire. Elle fait défiler le fil de ses abonnements, sourit devant une vidéo culinaire, contemple la photo d'une célébrité, pose trois cœurs sur des commentaires encourageants.

Des pas brisent le silence. La journée va démarrer.

Blanche

— Alors, on met qui en couverture ?
— Qu'est-ce que j'en sais, moi ? Elle a dit quoi, exactement ?
— Je ne l'ai pas eue en direct, tu imagines bien. J'ai eu l'agent qui refuse de valider une quelconque photo. Il trouve qu'Isabelle a l'air empâtée sur toute la série. Il dit qu'il n'a même pas osé lui montrer, que c'est scandaleux.
— C'est vrai qu'elle s'est empâtée. Enfin, il est au courant. On lui a envoyé les photos retouchées ?
— Évidemment. Il ne veut rien savoir, il ne répond même plus.
— Ils m'emmerdent !

Blanche de Rochefort tend la main vers son large bureau en verre, sur lequel reposent plusieurs cigarettes électroniques. Depuis qu'elle a arrêté de fumer il y a deux mois, elle est d'une humeur exécrable. Un état permanent, selon ceux qui la côtoient dans le milieu depuis trois décennies. Pourtant, Blanche sent bien que, là, elle peut vraiment perdre ses nerfs. D'autant que Benjamin ne la rappelle pas. Ils ne se sont pas vus depuis deux jours. Elle l'a rencontré la semaine précédente à ce dîner donné au Ritz par un célèbre joaillier. C'était somptueux. Des bouquets prune, vert et blanc recouvraient une large table dressée avec luxe – vaisselle coûteuse, couverts en or, verres en cristal, porte-couteaux en porcelaine de Limoges gravés aux noms des convives. D'habitude elle se fiche de tout ça. Elle en a tellement vu, en trente ans, des dîners comme celui-ci. Aux quatre coins du monde, et dans les lieux les plus extravagants. Mais ce soir-là, elle a été placée à côté de cet homme qu'elle ne connaissait pas. Un hétérosexuel vieille école, charmant et entreprenant. Généralement, personne n'ose s'adresser à Blanche. Elle a sa petite garde rapprochée, qui change régulièrement selon ses humeurs et les époques, et un aréopage de connaissances qu'elle terrifie. Lui ne semblait pas avoir eu vent de sa réputation. Il l'avait mise en boîte et interrogée sur ce petit monde de la mode qu'il paraissait découvrir. Elle s'était montrée distante, d'abord, avant de comprendre que l'homme en question – Benjamin Favre, donc – dirigeait depuis peu la communication internationale du plus grand groupe de cosmétique français, après avoir passé des années dans l'industrie pharmaceutique. Alors, elle avait entamé son numéro commercial. Celui qu'elle propose lorsqu'elle s'adresse à des puissants, ou à quiconque peut lui apporter

Blanche

quelque chose – une place de concert, au restaurant ou une page achetée dans son magazine. Mais Benjamin avait vite désamorcé cette tentative trop évidente et embarqué Blanche vers des chemins bien plus intimes.

Deux jours plus tard, ils dînaient ensemble, au Cheval Blanc, face à la Seine. Blanche portait une robe Pucci décolletée dans le dos, empruntée à la marque. David, son coiffeur personnel et ami, était passé chez elle. En arrivant au restaurant, elle s'était plantée devant Benjamin, non sans avoir salué la moitié de la salle, et s'était assise en balançant son sac de luxe sur la banquette, avec sans doute un peu trop d'arrogance. Car Blanche voulait à tout prix masquer son angoisse – cela faisait bien trois ans qu'elle n'avait pas eu de vrai rendez-vous. D'autant que Benjamin n'avait même pas feint de vouloir discuter affaires. Non, il lui avait envoyé un mail où il la convoquait – oui, littéralement – à une date et une heure qui ne souffraient aucune discussion.

— Je sais bien que ton agenda est plein jusqu'à l'année prochaine, soirées et week-ends inclus, lui avait-il chuchoté plus tard au creux de l'oreille, après qu'ils eurent descendu deux bouteilles d'un vin blanc très cher et oublié leur réserve du début de repas.

Les péniches passaient sur la Seine illuminée, les lampes chauffantes donnaient du courage aux quelques téméraires qui, comme eux, avaient bravé les premiers frimas de septembre pour étirer un peu l'été, et les lèvres de Benjamin s'étaient approchées. Blanche avait un bref instant songé à tous ces gens – attachés de presse, journalistes, mannequins, célébrités, milliardaires saoudiens, capitaines d'industrie – qui pourraient l'apercevoir, avant de s'abandonner à cette soudaine volupté. Ils avaient rapidement quitté les lieux – sans attendre l'addition, puisque son compagnon d'un soir avait visiblement un compte à l'année dans ce théâtre des relations parisiennes – et avaient filé chez Blanche, dans son duplex de la rue de Grenelle. En y repensant aujourd'hui, Blanche ne sait plus comment s'est fait ce choix, qui ne la dérangeait guère. Au contraire. Elle aime pouvoir disposer de sa salle de bains, s'y remaquiller éventuellement, y mâchonner un peu de dentifrice en passant. Ils étaient montés à l'étage, avaient plongé sur son grand lit recouvert d'une couverture en fourrure blanche dont elle refusait de se débarrasser, et joui de concert, à moitié dévêtus, avec l'approbation muette de la tour Eiffel qui brillait au centre exact d'une fenêtre ovale que Blanche avait fait percer lorsqu'elle avait acquis l'appartement de ses rêves.

Au matin, Benjamin avait disparu, et Blanche s'était demandé si elle n'avait pas fantasmé tout cela. Elle avait ensuite passé la journée suivante sur un petit nuage ; elle avait même apporté à la rédaction des chouquettes dégotées à la cafétéria – lieu où elle ne mettait habituellement jamais les pieds, tout comme la cantine qu'elle ne fréquentait pas.

Blanche

Son équipe l'avait regardée avec un air soupçonneux quand elle avait lancé des « bonjour » à la cantonade en arpentant les allées d'un pas alerte. Deux jours, douze rendez-vous et une centaine de coups d'œil exaspérés à l'écran de son téléphone plus tard, Blanche était redevenue telle qu'en elle-même – en pire. Distante, irascible et, pour tout dire, malheureuse.

Sylvain voit bien la petite veine qui se contracte sur sa mâchoire, l'orage qui gronde sous son brushing impeccable. L'air s'emplit de cette horrible odeur de fraise industrielle qui sort en brouillard épais de son engin de malheur. Il préférait quand Blanche fumait. Mais la nouvelle direction a interdit le tabac dans les locaux, y compris dans les bureaux fermés et sur le rooftop – ils se sont montrés intraitables. Des Chinois, vous pensez. Pas le genre à tordre le cou à la loi –, elle avait été bien obligée de se soumettre. Alors, parfois, il lui arrivait de descendre avec l'équipe pour fumer sur le trottoir. Ça avait rendu les rapports plus doux. L'été souvent ou après les bouclages, pendant les quelques heures qui apportaient à tous un répit salvateur après les derniers coups de sang de leur rédactrice en chef. Blanche est une angoissée. Dans le milieu des périphrases, on dit « exigeante ». En somme, c'est une vraie chieuse.

Mais qui ne l'est pas quand on veut réussir sans se faire marcher sur les pieds ? Marie-Pierre, qui l'a précédée à ce poste, était bien plus conciliante.

Elle n'avait pas fait long feu. Bien sûr, Sylvain passait de meilleurs week-ends – jamais Marie-Pierre ne se serait permis de lui envoyer des messages à n'importe quelle heure, le samedi soir, le dimanche matin, et même le jour de son anniversaire pour lui demander si telle chanteuse était disponible pour un shooting ou si telle maison avait déjà annoncé le nom de son égérie. Mais cette bienveillance avait un peu décrédibilisé le journal auprès des partenaires. Tout Paris avait regardé la rédaction avec un brin de pitié, comme si elle avait fait un AVC et qu'il faille donner le sentiment que rien n'avait changé. On les prenait clairement pour des ploucs.

Après le rachat, ça n'avait pas fait un pli. Marie-Pierre était partie, et Blanche avait rappliqué avec pour mission officieuse de rendre au légendaire magazine *Attitude* son faste et sa prééminence d'antan, bref d'afficher un souverain mépris à la face du monde. C'est à cette période que le milieu avait commencé à appeler le journal, honni autant que déifié, la « Maison Blanche ».

Passé trois ans de traversée du désert, une période que Blanche de Rochefort avait habilement requalifiée sur son CV de « coaching et conseil en entreprise » – elle est la reine du *wording* –, ce retour aux sources à cinquante-neuf printemps – Sylvain est l'un des seuls à connaître son âge, c'est lui qui booke ses billets en business – avait été un vrai cadeau du ciel. Après son départ avec pertes et fracas du grand magazine américain qu'elle gérait à

New York, personne ne donnait cher de sa peau. D'ailleurs, plus personne ne l'avait jamais rappelée. Elle avait tout bonnement disparu de la circulation. On ne la voyait plus nulle part – chez Kinugawa, chez Georges, pas même au Costes. C'était à se demander où elle pouvait bien se restaurer, ou même si elle continuait à s'alimenter. Les bureaux de presse et les marques de luxe avaient fini par la rayer de leurs listings, sa place en front row aux défilés avait été donnée à une influenceuse, et ça avait été terminé. On n'en avait plus reparlé. Parfois, à la fin de certains déjeuners poussifs quelqu'un demandait :

— Tu as des nouvelles de Blanche de Rochefort ?
— Je crois qu'elle a été aperçue au Park Hyatt.
— Ah oui ? Moi, on m'a dit qu'elle était partie en Inde. Elle donne des cours de méditation, non ?

Et puis on repartait place Vendôme sans plus y penser. Alors oui, quand les Chinois avaient racheté le titre et annoncé son nom un beau matin pendant que Marie-Pierre faisait ses cartons – finalement plus si bienveillante, voire un peu désenchantée par l'inutilité manifeste de son amabilité –, ça avait été une déflagration. Certains avaient même fait de sacrées têtes parce qu'ils ne s'étaient pas montrés très élégants à l'époque de sa disgrâce et ne s'étaient guère inquiétés d'elle lorsqu'elle avait quitté *Attitude* voilà une décennie. Sylvain, au contraire, avait toujours nourri une certaine fascination pour Blanche, et il gardait en mémoire que, grâce à elle, il avait obtenu un CDI à l'époque, il y a un siècle, alors qu'il enchaînait son sixième stage longue durée dans un secteur qu'il désespérait d'intégrer un jour. Blanche ne l'avait pas oublié, il était devenu son assistant et souffre-douleur. Ce qui faisait néanmoins de lui la personne la plus proche du soleil.

— Appelle-moi tout le monde. Qu'est-ce qu'ils fichent ? Ça n'est pas le Club Med, ici. Il est 10 heures. On fait une conf' !

— Mais… on n'est pas lundi.

— Syl… Dis-moi, tu as cru qu'on était des fonctionnaires ? On est un grand titre de presse. Un magazine qui lance les tendances avant les autres et toujours à l'avant-garde. Faut peut-être se bouger le cul si on ne veut pas être enterré par les réseaux sociaux et ces gamines qui filment tout et n'importe quoi avec leurs téléphones sans rien y connaître. Allez ! Je veux tout le monde dans l'open space dans cinq minutes ! Et les journalistes ont intérêt à avoir des sujets béton à proposer. Faut arrêter de se tourner les pouces !

— D'accord. Et celles qui sont en reportage ?

— Par Zoom ! Balance un lien, je ne sais pas. Fais ce que tu veux. Il reste quatre minutes, je commence à perdre patience. Et ferme donc la porte !

Sylvain est déjà reparti, sur la pointe des pieds. Blanche a beau s'en vouloir de s'énerver, elle refuse d'être la seule à prendre la responsabilité de tout. Ce matin, elle a encore reçu un mail de l'actionnaire. M. Wang, qui scrute les chiffres depuis le bout du monde, ne dort jamais et prend encore moins le temps de la féliciter lorsqu'elle réussit un exploit – comme le mois précédent, avec le numéro exceptionnel pour les quarante ans du journal, pour lequel elle a réuni les dix plus grandes actrices du moment. Ils ont fait +40 % de ventes par rapport au numéro de l'an dernier. Ce n'est pas rien ! D'autant qu'il ne s'est pas coltiné les agents et les caprices de ces dames. Et une telle qui a une plus jolie robe, et cette autre qui a le meilleur coiffeur. Qui est placée au centre de la photo, qu'on a le mieux retouchée, le mieux éclairée. Et pourquoi est-ce que je n'ai pas une corbeille de fruits avec de l'ananas dans ma loge, moi aussi ?

C'était à s'arracher les cheveux. Pire que le Festival de Cannes ou le plan de table du dîner annuel du magazine réunis. Mais aucun compliment côté Wang. Ni Monsieur, ni Madame, qui aime tant donner son avis sur tout et ne manque jamais de réclamer qu'on lui envoie un petit sac en passant…

Et Benjamin qui ne rappelle pas.

Blanche ferme les yeux. Elle se visualise petite, dans la cuisine de sa grand-mère en Bretagne à Rochefort-en-Terre, lorsqu'elle s'appelait encore Bouchon, qu'elle n'avait pas emprunté le nom de son village d'origine auquel elle avait ajouté une particule – c'était bien plus crédible. Elle pense à l'odeur de l'océan, aux vagues qui claquent contre la jetée, aux effluves de biscuit qui s'échappent du four, aux bateaux qui dessinent des lignes nettes sur l'horizon. Il n'y a que ça qui la calme. Elle a établi ce rituel avec son psy pour éteindre la rage en elle. Ça marche mieux qu'un Lexomil. Parce que ça aussi, elle a décidé d'arrêter.

Anne

— Daria, tu peux aller nous attendre dans le couloir, s'il te plaît ?

Anne regarde les larges fenêtres qui donnent sur la rue, elle respire cette odeur de craie qui, malgré les années passées, reste toujours la même. Le monde a beau avoir changé, tout ça demeure. L'enfance et ses fragrances. Et puis ces rideaux épais qui tombent du haut plafond jusqu'au sol, derrière lesquels on regarde les saisons passer.

Elle a calé ses jambes sous un pupitre. Cette année, elles tiennent. Tout le temps du primaire, elle a comprimé ses cuisses sous de minuscules casiers d'enfants en souriant. Mais Daria a grandi. Tom suit le même chemin. Le temps file, et ça lui fiche le blues, elle n'y peut rien. Heureusement que Suzanne est là, venue remettre une pièce dans la grande aventure de la maternité.

— Alors, madame Travers…

La prof principale semble déroutée. Elle feuillette ses papiers, sonde sa mémoire. De quelle jeune fille s'agit-il ? Elle a tellement d'élèves. Ils lui ont même refilé une classe en plus parce que M. Latieul n'est pas revenu de son congé maladie. Ça va faire six mois. Elle porte des petites lunettes fantaisie qu'elle laisse pendre au bout d'une chaînette en plastique, un cardigan qui en a vu d'autres et un chemisier qui contraint sa gorge.

Anne ne peut pas s'empêcher de le relever. Le choix des femmes. L'image qu'elles désirent renvoyer lorsqu'elles se postent devant leur armoire le matin, lorsqu'elles achètent un vêtement qui les suivra pendant des mois, voire des années.

Daria, elle, dépense tout son argent de poche sur des sites chinois qui vendent des survêtements et des jupes pailletées à trois euros, livrés en quarante-huit heures. Anne a beau lui expliquer que, pour en arriver à un tel prix, il a bien fallu léser quelqu'un à un endroit de la chaîne de fabrication – des enfants, la planète… –, elle s'en fiche, tout comme ses copines. Pourtant sa fille ne se prive pas de lui faire la morale quand elle achète des capsules de café ou sa crème de jour préférée…

Anne tente de se raisonner. Ainsi que la professeure principale qui plante ses yeux las dans les siens, l'air de dire que voulez-vous, c'est notre lot à tous de vieillir sans comprendre ceux que nous avons enfantés.

— Il va falloir faire quelque chose pour ces bavardages.

— Oui, bien sûr. J'ai vu vos messages sur Pronote.

Anne

— L'ENT.
— Pardon ?
— Mes messages sont sur l'ENT. Pronote, c'est la plateforme sur laquelle on poste les devoirs, les notes, les informations importantes éventuellement comme les dates et horaires de réunions de parents d'élèves ou absences exceptionnelles.
— Ah, oui.
Anne n'a jamais été très douée pour ces questions administratives. Et puis elle doit bien l'avouer, l'e-shop, ses créations et le compte Instagram lui prennent de plus en plus de temps. Le soir, elle se couche en lisant les derniers messages envoyés par des clientes, des inconnues qui lui demandent un sac en échange d'un post, et puis elle vérifie ses ventes, réfléchit aux prochaines robes, blouses et accessoires qu'elle va créer. Ensuite elle passe un temps infini à faire défiler les comptes d'autres créatrices comme elle, de célébrités, de filles douées pour le style, dont elle s'inspire pour imaginer de nouvelles pièces qui plairont aux femmes de son âge comme aux plus jeunes. Brice râle un peu. Se retourne dans le lit, lui dit d'éteindre cet écran de malheur qui éclaire son visage de manière inquiétante. Avant, c'était elle qui lui disait cela. De cesser de consulter des articles idiots avant de dormir. Elle préférait bouquiner. Et puis, il y a l'intimité, bien sûr, qui s'est peu à peu enfuie avec les nuits de Suzanne qui ont été longues à venir et ces écrans qui ont pris leur place dans leur lit.

— Madame Travers ?
— Oui ?
— Alors nous sommes bien d'accord ? Je ne peux pas faire la police à votre place. Des élèves, j'en ai trente-quatre dans la classe de votre fille. Et des classes, j'en ai huit cette année. Les portables sont interdits, vous savez, mais je ne peux pas passer mon temps le nez sous les pupitres, pour vérifier qu'ils ne s'envoient pas des messages ou ne regardent pas des vidéos. C'est aux parents d'expliquer ça.

— Oui, je suis désolée, répond Anne, alors que dans son sac son téléphone ne cesse de vibrer.

Elle se retient de le prendre. Ça ferait mauvais genre, évidemment. Le silence de la pièce est ponctué par les cris des élèves dans la cour et les frémissements de son sac. Ce n'est pas un appel, ça aurait cessé. Non, ce sont des notifications qui s'accumulent. Elle pense aux petits points rouges et au compteur qui doivent grimper sur ses comptes. Son interlocutrice fronce les sourcils et l'observe avec insistance. En rougissant légèrement, Anne se penche sur son sac, murmure un « désolée » et passe l'appareil en mode avion, non sans avoir vérifié qu'il n'était pas arrivé un malheur à la maison, ou à la crèche.

— Ce que je vous demande à vous, les parents, c'est de faire de la prévention, d'instaurer des règles. Avez-vous activé le contrôle parental ?

— Oui, oui. Et le temps d'écran, répond Anne non sans fierté.

Anne

Parce qu'il ne faut pas non plus exagérer, Brice et elle ne sont pas des parents irresponsables. Ils savent bien qu'on ne laisse pas une préadolescente avec un smartphone dans le secret de sa chambre.

Au départ, ils étaient même contre le téléphone portable. Ils avaient dit non, pas avant la seconde, juré qu'ils lui offriraient un appareil à clapet un point c'est tout. Et puis Daria était entrée en sixième, et Anne avait découvert la panique de laisser sa fille aller au collège toute seule. Le bus scolaire, les cours à des heures incohérentes, les professeurs absents, les après-midi à traîner avec les copines, les faits divers surtout qui se sont mis à tourner dans sa tête – Daria embarquée dans une camionnette blanche, bleue, grise, partie sur les routes, loin, introuvable. Deux jours après la rentrée, Anne avait couru ventre à terre acheter un smartphone pour sa fille et activé la géolocalisation. Brice n'était pas trop pour mais, comme souvent, les angoisses de sa femme avaient fini par le faire flancher. Tout ce qu'il veut, lui, c'est être tranquille. « Ma petite maman, oh, merci, merci », avait gloussé sa fille quand elle était rentrée à la maison avec l'appareil flambant neuf – qui lui avait coûté le prix de dix jupes, trois sacs et deux cardigans.

Daria avait aussitôt embarqué son précieux, avec lequel elle passait aujourd'hui le plus clair de son temps malgré le contrôle parental, le temps d'écran et le reste. Elle laissait souvent Anne plusieurs minutes sans réponse, au grand désespoir de celle-ci. Heureusement qu'elle pouvait surveiller les parcours de Daria avec la même précision qu'un détective suivant le trajet d'un blindé en cavale flanqué d'un mouchard.

— Bien… Pouvez-vous dans ce cas expliquer à votre fille que les smartphones n'ont pas leur place en salle de classe ? C'est déjà assez compliqué d'intéresser des enfants au complément d'objet second, comment voulez-vous lutter dans ces conditions ? Et puis il y a la concentration. Ça va devenir presque impossible d'en faire des adultes capables de passer plus de quelques minutes sur un texte, une tâche, une contrainte. Ce n'est pas très sain, vous comprenez ?

— Oui, bien sûr. Nous allons lui expliquer. Je suis vraiment désolée. D'autant que Daria est bonne élève. C'est une gentille fille, vous savez. Quand elle était petite, elle passait des heures à jouer à la bibliothécaire dans sa chambre avec son frère. Des heures à lire aussi…

Anne se rend compte que Daria ne lui a pas réclamé d'aller à la librairie depuis des lustres. Ni parlé d'un roman en cours. La professeure a visiblement terminé son discours, qu'elle juge certainement vain. Elle a repris cet air dépité qui ne la quitte guère, repoussé sa chaise en bois, ouvert son sac et sorti des copies pour les corriger avant la sonnerie. Elle ouvre la pochette en cuir qui protège son téléphone, et y jette un œil pour regarder l'heure alors qu'une grosse horloge trône au-dessus de sa

Anne

tête. Anne ramasse ses affaires, attrape son sac et tend la main pour mettre fin à leur entrevue.

— Merci de m'avoir prévenue, nous allons faire le nécessaire. Vous pouvez compter sur moi.

La poignée de main est molle, moite. Anne secoue celle-ci comme elle agiterait un poisson mort pêché sur la digue les étés de son enfance. Et puis elle regagne le couloir. Ça sent la sueur, l'adolescence et les amitiés fulgurantes. Un professeur passe, lui sourit. Elle a un petit pincement au cœur parce qu'elle aurait juré que ce sourire-là n'était pas seulement adressé à la maman d'élève mais à la femme, peut-être, celle dont elle peine à se souvenir depuis Daria, Tom et Suzanne, Brice, les années, les fournitures et les chaussures à talons qu'elle a depuis longtemps abandonnées.

Tout en descendant l'escalier, elle désactive le mode avion tandis que retentit la sonnerie. Les notifications tombent, en cascade. Il y en a des milliers. Et puis arrivent les messages pleins d'émojis extatiques de Sophie et Lauren sur leur groupe WhatsApp, qui lui demandent où elle est, ce qu'elle fiche parce que c'est complètement dingue. C'EST DINGUE. Non mais BEYONCÉ. Et une photo qu'elles ont postée dix fois.

Alors, bousculée par la horde d'élèves débordant d'hormones en ce début de journée, Anne télécharge le cliché et découvre la star planétaire portant une de ses combi-shorts brodées. Et les centaines de milliers de likes, de commentaires, et les messages qui déjà s'accumulent sur son compte, son mail et son téléphone. Et ce message de Daria qui semble se soucier de la rencontre parents-professeurs comme de son premier jouet en bois.

— Mam's, c'est un truc de fou, t'as vu ?

Blanche

— Et si on montait un sujet sur Maria Tipizova ? Elle est encore vachement belle, vous ne trouvez pas ? Elle a un sérieux regain de hype, et elle sort avec cet acteur, comment s'appelle-t-il, déjà ?
— Alors lui, il a pris un sacré coup de pelle !
— T'exagères, il est super sexy. Un peu dégarni, d'accord.
— Chauve, tu veux dire. Enfin toi, ça ne t'a jamais vraiment dérangée, pas vrai ?
— Oh, la garce. Tu penses à Peter ?
— Ah non, lui, je l'avais oublié. Je pensais plutôt à Gaëtan. Combien de temps vous êtes restés ensemble ?
— Oh, les vieux dossiers !
— Quelqu'un a vu la bio de la sœur d'Elon Musk ? Je devais la recevoir par coursier ce matin. Mais c'est pas vrai, faut arrêter de voler les livres des autres.
— Personne n'a vu ta bio ! Le courrier n'est pas encore passé. Tiens, Kylian, est-ce que tu aurais une enveloppe pour Carole ?

— Des enveloppes, j'en ai plein, mesdames. Des sacs aussi, et même une bûche de Noël.

Le responsable du courrier sourit, droit derrière le grand chariot métallique qu'il balade chaque jour de bureau en bureau, distribuant colis et enveloppes volumineuses comme on posait autrefois des sacs derrière les gamins venus pousser la chansonnette dans L'École des fans, l'émission dominicale de Jacques Martin.

— Mais on est en septembre. Delphine ? On reçoit déjà les bûches ?

— Évidemment. On boucle le hors-série dans deux semaines.

— J'y comprends plus rien, moi. On n'a même pas débuté la Fashion Week.

— D'ailleurs, c'est l'hiver ou l'été qui défile ? C'est dingue quand même, j'ai essayé de trouver un maillot pour Jules qui part en stage de voile à la Toussaint, il n'y a déjà plus rien dans les magasins. Le monde est fou.

— Mesdames !

— Et messieurs !

— Pardon, oui, messieurs. L'égalité ne doit pas être à sens unique. Vous avez la cantine pour vous raconter vos petites vies, alors je vous prierai de vous asseoir, de sortir vos idées les plus transcendantes et d'écouter ce que j'ai à vous dire.

Un pâle rayon de soleil tape sur les grandes baies vitrées de l'immeuble flambant neuf où la rédaction a pris ses quartiers lors du grand déménagement organisé par Blanche, sous la houlette distante de M. et Mme Wang, qui ont injecté une belle somme d'argent pour que celle-ci rejoigne les autres activités du groupe éponyme. Blanche a bataillé pour que le magazine s'installe au dernier étage, sous la terrasse d'où on peut contempler la capitale. Déjà que le légendaire *Attitude* n'est plus à Paris – quelle misère –, il fallait bien cela pour que sa rédactrice en chef ose de temps en temps recevoir quelques partenaires dans ses locaux.

Lorsqu'il l'a placée à la tête d'*Attitude*, M. Wang a demandé à Blanche de trancher dans le lard. De remercier les journalistes les moins rentables. Il veut digitaliser le titre, le rajeunir, activer des leviers de monétisation qui sortent du modèle originel. Blanche est persuadée qu'il fait fausse route, qu'au contraire les acteurs du luxe n'ont aucunement envie d'entrer dans ce nouveau monde effrayant. Qu'ils continueront à payer plein pot des pages de publicité traditionnelles sur papier glacé pour avoir la chance d'être vus par un lectorat fidèle, lettré et assez aisé pour aller acheter en boutique ou même en ligne leurs produits le week-end, depuis leur résidence secondaire. Mais elle a bien dû céder. Blanche a beau être forte, connue pour toujours dire ce qu'elle pense et ne plier devant personne, l'actionnaire a été on ne peut plus clair. Et si elle ne suit pas le projet, elle devra elle aussi céder sa place. Alors Blanche a ravalé sa fierté, concédé quelques détails et feint d'adhérer aux idées « de génie » du milliardaire.

Sa femme est un modèle de mauvais goût – faux cils extravagants, sac de starlette de téléréalité, sandales à talons plateforme. Mme Wang a prévu de venir voir Blanche bientôt. Elle a toujours plein de conseils à donner. Surtout, elle veut tout apprendre de Paris, de la mode, et bien sûr Blanche se fera un plaisir de la promener dans ce monde magique, vanté par des séries Netflix dégoulinantes de sucre et de carton-pâte. Pour un peu, elle en pleurerait.

Elle jette un coup d'œil à son auditoire. Ces filles-là, elle les connaît depuis des décennies. Il y a longtemps, elles entraient toutes dans la vie active, elles avaient encore des regards d'enfants éprises de curiosité, elles étaient bourrées d'idées et d'envies ; le journal était libre, audacieux, impertinent. Elles portaient des minijupes, de grandes bottes et des tee-shirts trop courts, on les reconnaissait dans les dîners, les restaurants à la mode, elles se distinguaient par leur joie de vivre et leur chic racé. Elles ont toutes eu leurs enfants au même moment, puis elles ont divorcé de concert et eu des amants.

Le brouhaha diminue peu à peu. Chacune a calé un bout de fesse sur le canapé design rescapé des années fastes du magazine. D'autres ont pris leurs grandes chaises de bureau, celles que le service des ressources humaines leur a livrées suite aux plaintes d'un petit groupe de journalistes sur les conditions de travail dans les nouveaux locaux. Ces chaises ont coûté une fortune – on avait bien failli faire une croix sur le dîner de Noël. Blanche les trouve particulièrement laides. Le confort est toujours une mauvaise idée. En design comme en mode. Elle lorgne les chaussures des filles de la culture. Des sandales allemandes à grosse semelle que les hommes et les femmes d'aujourd'hui arborent fièrement sous un jean, une jupe longue et même une robe fleurie. Blanche en a la nausée. Décidément ce pays part à vau-l'eau.

— Sylvain, tu veux bien venir, s'il te plaît ?

Déstabilisé et un rien tremblant, l'assistant de Blanche se lève, lisse machinalement sa chemise Balenciaga, agrippe son iPad pro et se tient, droit comme un *I*, au côté de l'idole de ses jeunes années. Blanche est une déesse vivante pour lui, tout le monde le sait. Et même si elle hante aujourd'hui ses nuits et la mémoire vive de son téléphone, il lui voue un culte que nul ne saurait déstabiliser. L'Olympienne du style se racle la gorge presque imperceptiblement, boit une gorgée d'eau à la bouteille – elle ne peut se résoudre à ces gourdes distribuées par le comité du personnel dans le cadre de la « révolution green » entamée par le groupe Wang. Puis elle se lance de sa voix grave, épaisse, « très Anna Mouglalis », dit-on.

— La semaine dernière, Sylvain et moi avons assisté aux réunions lectrices. Un supplice.

Tout le monde finit de s'installer. On entend encore par-ci par-là des chuchotis. Armelle pianote un SMS sur son smartphone. Blanche la fusille du regard. Ses doigts restent suspendus. Elle hésite avant de rédiger la fin. Sa fille veut savoir où sont rangées les graines de sésame. Elle décide de poser le téléphone sur ses genoux avant d'avoir achevé sa réponse. Sa fille verra trois petits points qui dansent. Blanche ferme imperceptiblement les yeux, à peine un millième de seconde, l'air de se demander qui a bien pu lui coller une telle bande d'incapables.

— Elles ne nous aiment plus. Elles en ont marre, vous comprenez ? Tenez, cette couv, là...

Blanche brandit un des derniers numéros du magazine, sur lequel pose, l'œil vague, une comédienne soi-disant culte, dont il a fallu retoucher le visage jusqu'à ce qu'il disparaisse presque tout à fait. Elle n'est plus ni vieille ni jeune. On dirait juste un cyborg en robe de satin.

— ... elles ont détesté. Et moi aussi !

On entend le chariot de Kylian qui glisse sur la moquette moelleuse du couloir. Dessus, les sacs rebondissent joyeusement, indifférents à l'orage qui gronde, au désastre qui s'annonce.

— Elles disent ne plus se reconnaître dans *Attitude*. Nos photos les laissent de marbre, elles les trouvent snob. Attendez...

Blanche saisit un paquet de feuilles reliées par des spirales de plastique rose. Une idée grotesque de Sylvain qui trouvait que ça faisait très Valentino. Blanche chausse ses lunettes. Des montures énormes qui lui font de petits yeux et qu'elle exècre. Il faut que l'heure soit grave pour qu'elle accepte de s'en affubler devant son équipe, fût-elle quasi exclusivement féminine. Elle fronce le nez, plisse les paupières, dont les extrémités remontent de façon étrange. Ce matin, Blanche a passé un long moment devant le miroir à les observer. Il y a six mois, elle a subi une blépharoplastie, qu'elle juge ratée. Pourtant, on ne cesse de la complimenter pour sa mine radieuse. Personne n'a rien vu, hormis les connaisseurs – et elle en croise souvent. Elle a choisi le meilleur chirurgien de Paris, celui de cette actrice française qui a eu un Oscar, et dont on s'échange les coordonnées sous le manteau. Il lui a montré les tissus qui s'affaissent sous le menton, qui n'allaient pas tarder à dégringoler tout à fait si l'on n'y prenait pas garde. On pouvait d'ores et déjà faire quelque chose pour ces poches. Non, on devait. Avec une pince en fer, il avait saisi le renflement discret gonflé sous les yeux de Blanche, l'avait tiré doucement en expliquant : « Ça, on l'enlèverait ; et au bout, là où c'est creusé, on ajouterait un peu de chair qu'on irait chercher dans le genou. Et puis au-dessus, là, sur la paupière, on ôterait aussi toute cette peau triste qui glisse sur les cils. Il suffit de découper, d'enlever le surplus et de recoudre. Ce n'est rien du tout. L'affaire de quelques minutes pour des années de tranquillité. » Blanche avait compris qu'il était temps de s'occuper de son fonds de commerce, sa vitrine de carrière. Si M. Wang ou un quelconque annonceur en venait à penser qu'elle avait une allure à faire des confitures, c'en était fini de son job, de l'excitation des bouclages, des voyages, de l'exaltation qui grondait lorsqu'elle arrivait quelque part, de la peur qu'elle suscitait chez les autres. En somme, c'en était fini d'elle.

Alors elle avait cédé, elle avait répondu qu'elle pouvait en effet trouver une semaine dans son emploi du temps pour cacher les effets secondaires, se reposer derrière des lunettes noires et supporter les œdèmes qui envahiraient inévitablement sa gueule. Elle avait bien cru que les plaques noires ne disparaîtraient jamais, et qu'elle était condamnée à se terrer à tout jamais pour un excès d'orgueil. Jusqu'à ce que tout rentre dans l'ordre. Le chirurgien était ravi, ses assistantes extatiques. Qu'est-ce qu'elle cicatrisait bien ! Le résultat était magnifique. Mieux que ça, même. On la félicitait comme une enfant. Si elle ne pouvait nier l'effet défatigant du geste, et appréciait de pouvoir à nouveau étaler sur ses paupières l'ombre sombre qui était sa marque de fabrique, Blanche jugeait le résultat raté. Elle ne se reconnaissait plus dans le miroir. Le regard de son père s'était envolé sous les coups de bistouri du praticien. Et puis elle avait sans cesse l'air étonnée. Et Blanche a horreur de paraître étonnée.

— … « snob », voilà. Elles disent qu'on les prend de haut, que la plupart des sujets concernent des célébrités qu'elles ne connaissent pas, ou traitent de thèmes trop éloignés de leur quotidien. Elles trouvent aussi, attendez… qu'on est trop parisianistes. « Des dames qui ne connaissent rien de notre quotidien. » À côté de ça, elles veulent du rêve, des robes de princesse, des photos de Cannes, des histoires de célébrités. Elles ne veulent plus qu'on leur parle de leur apparence. Oui, ça, ça ressort beaucoup. C'est plutôt hypocrite parce qu'elles s'en soucient toutes, n'est-ce pas ? Déjà qu'on a dû abandonner les numéros de régime du printemps sous prétexte que ça n'était pas « Millenial » …

Blanche hésite. Elle aimerait leur dire le fond de sa pensée, expliquer que les années 1980 lui manquent, avec leurs excès, leur débauche de fric, de maigreur, de pub et de porno chic. À l'époque, on pouvait tout dire, tout faire. Les hommes perdaient du terrain, et elle arrivait pour bouffer Paris. Il y avait enfin de la place pour tout le monde ; du moins pour elle. Pour ceux qui avaient la dalle, soif de pouvoir et un joli petit cul. Certes, ce n'était pas très démocratique comme partage des richesses et du bonheur, mais ça avait été son heure de gloire, et celle des magazines comme le sien. On prenait la lectrice par la main, on la guidait vers le bonheur, on lui expliquait ce qui était tendance, ce qui ne l'était pas, comment parler à un homme, à son patron, comment faire l'amour et prendre un amant, dépenser son salaire et changer radicalement de look.

Aujourd'hui, l'argent avait tout remplacé, il avait emporté le style et l'élégance sur son passage, en un grand torrent qui avait fini d'engloutir ceux qui avaient survécu aux années sida. Les recalés du fond de la classe avaient gagné la partie.

M. et Mme Wang jouaient avec elle comme avec une marionnette. Et de l'autre côté, il fallait écouter « madame Tout-le-monde », comme l'appelait Blanche – « Non, Blanche. On ne dit pas cela. Madame Tout-le-monde, c'est vous, c'est moi. Il n'y a pas de hiérarchie, vous savez. »

Elle aurait voulu foutre dehors la fille qui leur avait fait le compte rendu des réunions lectrices. Une donneuse de leçons aux mocassins bas de gamme qu'elle aurait aimé remettre à sa place, ou congédier sur-le-champ. Car qu'est-ce qu'elle y connaissait, elle, à la mode, à la façon de faire tourner un journal, de sélectionner les sujets dont l'harmonie fait le sel de chaque numéro, à l'art de repérer les petits créateurs qui lanceront les tendances de demain, de humer l'air du temps mieux que personne ? Oui, qu'est-ce qu'elle en savait de tout ça, cette étudiante en école de commerce qui déroulait consciencieusement son PowerPoint dans la grande salle de réunion ? Pourtant Blanche avait écouté, feint de prendre quelques notes sur son téléphone tout en répondant à ses mails parce qu'il fallait bien que le prochain numéro sorte ; et ça, hein, ils s'en fichaient pas mal.

Et puis, la fille avait abordé la dernière partie, la plus importante selon elle, le « cœur du sujet ». Alors Blanche avait eu la nausée en avalant une gorgée du mauvais café qu'ils s'évertuaient à leur servir dans les salles de réunion institutionnelles. Elle ne savait pas si ce haut-le-cœur était simplement dû à la fatigue – elle rentrait tout juste de Séoul et n'avait pas fermé l'œil de la nuit – ou si la seule vue de ces captures d'écran lui avait donné envie de vomir. Toutes ces néophytes fans de mode qui posaient devant leur miroir, dont on ne cessait de lui vanter le pouvoir. Tel un petit soldat, Blanche avait cependant décidé d'obéir à la fille aux mocassins bas de gamme parce que les actionnaires lui avaient fermement signifié qu'il en était ainsi.

En conférence de rédaction, il lui arrivait désormais d'interroger une styliste très jeune et talentueuse dont elle ne se souvenait jamais du prénom. Un nom de fruit... Myrtille, Mirabelle, ou quelque chose du genre. « Et toi, Pomme, tu n'aurais pas des influenceuses qu'on pourrait shooter ? » demandait Blanche du bout des lèvres derrière un enthousiasme feint. Alors tout le monde souriait avec complaisance, c'était toujours rigolo d'entendre la styliste prononcer ces noms-là. LéadePaname, Daphnémode, Lavieparisienne. Elle indiquait leur nombre de followers tout en pianotant sur son smartphone avec ses ongles immenses. C'était un peu vertigineux ; tous ces chiffres ne correspondaient à rien. Comment une gamine de vingt piges pouvait-elle être réellement « suivie » par des centaines de milliers de personnes ? Voire des millions ? Ça n'avait aucun sens. Même si ça mettait l'ambiance. Mais difficile de nier cependant que tout avait commencé à basculer depuis que les marques organisaient des événements spéciaux, rien que pour ces demoiselles, aux dépens du nombre de journalistes invitées à découvrir telle collection de bijoux ou de vêtements. Oui, ces influenceuses prenaient de plus en plus de place. Si elle le déplorait, Blanche devait reconnaître cet état de fait.

— Je crois que vous n'avez pas bien compris, mesdames. Il va falloir changer radicalement. Et vite. Trouver de nouvelles filles qui posent, écrivent, se racontent. Des filles d'aujourd'hui, qui ont la confiance du peuple.

On ne dit pas *peuple*, Blanche, lui souffle une petite voix intérieure.

Et de conclure :

— Il va falloir travailler main dans la main avec l'influence.

Elle voit quelques dos se raidir, des sourcils se froncer, elle perçoit même quelques soupirs. La jeune styliste au nom de fruit passe à côté d'elles, les bras chargés de grands sacs en plastique remplis de vêtements dorés. Elle a un bonnet vissé sur la tête, les sourcils teints en blond platine, des écouteurs, un sweat-shirt gigantesque et des chaussures énormes qui lui donnent l'air d'un cosmonaute. Elle les regarde avec curiosité, lance un « coucou » trop fort – elle écoute probablement un podcast ou des notes vocales. Elle paraît insouciante, et si jeune.

Blanche se lève d'un coup et attrape la balle au bond.

— Je vous laisse continuer la conf'. Syl, tu t'en charges ? Je veux des sujets actuels, démocratiques, horizontaux. Et digitaux, surtout. Allez, bougez-vous. Je ne sais pas, moi. Prenez vos téléphones, allez voir ce qui se passe sur Internet. Ça n'est pas comme si je vous demandais de partir en reportage en Irak, quand même. La rue, vous vous souvenez ? C'est ça qu'on avait promis, de puiser dans la rue l'air du temps qu'on restituerait dans nos pages. Eh bien, la rue d'aujourd'hui, elle est là-dedans, d'accord ? Dans ces vidéos, ces photos, ces *lives*, ces mots-clés.

— « Hashtags », murmure Sylvain.

Blanche le fusille du regard. Il rougit et se mord la lèvre. C'est sorti tout seul.

— Ces hashtags, répète Blanche en haussant le ton. Je veux un sommaire dans une heure ! Allez, qu'est-ce que vous attendez ?

Anne

— Je ne vous dérange pas, vous êtes bien installée ?

— Oui, oui. C'est parfait pour moi. Merci de m'avoir proposé cette interview.

— Non, merci à vous de me répondre. Vous devez être extrêmement sollicitée, non ?

— Eh bien... C'est vrai que depuis la photo...

— Étiez-vous au courant que Beyoncé allait la poster ? Son staff vous avait-il fait une demande ? Est-ce que vous connaissez sa styliste ?

— Oh non, pas du tout. J'ai découvert, comme vous...

— Non, vous me faites marcher.

— Pas du tout, je vous promets. Si j'ai bien compris, Beyoncé... Enfin c'est fou, j'en parle comme si je la connaissais. Bon, elle a vu ma combi-short sur une de ses assistantes françaises à qui elle a demandé de lui en acheter une.

— C'est tout bonnement incroyable, cette histoire ! Non mais j'adore !

— Incroyable, oui…
— Vous voulez dire qu'en plus elle l'a payée ?
— Il semble bien.
— Il n'y a eu aucune demande à votre bureau de presse, vous êtes sûre ?
— Mon quoi ?
— Ne me dites pas que vous n'avez pas de bureau de presse… Vous avez décidé de gérer en interne ?
— En interne ? Eh bien… je m'occupe de la fabrication et des envois, oui. Donc on peut dire ça comme ça. Enfin, j'ai quelques amies qui me donnent un coup de main. D'autant que, récemment, les commandes ont augmenté.
— Surtout depuis le post de Beyoncé. Racontez-moi : qu'est-ce que ça a changé ?
— Vous savez, ça ne fait que deux jours. Eh bien, le site a planté. On est en train de travailler à sa remise en ligne. Et puis j'ai reçu un nombre incroyable de messages sur Instagram, et de mails aussi. Des demandes qui viennent du monde entier.
— Vous allez pouvoir y répondre ?
— Pas tout de suite, mais j'y compte bien. Vous savez, c'est très soudain. Et puis, ça risque de se tasser assez vite.
— Ou pas. Et votre nombre d'abonnés ? J'imagine qu'il a bondi ?
— Oui. Je suis à… attendez. Je pose le téléphone le temps de regarder. Mais avec toutes ces notifications qui tombent, ça devient presque impossible

Anne

d'y accéder. Je… 586 000. Non, 620 000. Ça bouge beaucoup, vous imaginez bien.

— Et Beyoncé, elle vous a envoyé un message ?
— Non, bien sûr. Pourquoi elle ferait ça ?
— Plus rien ne m'étonne, aujourd'hui. Et vous aussi, vous devriez vous préparer à pas mal de changements dans votre vie.
— Qu'est-ce que vous entendez par là ?
— Vous verrez. Bon… est-ce qu'on ne se calerait pas une petite séance photo ce week-end ? Qu'est-ce que vous en pensez ?
— Pour prendre des photos de moi ?
— De vous, oui. Et de votre petite famille. Ça pourrait être sympa, très concernant. « La petite créatrice *made in France* qui met la planète mode à ses pieds. »
— C'est un peu exagéré, non ?
— Pas tant que ça. Où habitez-vous, déjà ?
— À Viroflay.
— Ah… C'est loin ? Je ne me rends pas compte.
— De ?
— Eh bien, de Paris !
— Oh non, une demi-heure maximum.
— OK. Je booke un photographe, un assistant, un HMU…
— Qu'est-ce que c'est ?
— Un Hair and make-up artist. Un coiffeur-maquilleur, si vous préférez.
— C'est indispensable ?

— Je crois, oui. Quel âge avez-vous ? Si ce n'est pas indiscret…

— Trente-neuf ans.

— En effet, c'est mieux. Et puis, on fera des retouches. Combien d'enfants avez-vous ?

— Deux, non trois. Enfin la petite est très petite ; ce n'est peut-être pas indispensable de la faire poser.

— Oh si, au contraire, les bébés ça marche fort. Enfin, ce n'est pas à vous que je vais apprendre cela. La raclette, les chatons, les bébés, ça reste le caviar des réseaux sociaux, n'est-ce pas ? C'est à peu près la même chose avec la presse. Quoique. Je vous envoie une styliste ? Non, vous allez poser dans vos créations, bien sûr, je suis bête. Oui, c'est mieux. On peut faire quelques prises de vues à l'atelier ?

— Il faudrait que je range. Vous venez quand ?

— Moi, je ne serai pas là – j'ai ce qu'il me faut pour écrire le portrait. Je vous enverrai peut-être d'autres questions par mail, mais le sujet est plutôt sociétal. Je vais interroger des sociologues, un bureau de tendance, et puis des abonnées de la première heure pour leur demander ce qu'elles pensent du buzz autour d'Irène. Vous savez si vos pièces sont déjà en vente sur Vinted ?

— Non.

— Je vais aller y jeter un coup d'œil. Elles doivent s'arracher à prix d'or. D'ailleurs, je regrette de ne pas en avoir acheté avant. Bon, je ne pouvais pas anticiper. S'il vous en reste une ou deux,

Anne

n'hésitez pas à en informer l'équipe photos, je serais ravie de vous en acheter. Allez, je vais devoir vous laisser. Ah, non, une dernière question, vous avez un mari, un chien ? Les deux ? Ce serait formidable.

— Un mari oui ; pas de chien. Mais je ne suis pas sûre qu'il souhaite poser.

— Votre chien ?

— Non, mon mari.

— Pourtant, il doit être très fier de vous, non ?

— Si, évidemment. Mais il était en déplacement, il n'a qu'une vague idée de ce qui s'est passé. D'ailleurs, est-ce qu'il s'est vraiment passé quelque chose ? Je lui en parlerai ce soir, il rentre en fin d'après-midi.

— Formidable. Je compte sur vous, QueenAnne.

— Anne, appelez-moi Anne.

— Pas de souci. C'est sous ce nom que je titrerai. Mais oui, bien sûr. Et bon courage.

Anne n'a pas le temps de répondre. La journaliste a déjà raccroché. Elle aurait voulu lui demander pourquoi il lui faudrait du courage. Elle a remarqué que les gens se souhaitent de plus en plus souvent bon courage pour tout et rien. Parfois, même sa boulangère le lui dit en début de journée, comme s'il s'agissait d'affronter chaque matin fusil à l'épaule. Mais cela n'a probablement rien à voir avec les centaines de messages qui s'entassent. Sans parler de son répondeur qui explose à mesure que les rédactions de France, mais aussi d'Angleterre, d'Espagne, des États-Unis, se sont procuré son numéro de téléphone.

Anne doit se dépêcher, sinon elle va être en retard à l'école. Le mardi, Tom sort à 15 heures. Elle ne l'a pas inscrit aux activités périscolaires. Brice et elle ont assez souffert d'avoir des parents absents.

Devant l'école patientent les petits groupes habituels. Celui des nounous massées en clans, compagnes d'infortune agrippées à leurs poussettes doubles ou triples d'où pendent des sacs remplis de biscuits, de ballons et autres couches et biberons. Les parents solitaires, éparpillés, le nez dans leur téléphone, qui refusent d'admettre qu'ils ne sont pas parvenus à nouer des liens véritables. Et puis celui des mamans intégrées – équivalent de la bande fascinante, voire effrayante, des collégiens populaires d'une adolescence dont Anne garde finalement peu de souvenirs, hormis celui de longs après-midi d'ennui passés devant le Club Dorothée. Devenue mère, elle a, par un miracle qu'elle ne s'explique toujours pas, gagné sa place en ce saint des saints.

Elle aperçoit le visage radieux de Sophie Labbée qui lui fait signe de rappliquer fissa. En approchant du groupe, Anne sent l'atmosphère s'électriser brusquement, comme si les milliers de likes qui déferlent sur son compte Instagram et l'intérêt soudain, mais forcément éphémère, de quelques médias l'avaient transformée en une célébrité internationale. De fait, toutes les mamans et même François, leur caution masculine, père au foyer officiellement heureux de sa condition et dont la femme a récemment intégré un cabinet ministériel, cessent net de papoter à son arrivée.

— Alors ? lance Sophie, très excitée, tandis qu'Anne pique un fard.

— Alors quoi ? minaude-t-elle parce qu'elle ne sait pas comment aborder cette fulgurante, et somme toute assez grotesque, notoriété.

— Raconte !

— Eh bien, pas grand-chose. Une fille d'un journal m'a appelée.

— Non, ça n'est pas un journal. C'est LE journal.

— Oui, c'est vrai que ça fait plaisir.

— Et ils vont faire un article ?

— Oui, visiblement. Ils envoient un photographe à la maison ce week-end.

— Arrête ! C'est génial.

— Fais attention à ton image, intervient Anne-Marie avec sérieux. Tu sais, les médias ça me connaît. J'ai bossé dans une régie pendant quinze ans, je sais de quoi je parle. Ils prennent de toi ce qu'ils veulent, ce qui les arrange, ensuite ils te jettent en pâture aux lions, et puis à la poubelle quand tu ne les intéresses plus.

Sophie lève les yeux au ciel. Tout le monde ici sait qu'Anne-Marie a « bossé pendant quinze ans dans une régie pub », ce qu'elle leur rappelle tous les jours depuis son arrivée, il y a trois rentrées, à

Viroflay. Et tout le monde sait aussi que ce choix qu'elle ne cesse de vanter avec une vigueur suspecte n'a manifestement pas été le bon.

— Allez, ne fais pas ta rabat-joie. C'est génial ! Tu as choisi ta tenue ? Pris rendez-vous chez le coiffeur ? Comme c'est excitant ! Je suis tellement, tellement contente pour toi. Tu le mérites, tu es douée. Et humble. Et... Oh, bonjour mon canard. Ça va ? Tout s'est bien passé ? Qu'est-ce que tu as fait à ton jean ? C'est dingue, ça. On l'a acheté la semaine dernière, et il est déjà troué.

— Ils se jettent par terre, exprès, commente Anne-Marie, plus excédée qu'il ne faudrait.

Même François sursaute. Et pourtant Dieu sait qu'il est flegmatique. Pour ne pas dire mutique.

— Coucou, maman.

Anne serre Tom dans ses bras, dans un élan qui la surprend elle-même. Au contact de son petit corps qui ne tardera pas à devenir bien trop grand, l'angoisse des dernières heures s'apaise brusquement. Comme lorsqu'un bruit désagréable cesse soudain, et que l'on prend seulement conscience de sa pénibilité. Oui, Anne constate non sans une nouvelle bouffée de stress combien les derniers événements, que tout le monde juge si enviables, lui causent peu de joie. Franchement, si elle était honnête avec elle-même, et avec les autres qui ne l'auraient pas crue, Anne aurait volontiers préféré que ce post n'ait jamais vu le jour. Car quelque chose lui dit que tout ceci finira mal. Mais elle est

Anne

trop angoissée, elle le sait. Sa psy le lui répète assez souvent. Elle doit accueillir ce merveilleux hasard comme on attend qu'elle le fasse. Avec le sourire.

Alors elle suit sa petite bande au parc, pour leur raconter les dernières heures avec force détails. Et chacune se prend à croire que cette brusque accélération de leur vie ne manquera évidemment pas de les éblouir toutes malgré les ombres qui tournent silencieusement au-dessus d'Anne, qu'elle tente bravement d'ignorer.

Blanche

Elle avait cru l'eau trop fraîche et finalement elle a plongé pendant que le soleil se levait. Le photographe veut capter les premières lueurs de l'aube. Ils sont d'un chiant avec ça. Blanche les a toujours soupçonnés de faire lever toute l'équipe du shooting au milieu de la nuit pour asseoir un petit pouvoir illusoire – peut-être aussi pour terminer leurs journées plus tôt. Elle travaille avec Serge depuis vingt ans. Il a des lubies qu'elle respecte. Comme celle-ci. Et celle de la vouloir sur le set. Elle ne se déplace pas pour toutes les séries mode, ce serait impossible. Déjà, pour les numéros spéciaux, elle ne le fait que lorsqu'un annonceur l'exige, ou que certaines prises de vues ont lieu sur le chemin d'un rendez-vous. Mais elle a accepté pour son ancien amant – un bien grand mot. Ils ont plusieurs fois cédé à l'appel de la chair durant leurs jeunes années.

Aux Maldives, la première fois. Elle avait une suite de trois cents mètres carrés donnant sur l'océan, avec une balançoire dans sa salle de bains, ça aurait été dommage de ne pas profiter de tout cela. Et puis à d'autres reprises, au gré de leurs voyages et de leurs affaires de cœur. Serge fait bien l'amour, ne demande pas grand-chose, il est drôle et adore vider le minibar jusqu'à plus d'heure. Avec les années, ils ont tissé une belle complicité que Blanche qualifierait volontiers de fraternelle. Alors hier matin, elle a pris un avion pour Ibiza, destination sans première classe – un véritable effort de sa part. Elle a recroquevillé ses jambes au premier rang d'un Boeing low cost – le seul sur lequel il restait des places à ses horaires – et débarqué dans cet hôtel somptueux donnant sur la baie. Pas encore ouvert au public, l'établissement a donné l'exclu à *Attitude*, qui fera des photos pour la rubrique tourisme en plus de la série mode. En échange, toute l'équipe sera logée dans les plus belles suites, et goûtera en avant-première aux créations du chef, un étoilé de palace parisien invité à imaginer cette carte ibérique contre une très belle somme qu'il n'a pas pu refuser.

Blanche rejoint l'équipe sur la plage. Heureusement, elle a conservé un peu de son bronzage des voyages de presse de juin – elle a accepté de partir à Miami, à Florence et à Monaco pour de grandes maisons joaillières. Alors ça lui a été facile de revêtir maillot de bain et paréo de lin brodé, agrémentés d'un cabas de paille monogrammé et de sandales spartiates qui remontent sur ses jambes fuselées – elle ne rate jamais une de ses séances de l'aube avec sa coach en Pilates machine. Au soleil, elle peut enfin porter ses grandes lunettes noires sans avoir la sensation qu'on la juge hautaine. Blanche a pris l'habitude de mettre cet écran entre elle et le monde, parce qu'elle ne voit rien sans – ce sont des verres correcteurs. Depuis, elle accepte son reflet ainsi. Un visage sans regard. Une attitude, comme on dit dans le métier.

Oui, Blanche est une attitude ; une silhouette qu'on peut dessiner en trois traits de crayon. Des cheveux bruns très raides, une frange rideau qu'elle porte depuis sa vingtaine et qui aujourd'hui dissimule les outrages du temps. Un corps plus mince que la nature ne le voudrait. « Il faut toujours avoir trois kilos en moins », lui a appris Peter, son mentor, un homosexuel très élégant, qui dirigeait le journal dans les années 1980 et lui a mis le pied à l'étrier. Sans ces lunettes immenses qui lui bouffent le visage, Blanche se trouve des airs de chiot abandonné.

— Oh, tu es là, ma belle ? Tu as fait bon voyage ?

Blanche ne prend pas la peine de répondre à Serge, qui dépose un baiser dans son cou. Elle lance un *ciao* à la cantonade, ne reconnaît personne. Pourtant, elle a vaguement le souvenir d'avoir déjà vu l'assistant photographe. Mais ça ne l'intéresse pas vraiment. La jeune mannequin est perchée sur un rocher, les cheveux couverts d'un produit simulant un aspect mouillé. *Wet*, dit-on, comme si c'était plus simple. Elle a des paillettes sur les yeux, du gloss sur les lèvres. Et puis un maillot de bain minuscule de la dernière collection Felicita, une des marques de luxe du groupe Kronos. Le défilé a lieu demain soir. Bertrand Beaulieu voudra probablement savoir où en est le soutien du magazine, lui-même largement financé par la publicité acquise par le groupe. Il faudrait que le maillot fasse la *cover*. La photo doit être exceptionnelle pour la mériter. Et ce n'est certainement pas cette gamine maigrelette perchée sur son caillou qui fera se déplacer les foules en kiosque.

— C'est plat. On ne sent rien. Pas d'émotion. Rien, décrète Blanche.

Elle a prononcé ces mots d'une voix forte, devant l'écran de retour placé sur un trépied, que l'assistant médusé tient d'une main. De l'autre il fume une cigarette ; ce qui a le don d'exaspérer Blanche. Toute l'équipe se tait, alors que jusque-là ça papotait gaiement. Trop, au goût de Blanche. Il serait peut-être bon qu'ils prennent conscience que les temps ont changé, pense-t-elle. Que la belle époque s'est envolée avec les lecteurs désormais rivés à leurs téléphones, et les investisseurs partis conquérir d'autres Far-West.

— Putain, Serge, c'est quoi ce cadrage ? On ne voit même pas la culotte du maillot. Tu te fous de ma gueule ou quoi ?

— Mais si, chérie. Tu vas voir, c'est hyper-beau. Regarde, le bleu de ses yeux est en harmonie totale avec celui de la mer.

— J'en ai rien à foutre. C'est le maillot, que je veux. Et elle est où, la styliste ? Ça vous ferait mal au cul de mettre quelques bijoux ?

Blanche est comme ça. Quand elle sort de ses gonds, elle est d'une vulgarité que d'aucuns jugent exquise, que d'autres redoutent davantage qu'un contrôle fiscal. De cette équipe, que Blanche estime bien trop nombreuse, surgit une jeune femme guère plus vieille que le modèle sur laquelle une assistante a posé une couverture à 1 200 euros. Il fait pourtant trente degrés au bas mot. C'est grotesque.

— Ah, Mathilde !
— Non, moi c'est Myrtille.

Blanche se retient de lever les yeux au ciel en reconnaissant la jeune femme. De son temps, personne n'aurait accepté de porter un tel prénom. Comment réussir dans la vie, affublée d'un nom de fruit même pas populaire ? Et ces sourcils décolorés. Ça lui donne un air idiot. Exagérément futuriste. Mais elle se souvient vaguement que les autres magazines lui envient cette styliste avant-gardiste venue de *Fuel mag*, un opus pointu acheté par personne mais qui fait frémir d'envie les marques de luxe.

— Bon, ça n'a pas d'importance. Ce qui en a en revanche, c'est le stylisme. Ça ne va pas du tout.
— Ah bon, mais... j'avais envoyé ma note d'intention et mon *mood* à Sylvain. Il a tout validé.
— Eh bien, ça ne me va pas. Les cheveux, déjà. C'est triste, ce plaqué. Ça fait pauvre chose. Ça manque de panache. On dirait une vieille épingle,

cette pauvre fille. Et puis ce maquillage... (Un petit homme sanglé d'un sac plein de brosses, de barrettes, de poudres et de pinceaux recule imperceptiblement.) C'est complètement con. On voit bien qu'elle ne peut pas venir de se baigner avec un style pareil. Il fallait faire naturel. Ou tout changer. Quant à la joaillerie, ça vous a pris comment de ne pas en mettre ?

— Eh bien. Justement... je me disais que dans le cadre du numéro spécial maillot, ce serait peut-être *too much*. Pas très... naturel, non ?

— Qui parle de naturel ? C'est une photo de mode. À quoi vous pensez servir ? À faire de l'art ? Non. À vendre ? Oui. On n'est pas là pour se faire plaisir ! Vous avez quoi ?

— Pardon ?

La styliste retient péniblement ses larmes. Ses doigts tremblent.

— Comme bijoux, vous avez pris quoi ?

— Eh bien, on n'a pas pu prendre beaucoup de confiés parce que les marques sont un peu frileuses quand on shoote loin, qui plus est sur une plage. Il y a eu pas mal de pertes, récemment. Dans le sable, entre autres.

— Mais ils ont des assurances, non ?

Blanche perd patience. Et le silence du reste de l'équipe augmente encore son exaspération. Elle a horreur du vide, de l'inertie, des gens mous. C'est pour cela qu'elle a arrêté les shootings. Quand elle a débuté, elle adorait ça. Ces familles soudaines, qui se forment autour d'un projet artistique et partagent pour quelques jours leurs vies et le bonheur d'une expérience somme toute exceptionnelle, l'avaient en quelque sorte sauvée de son enfance. Et, plus tard, sauvée de Simon et de l'obscurité qui avait menacé de l'engloutir tout entière. Aujourd'hui, elle ne supporte plus ces sessions.

Myrtille sort de petites boîtes en plastique scellées, au travers desquelles Blanche inspecte les bijoux protégés.

— C'est tout ?
— Oui. Non, on a de la fantaisie à l'hôtel.
— Ben voyons. Et pourquoi vous n'avez pas tout pris ? Vous aviez peur que ce soit trop lourd ? Bon, Serge, viens avec moi, s'il te plaît, je dois te parler. Pendant ce temps, remballez tout, il n'y a rien qui va. Hop. On a vingt-quatre heures pour sortir quelque chose de décent. On n'est pas à *Modes et travaux*, ici. Et dépêchez-vous un peu, je vous prie. Mademoiselle, on va appeler votre agent, vous rentrez ce soir.

— Zonka ne parle pas français, précise Myrtille à voix basse.

Ladite Zonka regarde Blanche avec des yeux d'enfant. Sa peau est si lisse que Blanche se retient d'y passer les doigts. On dirait de la porcelaine. C'est vrai qu'elle a de beaux yeux, mais ça ne suffit pas. Une bouche ourlée, un corps si mince que les cordons du maillot de bain, pourtant serrés au maximum, peinent à contenir ses minuscules fesses qui surplombent deux immenses jambes translucides – cette manie de l'époque d'éviter le soleil. Les corps sculpturaux et brunis au Monoï d'autrefois étaient quand même plus désirables. Toute cette bienséance et cette hygiène excessive sont désespérantes. C'est peut-être pour ça que les gens n'achètent plus les magazines. Trop donneurs de leçons, trop tristes, trop réalistes.

— Je veux du rêve, Serge.

Il a allumé une cigarette. Blanche remarque ses jambes légèrement velues. Ça la rassure ; depuis Benjamin elle n'a plus vu d'homme qui garde ses poils. Ses dents sont un peu jaunes. Il devrait se faire poser des facettes.

— Du rêve ? répond-il calmement.

— Un truc qui sorte de tout ça. Je veux de la mer, des gros nichons, des corps musclés, des cheveux épais, une bouche charnue, un truc sexuel qui fasse oublier qu'on va tous crever d'un cancer ou d'ennui à force d'arrêter de bouffer, de baiser, de bronzer. Un truc Palace, très Bianca Jagger, Cindy Crawford. Tu vois bien qu'on shoote une série maillots pour un numéro d'hiver. Déjà, ça, c'est disruptif.

— Je croyais que tu voulais parler à « Madame Tout-le-monde »

— Mais « Madame *fucking* Tout-le-monde », elle veut aussi qu'on la fasse bander, Sergio.

Serge sourit, passe un index sur l'épaule de Blanche, qui se dégage avec agacement. Ce n'est pas le moment. Elle est stressée. Demain, M. et Mme Wang lui demanderont des comptes, des projections. Ce spécial maillot d'hiver doit exploser le marché, les ventes, faire parler de lui jusqu'à New York. Elle a autre chose à faire qu'offrir son corps à un vieux beau dans un hôtel fût-il cinq étoiles.

— Tu veux qu'on appelle Cindy Crawford ? reprend Serge.

Une femme sans âge, à la peau flétrie et aux cheveux brûlés par le soleil, passe devant eux. Elle promène un chien minuscule, porte une tunique gipsy Antik Batik printemps-été 2003 que Blanche reconnaît avec émotion au premier coup d'œil. Elle se demande où est passée la sienne...

— Et pourquoi pas ?

— Je disais ça pour rigoler. Tu veux faire venir Cindy Crawford à Ibiza pour la shooter en vingt-quatre heures ? Tu ne crois pas qu'on peut trouver une autre solution ?

— Tout sauf cette merde.

— Tu exagères. D'accord, la gamine n'est pas vraiment charismatique, mais avec deux, trois retouches, ça devrait passer.

— Tu n'as pas compris, Serge. Je joue ma vie, là ! Je serai demain soir avec les Beaulieu. Quant aux actionnaires, ils seront à la rédaction dans deux jours. Tout le monde va me tomber dessus. Il faut quelque chose de nouveau. Un truc waouh, *bigger than life*.

— *Bigger than life…*

Serge sourit. Il a toujours adoré ces expressions toutes faites du fashion circus. Ces anglicismes qui englobent tout et rien à la fois, squattent pour un temps les conversations mondaines, les agences de communication, les réunions en haut lieu où se décident à coups de milliards les contours d'une campagne de publicité, une collection, un événement à l'autre bout du monde qui fera rayonner l'époque, des bijoux, un sac. Parfois, rien. Tout ça sera pourtant plus grand que la vie.

— Je te propose un truc. J'ai un copain agent à LA. Je le contacte pour Cindy. On se prévoit une belle série événement, un truc nostalgique, supermodels, pub Pepsi. Tu fais le buzz, et tout le monde est content. En attendant, on termine cette série humble mais somme toute honorable. Et puis, la gamine a pas mal de followers, t'es au courant ? C'est pour ça qu'on l'a castée.

— Vous faites chier, avec vos followers.

— Blanche, si tu ne veux pas te faire engloutir par la vague, il va falloir t'y mettre. C'est ça, ton futur. L'influence. En un clic, ces gamines vont donner à ton mag la visibilité d'une campagne internationale pour trois fois rien. Faut juste que tu te serves d'elles. Tiens, regarde…

Il sort de sa poche son téléphone et va sur le compte de Zonka. Sur des kilomètres de publications, on la voit souriante, boudeuse, sexy, mutine, glamour. Elle est chaque fois différente, méconnaissable. C'est toujours comme ça avec ces mannequins nouvelle génération. Dans la rue, on leur offrirait un croissant pour les remplumer. Après quelques heures de coiffure et de mise en beauté – on ne dit plus maquillage ni « maquilleur », d'ailleurs, comme on ne dit plus « nain » ni « aveugle » mais « personne de petite taille » ou « malvoyant », quelle absurdité –, elles se transforment radicalement. Elles bouffent la pellicule, rendent des bouts de tissu indispensables à leurs observateurs.

— Regarde, elle a 534 000 followers. C'est pas énorme mais c'est pas mal quand même. Elle a eu un petit rôle dans le dernier Tarantino. Tu vois, la scène du saloon ?

— Non.

Blanche se fout pas mal de la vie de cette fille qu'elle ne reverra probablement jamais. Pas plus qu'elle ne veut savoir quel était son rôle dans le film, ou si elle a couché avec Quentin pour obtenir ces quelques minutes de gloire.

— OK. Bref, depuis ce matin, elle a posté une dizaine de stories. Et un post dans son feed. Ça, c'est sympa. Elle n'était pas obligée. Tu sais combien elle fait payer la story ?

— Non.

— Dis un chiffre.

— Serge, j'en sais foutre rien.

— 5 000 euros. 50 000 le post.

— Merde... Et pourquoi elle bosse avec nous, alors ?

— Ah, tu vois que ça t'intéresse... Eh bien, parce que sa mère est fan d'*Attitude*.

— L'enfer.

— Quoi ?

— Mais on ne peut pas être l'idole des mères et des grands-mères indéfiniment. On n'est pas Michel Drucker. Il faut qu'on devienne l'idole de ces filles-là. De leurs filles.

— Justement. C'est là où je veux en venir. Elle a tagué *Attitude*, tu as vu ? Et est-ce que tu sais combien vous avez gagné de followers depuis ?

Blanche ne répond pas. Elle sait qu'il va poursuivre. Elle déteste cette rhétorique de maître d'école. Pour un peu, elle lui en collerait une tellement il l'exaspère. Mais ce qu'il dit n'est pas inintéressant non plus.

— 20 000. Pas mal, non ? Ce que je veux te dire, c'est qu'*Attitude* doit étendre sa notoriété sur les réseaux. Et au-delà, aux nouvelles générations, qui ne vont plus en kiosque. Sans sa mère, Zonka n'aurait jamais entendu parler d'*Attitude*. En revanche, aujourd'hui, grâce à elle, il y a des centaines de milliers de gamins et gamines à travers le monde qui ont découvert la marque *Attitude*.

— *Attitude* n'est pas une marque, c'est un magazine.

— Justement, c'est là que tu te trompes. C'est fini, ça, ma belle. Aujourd'hui, tu dois faire rayonner

Attitude sur tous les supports. Décliner les histoires sur ces nouvelles plateformes de narration. Instagram, Tik Tok, la télé, des newsletters, partout !

— T'as toujours été moins con que les autres, toi.

— C'est pour ça que tu m'aimes, non ?

— Non, répond Blanche sans rire.

C'est vrai que ce qui lui plaît chez Serge, c'est surtout sa peau brune, ses doigts magiques et la légèreté qu'il apporte à l'existence. Pas ses analyses sociétales. Mais elle doit bien admettre qu'il a marqué un point.

Tout cela demande réflexion. Au loin, Blanche observe l'équipe qui a trouvé refuge près du bar. La styliste tient sa tête entre ses mains. On dirait qu'elle pleure. À moins qu'elle n'exprime sa colère. Ça n'est pas très clair. Le maquilleur – qui ne s'appelle plus maquilleur – lui caresse doucement les cheveux d'une main, scrollant inlassablement sur son téléphone de l'autre. La vie d'ailleurs, même quand on est face aux plus beaux paysages, paraît manifestement toujours plus belle que la sienne. Zonka tend le bras, prête à se filmer. Il ne manquerait plus qu'elle raconte à la Terre entière comment la rédactrice en chef de ce magazine inconnu de sa génération l'a traitée comme une moins que rien.

Alors Blanche se dirige vers elle. Passe devant l'équipe sans un regard et fonce vers cette pourvoyeuse de notoriété digitale. Serge l'observe de loin. Elle lui fait son grand numéro. Celui auquel personne ne peut résister. Il la voit même poser sa main sur l'épaule de la jeune fille, remettre en place le kimono Felicita à 12 000 euros qui fera probablement la couverture d'*Attitude*. Elle replace le col, le retourne, fait blouser les pans, et puis mime des poses que Zonka observe avec attention, opinant du chef.

Avant de devenir journaliste puis rédactrice en chef, Blanche a été styliste. Sans doute la meilleure. De celles qui font le tour du monde pour une série, à qui l'on propose des ponts d'or pour une campagne de publicité. Et puis il entend les mains de Blanche claquer, enjoignant à la petite équipe de reprendre le travail, tout de suite, avant que la lumière ne change trop. Elle installe Zonka dans l'eau, replace une mèche de cheveux, lui glisse des bracelets qu'elle remonte sur les avant-bras, tire une dernière fois sur la ceinture du kimono et attrape le téléphone de la jeune fille.

— C'est bon, tout le monde est prêt ? Allez, je lance le *live* depuis ton compte, Zonka. On est OK ? Serge ! Tu peux commencer à shooter.

Anne

— Il faut qu'on sourie ?
— Pas forcément, non. Regardez-moi. Enfin, regardez l'objectif. Non, voilà, sans sourire. Non, là vous avez l'air triste. Et vous, Brice, peut-être pouvez-vous passer le bras autour des épaules de votre femme ?

La séance a commencé depuis une heure, mais Anne n'en peut déjà plus. Quant à Brice, elle a conscience qu'il a largement dépassé ses limites, même s'il ne dit rien devant le photographe envoyé par *Attitude*. Lorsqu'il est rentré l'autre soir, et qu'il a fallu lui annoncer cette bonne nouvelle, Anne savait déjà qu'il ne le prendrait pas bien. Brice aime la discrétion, le calme, sa famille. Il déteste avoir du monde chez lui, apparaître dans un magazine, passer son samedi à se faire maquiller et à obéir aux directives d'un inconnu qui bouscule son intérieur. Pourtant, il a fini par céder pour faire plaisir à sa femme, et parce que visiblement tout le monde trouve formidable ce qui lui arrive. Néanmoins, il sait peu de choses sur cette chanteuse qui a bouleversé leur existence et encore moins en quoi apparaître dans ce journal qu'il n'a jamais lu est si important.

Concernant les enfants, en revanche, Brice s'est montré catégorique. Il était hors de question que des gamins de huit et douze ans affichent leur visage publiquement. Non mais, Anne, est-ce que tu as perdu la boule ? Depuis quand faut-il publier des photos de sa progéniture pour répondre à des injonctions professionnelles ? Anne n'avait pas insisté. Pourtant, la journaliste s'était obstinée. Elle l'avait rappelée plusieurs fois, lui avait envoyé des textos, des captures d'écran de comptes de célébrités et de mères moins connues qui, comme elle, connaissaient leur quart d'heure de notoriété sur les réseaux.

— Vous savez, Anne, dans à peine un an Daria aura probablement son propre compte, si ce n'est pas déjà le cas sous un pseudo que vous ne connaissez pas. Alors autant passer par le filtre bienveillant d'*Attitude*, et du vôtre, qui allez valider les photos, relire vos propos.

Mais Anne savait qu'il était inutile d'en reparler à Brice, qui semblait suffisamment agacé par tout ce cirque. Alors, qu'il accepte de poser avec elle, c'était déjà énorme. Ses collègues à la banque, et notamment son patron, avaient pas mal joué en sa faveur, c'était une chance. Ils l'avaient poussé à le faire. Brice avait même cru voir dans le regard de son supérieur une lueur d'admiration. Ou d'envie ?

Quoi qu'il en soit, cette soudaine exposition allait peut-être servir sa carrière ; qui sait.

Et depuis l'arrivée à 14 heures de l'équipe dite réduite envoyée par *Attitude*, Anne et son mari obéissaient patiemment aux instructions de ces professionnels de l'image. Daria avait regagné sa chambre, excédée par l'interdiction de son père. Quant à Tom, il lisait ses mangas, la tête à l'envers, suivant silencieusement cette troupe étrange de pièce en pièce, sans se soucier de gêner, entrant dans le champ ou apparaissant dans le miroir de la salle de bain tandis que le photographe essayait de pimper un peu cet intérieur qu'il jugeait trop banal. Tout comme ses modèles du jour qu'il aurait davantage imaginés poser pour un magazine de programmes télévisés.

Le portable du photographe sonne. Son assistant, armé d'un étrange disque d'aluminium qui reflète le soleil sur leurs visages, le pousse du coude.

— Quoi ?
— C'est la boss.
— Quelle boss ?
— Dracula.

Il extrait son visage de derrière l'objectif, avec une expression de contrariété et d'angoisse mêlées.

— On fait une pause. Matthias, tu me reprends les cheveux, là ? Et la peau aussi, ça brille.

Puis il s'éloigne vers le fond du jardin, près des jouets de Suzanne. Il s'assoit sur la minuscule balançoire. Anne lui dirait bien que c'est dangereux, qu'avec son poids il risque de l'abîmer, que le portique est prévu pour les moins de sept ans – elle le sait puisqu'elle ne cesse d'empêcher Tom de s'y suspendre. Franchement, ils auraient dû prendre la taille au-dessus et tout le monde aurait été content. Mais c'est comme ça. Brice a beau passer un temps infini à comparer les prix et avis consommateurs de tout ce qu'ils acquièrent en ligne, le plus souvent ses choix restent discutables. Anne le voit grimacer lorsque le maquilleur s'approche de lui avec une petite éponge enduite de fond de teint.

— Vous n'avez jamais pensé à faire enlever ce grain de beauté, là ? Non, parce que mon beau-frère avait quasiment le même, et il a fini par sauter le pas. Il l'a fait retirer, et depuis il est sublime. Pas que ce ne soit pas joli, mais enfin… C'est pris en charge par la sécurité sociale, je crois.

Brice a horreur de ce genre de conversations stériles. C'est pour cette raison qu'ils ont arrêté de recevoir à la maison. Les déjeuners et dîners de parents l'ennuient. Même les barbecues entre amis de longue date ne trouvent plus grâce à ses yeux. Il a l'impression de perdre son temps, trouve ses vieux copains ennuyeux, seulement intéressés par leurs carrières, les vacances à venir, les transferts du football. Alors les autres… C'est sa femme qui gère leur vie sociale de quartier.

Anne continue de regarder Brice répondre à son interlocuteur par onomatopées sans que ce dernier n'en prenne ombrage – elle trouve ça touchant. Cet artiste des pinceaux a dû être beau, songe-t-elle. Aujourd'hui, il est clair qu'il a abusé de la chirurgie esthétique. Il appartient à cette nouvelle catégorie d'individus qui n'ont plus d'âge. La cinquantaine, la soixantaine peut-être ? Il a posé du mascara sur ses cils. Quant à ses cheveux, ils ont deux couleurs différentes, brun sur l'avant, plus sombre à l'arrière. De ses tempes s'échappent quelques petites mèches grises qui témoignent d'une réalité qu'il convient de dissimuler.

— Ma belle, je m'occupe de toi ensuite. C'est vraiment hyper *cute*, ce que tu portes, tu as du goût.

— Ah oui ? C'est une de mes créations.

— Non, tu déconnes !

Il s'approche d'elle, touche le tissu, les broderies.

— Tu fais faire ça en Inde ?

— Non, je fabrique tout ici.

— *Amazing !* Tu devrais en parler au mag, ils pourraient te faire un papier.

— Mais… c'est le cas, je crois.

— Ah bon ? Mais je suis complètement à l'ouest, moi. Je pensais que tu étais romancière ou quelque chose comme ça. Ou que tu écrivais des bouquins de développement personnel. Quand on va en province pour shooter des familles, c'est souvent le cas.

— On n'est pas en province, on est en banlieue, intervient Brice.

— Oui, province, banlieue… c'est hors de Paris, quoi. Oh, mais ne vous vexez pas. Si vous saviez d'où je viens. Enfin, je préfère ne pas en parler. Ni y retourner, d'ailleurs. Moi, je suis bien dans mon petit appartement de Pigalle. Les bars, les cinémas, le théâtre…, je ne sais pas comment vous faites. Bon, j'imagine qu'avec les enfants c'est différent. Il faut qu'ils courent, qu'ils s'ébrouent. Mais quel ennui, tout de même.

— Vous allez souvent au théâtre ? s'enquiert Brice.

— Euh… à vrai dire non. Pas très souvent.

— Et au cinéma ?

— Non ! Oh, avec tout ce qu'il y a aujourd'hui sur les plateformes, on n'a plus besoin. Et puis, entendre mon voisin manger du pop-corn et payer vingt euros ma place, non merci. Et avec tous les voyages que je fais, de toute façon, chez moi, je n'y suis jamais. Je regarde les films dans l'avion. Heureusement que j'ai une gardienne qui vient s'occuper des plantes et du chat.

— Anne ?

Le photographe a fait irruption, son portable à la main.

— Blanche veut vous parler.

— Blanche ?

En guise de réponse, il lui tend l'appareil d'un air fatigué, observant avec dédain le visage de Brice, auréolé d'une collerette de mouchoirs en papier glissés dans son polo. Anne attrape le téléphone et le colle à son oreille. Elle n'entend rien. Au même moment, le photographe sursaute et lui tend ses oreillettes. Ça la dégoûte un peu de glisser ces petits objets qui ont touché la cavité peut-être sale de cet inconnu, pour l'insérer directement dans la sienne.

— Allô, Anne ?
— Oui ?
— Blanche de Rochefort à l'appareil. La directrice d'*Attitude*. Je voulais prendre de vos nouvelles, tout se passe bien sur la séance ? Je suis absolument désolée, je n'ai pas pu venir.
— Oui, très bien, ne vous excusez pas.

La voix de la femme au bout du fil est plutôt avenante, quoique très grave, et légèrement cassée par des années d'un tabagisme probablement soutenu.

— Bon. Nous sommes ravis, vous savez ? Que vous nous ayez accordé l'exclu. C'est canon. Votre histoire est tellement inspirante pour nos lectrices. Vous imaginez ? Une mère de famille de province qui devient ultra-célèbre du jour au lendemain par l'entremise d'un post Instagram. On va sûrement avoir une *quote* de Beyoncé, d'ailleurs. C'est complètement dingue mais on est passés par une de ses stylistes, avec laquelle on travaille régulièrement. Peut-être nous accordera-t-elle un verbatim à intégrer à votre portrait. C'est ça dont je voulais vous parler, entre autres. On aura la réponse dans le week-end, ce soir max. Si c'est positif, j'aimerais beaucoup vous proposer la *cover*.
— La ?
— La une. La couverture d'*Attitude*.
— Mais... C'est complètement dingue.

— Pas tant que ça, non. J'ai regardé, vous êtes à combien, là ? Vous avez passé le million de followers, n'est-ce pas ? Vous vous rendez compte ? Combien de *cover girls* touchent autant de gens ? Je peux vous dire que certaines petites actrices françaises qu'on met pourtant chaque année en une n'ont pas le quart de cette notoriété, en témoignent d'ailleurs les entrées qu'elles font – ou qu'elles ne font pas – au cinéma. Mais je m'égare. Bref, vous savez quoi ? On va suspendre cette séance. C'est trop plan-plan. Le jardin, l'herbe, l'atelier… On a ce qu'il faut pour le storytelling. Ce qu'il nous faut maintenant, c'est l'après. La transformation. Cendrillon à cinquante berges.

— J'ai trente-neuf ans.

— Ah oui ? Vous faites un peu plus. Ne le prenez pas mal. C'est certainement la coupe, le maquillage. La fatigue aussi peut-être. On va s'occuper de tout ça. Bon, vous savez quoi, je vais relancer les agents pour qu'on ait cette foutue citation et je vous rappelle avant ce soir. En attendant, je demande à mon assistante de vous envoyer une voiture et de vous booker une chambre au Ritz. Vous n'avez rien contre le Ritz ?

— Mais… quand ?

— Eh bien, ce soir. Sous réserve d'un retour positif, ce dont je ne doute pas.

— Ah, mais il y a les inscriptions au tennis.

— Pardon ?

— Les inscriptions au tennis des enfants se font demain dimanche de 9 heures à 11 heures. C'est très important. Passé cette date-là, c'est fichu pour l'année entière. C'est dans mon agenda depuis des mois.

S'ensuit un long silence, durant lequel Anne jurerait entendre le souffle excédé de son interlocutrice. Laquelle reprend, plus douce :

— Anne, il s'agit de la couverture d'*Attitude*. Vous savez que des gens tueraient pour cela ? C'est l'accomplissement d'une vie. Pour vous, pour vos activités, ça va être quelque chose de colossal. Vous ne pouvez pas déléguer cette histoire de... tennis ?

Anne tourne la tête vers Brice, qui ne cesse de l'interroger du regard tandis que le maquilleur continue de déverser sur lui sa logorrhée comme sa crème teintée. Elle lui demandera de faire l'inscription. Pour une fois. C'est toujours elle qui s'occupe de ça. Un dimanche, il n'aura qu'à aller courir plus tard. Anne demandera à Lauren de venir garder les enfants, si Brice a besoin de prendre l'air. Elle sera tellement excitée par toute cette histoire qu'elle acceptera, c'est certain. Et puis, pour le moment, rien n'est sûr, alors...

— C'est d'accord, répond Anne. J'attends votre appel.

— Fantastique ! Voilà, je vous confirme tout cela dans l'heure. En attendant, faites votre valise. On vous envoie un chauffeur, ne vous occupez de rien d'autre que de l'intendance. Ah, une dernière chose... vous êtes disponible demain soir ? En tout cas, soyez-le. Il faut absolument que vous veniez au défilé Felicita avec moi. Vous allez voir, vous allez adorer. Repassez-moi Clément. Je suis enchantée, vraiment enchantée. Vous et moi, on va mettre la planète à nos pieds.

Anne tend le téléphone au photographe, qui fume une cigarette roulée, les fesses toujours calées sur la balançoire de Suzanne, dont elle entend les pleurs à l'étage – elle s'est réveillée de sa sieste. À ses pieds, le type a écrasé quelques mégots, qui forment comme un petit soleil autour de ses santiags usées. Il marmonne quelques mots, raccroche vite, intime au reste de l'équipe de plier bagage. Ils en ont fini, et c'est tant mieux, avec ce reportage de ménagère. Un peu sonnée, Anne monte chercher sa fille. En chemin, elle marque un temps d'arrêt devant Brice, hésite et puis lui demande :

— C'est quoi, une « quote » ?

Myrtille

Ça grouille comme une ruche. Depuis qu'elle est arrivée et patiente sur un tabouret en papier mâché, Myrtille a bien vu entrer une douzaine de personnes. Beaucoup de jeunes femmes, quelques hommes. Lookés, lunettes aviateur, épaulettes démesurées. Elle connaît leur prénom à tous. Ce matin, ils ne font pas attention à elle. Elle est transparente. Et puis Marcel apparaît. Il a monté l'agence il y a vingt ans. Devenue le plus grand bureau de presse de Paris, cette entreprise au service médiatique de plus d'une centaine de maisons de mode, créateurs, palaces et désormais cosmétiques, a connu des hauts et des bas, et bien failli fermer plusieurs fois, lorsque d'autres ont su se montrer plus désirables au gré des tocades et des tempêtes qu'a connues l'industrie. Mais Marcel Ancel a tenu bon la rampe. C'est un *shark*, dit-on, ou un *snake*, selon les relations qu'on entretient avec lui. Il change les existences comme il détruit des destins. Sait reconnaître le talent là où il se trouve, débusquer le petit créateur qui deviendra grand, flatter l'ego des puissants, flairer l'air du temps avant même qu'il ne se répande. Certains l'adulent, d'autres le craignent ou le haïssent pour son souverain mépris. Tous admirent sa longévité due à une hygiène de vie irréprochable lorsque tant de ses contemporains ont cédé aux nuits d'excès, aux tables ouvertes et à la facilité apparente d'une vie qui les a fatalement éloignés du labeur qui, seul, semble animer la légende et son agence éponyme.

— Suis-moi.

Il a à peine posé son regard sur elle. Écoute quelque chose dans son oreillette. Il sent le riche, pense Myrtille. Une odeur de musc. Sa barbe est parfaitement taillée. Ses montures en écaille ont été réalisées dans un atelier d'art. Rien ne dépasse de son look – une tenue qu'il a adoptée depuis si longtemps que personne ne se rappelle l'avoir vu vêtu autrement qu'avec un jean APC en denim brut, chemise en jean, tee-shirt blanc Helmut Lang agrémenté, en hiver, d'un fin cachemire à col roulé marine et d'un caban sombre. Un uniforme vous fait gagner de précieuses minutes chaque jour, a-t-il toujours prétendu. Imaginez à l'échelle d'une vie. Myrtille a lu cela dans un portrait que *Libération* a consacré à Marcel il y a plusieurs années. Elle sait tout de cet homme qui préfère porter sa vie entière le même costume pendant qu'il consacre l'essentiel de son temps à la création de milliers d'autres.

Myrtille

Son bureau est à l'os. Une table en chêne massif, un ordinateur portable posé dans un coin, une grande photo de Berger et Saint Laurent accrochée derrière lui. Une fenêtre en bois brun, dont l'architecte a conservé le cadre – souvenir d'une époque envolée qui tranche avec la modernité brutale des meubles design –, donne sur une mer d'ardoises. Les toits de Paris ont longtemps fait rêver Marcel – et ce depuis son petit village originel, disait l'article. Est-ce encore le cas ? Toutes les merveilles d'une vie de fastes dont il est devenu l'empereur continuent-elles de l'exalter ? se demande Myrtille en s'installant face à lui tandis qu'il répond à son interlocuteur. En deux mots, il a tranché. Une lame. Quelques minutes se passent. Il est plongé dans son téléphone, il répond à ses messages. Ses doigts, parfaitement manucurés, dansent sur l'écran comme ceux d'un pianiste sur un clavier. Et puis :

— Alors, qu'est-ce qui t'amène ?

— J'aimerais vous proposer quelque chose.

Myrtille sait qu'elle n'a que quelques minutes. Avec ces gens-là, on ne se perd pas en circonlocutions. Alors elle poursuit sans lui laisser le temps d'entrer dans le tempo.

— Le bureau a besoin d'une branche influence. Vous connaissez la totalité des journalistes de Paris et d'ailleurs. Je sais que vous avez aussi ouvert une agence à New York, bientôt à Milan. Tous les créateurs viennent chez vous. Vous organisez les défilés les plus grands. Même les maisons de Kronos, dont les événements sont gérés en interne, font appel à vous, à vos fichiers. Aujourd'hui, il faut activer un nouveau levier qui dépasse les modèles traditionnels. Devenir l'entremetteur entre les créateurs de contenus et les maisons dont vous orchestrez la visibilité.

— Et… ?
— J'aimerais m'en occuper.
— Tu n'es pas styliste ?
— Je veux changer.
— Le Dragon a encore frappé ?
— Pardon ?
— Tu étais à la Maison Blanche, n'est-ce pas ? Mlle de Rochefort a beau être un peu dure, elle reste la meilleure. Tu as beaucoup à apprendre d'elle.

— Ce n'est pas ça. J'ai fait le tour des séries mode traditionnelles. On tourne en rond. Venir chercher des pièces dans les maisons, les mixer, gérer les mannequins, les photographes, légender tout ça pour que, quoi… quelques milliers de personnes voient ces photos le week-end en feuilletant distraitement leur hebdomadaire ? Non, ce que je veux, c'est faire rayonner les collections *online*, les faire vivre. Quand les talents postent, leurs looks sont visibles dans le monde entier. Instantanément. On peut choisir ces filles, ces garçons devenus leurs propres médias, en fonction du message qu'on souhaite véhiculer, les mettre en scène. On peut aussi savoir immédiatement le nombre de personnes qui ont vu la photo, la vidéo, d'où elles viennent, qui sont ceux qui ont acheté grâce à cette visibilité. Ça me plaît.

— Dans ta génération, vous avez la bougeotte, et surtout l'impression de tout avoir appris en quelques semaines. N'oublie jamais que tu ne sais rien. Mais vos défauts ont du bon. Vous ne vous laissez pas marcher sur les pieds, vous ne perdez pas de temps et ne vous encroûtez pas dans des tâches répétitives que vous finissez par oublier. Mais tu sais qu'on fait déjà tout ça, n'est-ce pas ?

— Quoi donc ?

— Travailler avec les créateurs de contenus. Des « talents », comme tu dis. On y passe même de plus en plus de temps. On a nos fichiers, nos soirées dédiées, des membres de l'équipe chargés de repérer les meilleurs, les émergents, les nano, les micro, de les contacter, les rencontrer, les *gifter*, les faire voyager.

— Bien sûr. Mais moi je vous parle d'autre chose. Ce qui m'intéresse, c'est de les gérer. Beaucoup sont perdus, ils ne s'y retrouvent pas au milieu de toutes les propositions qui affluent dès lors qu'ils gagnent en visibilité. Ils disent oui à tout, à n'importe qui. Ils ont besoin d'un agent qui les accompagne, leur explique, les oriente. Je veux modeler leur univers, choisir les bonnes collaborations pour eux, les faire grandir, gérer les coulisses de leur activité.

— Tu veux devenir agent d'influenceurs ?

— Pas seulement. D'artistes aussi. Comédiens, musiciennes, chanteurs, auteurs, sportifs... Tous ces jeunes que les marques désirent approcher pour capter leur pouvoir d'influence sur le marché de la Gen Z.

— Il y a déjà des gens qui font ça.

— Peu, vous le savez. Et pas forcément très smart. Moi, ce que je vous propose, c'est de monter une structure ici, en interne. Une agence intégrée au bureau Marcel Ancel, qui ait la carte. La reconnaissance. Qui rassure les mamans et les marques parce qu'elle a le label de ce que vous êtes parvenu à créer. Une confiance.

Quelqu'un frappe à la porte. Une très jeune fille en débardeur court et jean immense laissant apparaître son nombril s'avance vers Marcel et lui présente son téléphone sans dire un mot. Il retire ses lunettes, fixe un instant l'écran, puis secoue la tête. La jeune fille s'en va dans un silence ponctué du seul bruit des semelles énormes de ses sabots en caoutchouc.

— C'est non.

Myrtille sursaute. Elle s'apprête à argumenter, expliquer, supplier peut-être. Elle ne veut pas retourner chez *Attitude*. Elle a pris sa décision depuis Ibiza, l'humiliation, la condescendance de Blanche. Mais ça germait en elle depuis un moment. Elle n'a pas une seconde à perdre. Le monde va si vite. Elle n'a pas le temps de reprendre la parole, Marcel la devance :

— C'est trop tôt pour moi. Tu me forces la main. L'expérience m'a appris que, s'il ne sert souvent à rien d'attendre, il ne faut jamais non plus confondre vitesse et précipitation. Je ne te connais pas. Je ne vais pas m'associer à tes activités avant que tu aies fait tes preuves. Monte ton agence, tu as raison. Quand je me suis lancé, certains m'ont tendu la main, sinon je n'y serais pas arrivé. Je ferai en sorte que tu aies tes entrées dans les quelques défilés qui font les réputations. Une ou deux places. On verra. Choisis bien tes talents. Fouille, creuse dans leur passé, leurs tweets, leurs prises de position. Ne te laisse pas impressionner par leur nombre de followers. Marque-les à la culotte. Fais-toi un nom. Et surtout, ne laisse personne t'intimider ou te décourager. Quand ce sera fait, toi et moi on reparlera. Officiellement.

Il est déjà debout, près de la porte ouverte, un écouteur enfoncé dans son oreille. Une main lui tend un thé matcha qu'il dépose sur une bibliothèque dans laquelle dorment des dizaines de livres d'art, de mode, des flacons de parfum et beaucoup de romans de la collection Blanche de chez Gallimard.

— Merci, balbutie Myrtille, hésitant entre lui serrer la main ou l'embrasser, comme c'est l'usage dans le milieu.

Elle préfère s'abstenir. Elle recule, se cogne contre deux jeunes gens qui poussent un portant de vêtements en rigolant.

Sur les Grands Boulevards, le soleil tape, les gens courent vers leurs rendez-vous. Tout en se dirigeant vers le métro, Myrtille ouvre son compte Instagram. Marcel vient de l'ajouter à ses contacts. C'est comme un sésame. Son cœur bondit dans sa poitrine.

Blanche

— Les passagers à destination de Paris Charles-de-Gaulle sont invités à se présenter porte 3. Je répète : les passagers à destination de Paris Charles-de-Gaulle voyageant à bord du Boeing AF804, départ à 9 h 14, sont invités à se présenter porte 3 pour l'embarquement.

Blanche finit sa Badoit d'un trait. Par habitude, elle a failli prendre un verre de vin blanc. Une tradition d'habitués du lounge Air France qu'elle a gardée du jour où elle est enfin devenue « Gold », et ainsi pu trouver refuge en ce lieu de privilèges où qu'elle soit dans le monde. Aujourd'hui, elle est passée Platinium et n'accorde plus guère d'intérêt à ce salon qu'elle juge en fin de compte assez ordinaire, depuis que n'importe qui peut, en quelques voyages d'affaires ou l'acquisition d'une carte American Express, accéder à ces fauteuils bas de gamme sans cesse occupés.

Agrippant la poignée de sa valise cabine, elle jette un dernier coup d'œil à la piste. Du temps où elle avait peur en avion, elle avait participé à un de ces fameux stages expliquant le fonctionnement des appareils. Elle en a gardé, outre quelques astuces lui permettant de tolérer un bilan carbone bien au-dessus de la moyenne acceptable, ce rituel de visualiser avant le vol les hélices, les ailes, le nez de cet habitacle qui planera dans les airs tel un oiseau ; oui, même sur les turbulences, c'est mécanique et totalement *safe*, vous comprenez ?

Et puis elle passe devant les femmes de l'accueil qui la saluent, l'appellent par son nom comme si elles se connaissaient. C'est ça, le luxe. Ou du moins cela en fait partie. Bon voyage, madame de Rochefort. *Have a nice flight*. Elle leur adresse un signe de tête. S'il fallait répondre à tous les individus qui vous adressent la parole dans une journée, et que vous ne risquez pas de croiser à nouveau, on n'en finirait pas. L'énergie, ça se gère. Il ne faut pas la gaspiller à tort et à travers.

Les portes vitrées s'ouvrent. Blanche est allée déjeuner à Porquerolles avec un magnat de l'automobile japonais qui y passe quelques jours en famille. Il rêvait de faire la connaissance de l'icône. Il a insisté – cette rencontre pourrait bien l'inciter à investir dans les pages du magazine français. Blanche a fait son grand numéro. Nul doute que cet aller-retour somme toute épuisant aura porté ses fruits. Elle a chaussé ses immenses lunettes de soleil et de petites sandales à talons. Jamais elle n'acceptera cette nouvelle marotte imposée par les stars, consistant à s'habiller en pyjama sous prétexte de prendre l'avion. Jogging, hoodie coordonné, chaussons d'hôtel, coussin autour du cou, on dirait de vieux bébés prêts à aller se coucher. Des hurluberlus probablement très riches lui emboîtent le pas, harnachés comme s'ils allaient entreprendre vingt-quatre heures de périple à la rame alors qu'il s'agit d'un vol Nice-Paris. Les rédacteurs ont eux aussi pris cette habitude de voyager en tenue de clochard. Même ceux des titres les plus prestigieux. C'est pathétique. Blanche a dû congédier l'une de ses journalistes pour cette raison la semaine dernière. Pourtant, elle gérait la joaillerie depuis deux décennies. Mais quand Blanche a vu passer les photos envoyées par la maison organisatrice du somptueux voyage à Mexico, et découvert avec stupeur sa salariée attifée de la sorte, son sang n'a fait qu'un tour. Elles ne sont pas grand-chose. Des passeuses de rêve, des réceptacles à confidences, des conteuses d'histoires... Mais surtout, elles représentent l'ADN d'*Attitude*. Une certaine idée du chic parisien. Un écrin qui exhale encore le parfum d'un Paris fantasmé.

Écouteurs vissés à ses oreilles, Blanche passe en revue ses messages. Sylvain lui a laissé pas mal de notes vocales. Il a obtenu la *quote* de Beyoncé. Ils cassent la *cover*. Ont prévenu l'agent de la jeune comédienne. C'est un drame. « Une guerre atomique », raille Sylvain. L'agente a appelé dix-sept fois Blanche, a laissé autant de textos, WhatsApp et autres amabilités surgies d'on ne sait où, que leur destinatrice n'écoutera pas. À quoi bon ? On verra bien, peut-être auront-ils un trou dans les semaines à venir, quelques pages à combler, une célébrité qui leur aura fait faux bond. Alors on remettra la gamine, et tout sera oublié.

Cette Anne, en revanche, c'est un vrai « coup ». Et des coups, Blanche en a besoin. Cette fois-ci, Madame Tout-le-monde va faire la une. Ajoutez à cela un « avant-après », format qui, depuis la naissance du magazine, a toujours généré les meilleures ventes – elles ont beau s'en défendre, les femmes rêvent toutes d'un relooking qui changerait leur vie. Une nouvelle coiffure qui rajeunit, un maquillage qui embellit, une garde-robe qui révèle enfin celle qu'elles sont depuis toujours. Devenir belle à plus de quarante ans, c'est un rêve. Et célèbre, en plus. Pensez donc.

Blanche est sûre d'elle-même. Ce soir, elle ira rejoindre sa nouvelle protégée au Ritz, puis elle l'emmènera dîner au Costes, pas loin. Ou dans les jardins du Palais-Royal, si elle n'est pas encore tout à fait sortable. Il ne s'agirait pas non plus de tout gâcher, surtout en pleine Fashion Week ! Oui, au Palais-Royal, c'est le mieux.

Elle marche vite, traverse la vie au pas de charge. Longe les boutiques. Peu de luxe, ici. De toute façon, elle reçoit tout en *gifting* à la rédaction ou chez elle. Pour son premier jour chez *Attitude*, elle n'avait même pas pu entrer dans son bureau tant il était rempli de bouquets de fleurs. Il faudrait que Blanche leur dise un jour qu'elle n'aime pas les fleurs coupées. Elles lui rappellent sa grand-mère qui les préférait en terre. En revanche, les crèmes, les parfums, les sacs, les petites attentions, ça vous console de pas mal de choses.

La bonne nouvelle, avec cette petite blogueuse de Viroflay, c'est que Blanche a dû repousser au lendemain son entrevue avec les Wang. Sylvain s'est chargé de les prévenir que leur rédactrice en chef était malencontreusement retenue par la gestion de dernière minute de sa *cover girl*. Cas de force majeure. Il leur avait dégoté des places à l'Opéra et une table chez Ducasse, et cela les avait satisfaits. Demain soir en revanche, ils seront tous réunis pour le dîner donné par Bertrand-Marie Beaulieu, le patriarche du groupe Kronos. Les Wang sont surexcités. Pour la première fois, ils vont rencontrer cet éminent capitaine d'industrie qui fait rayonner le savoir-faire français à travers le monde. Et cette rencontre justifie en grande partie les millions qu'ils injectent dans *Attitude*, un investissement qui, s'il n'est pas tout à fait à perte, est loin de représenter une manne pour ces généreux mécènes venus d'Orient.

À chaque contrôle supplémentaire, Blanche s'irrite. Passeport, carte d'embarquement. Et de nouveau la carte d'embarquement. Comment pensent-ils qu'elle est arrivée là ? Après les dix minutes passées à retirer un à un tous ses bijoux à la sécurité, elle est à bout de nerfs. Dans l'avion, tandis que le reste des passagers trottine gaiement vers le fond de la carlingue, elle se tourne vers le hublot. Elle ne veut pas voir les marques laissées par le bronzage sur leurs épaules rougies, leur complicité surtout. C'est insupportable.

Pendant que les rires la frôlent, elle continue de tapoter sur son téléphone, pour répondre aux mails qui tombent sans relâche dans sa boîte. La mode ne connaît pas de répit. Pas de dimanche, pas de samedi. Un steward se penche vers elle avec de minuscules verres remplis de jus d'orange tiède, de champagne et d'une eau probablement minérale. Elle n'a pas le temps, elle secoue la tête sans lui accorder un regard.

— Madame ? Madame ?

Les lèvres de l'hôtesse bougent, mais Blanche ne l'écoute pas. Elle a composé le numéro de Sylvain et pourra ainsi prétendre qu'elle a peu de temps avant le décollage.

— Oui, Blanche ?

— Je t'appelle de l'avion. Alors, c'est bon ?

— Ça n'est pas si simple, tu sais. Il y a les chanteurs coréens qui sont là, qui ont été placés à côté d'Aglaé, la fille Beaulieu. C'est devenu un pataquès, l'influence. Ils passent tous par des agents, maintenant. On est à poil, c'est compliqué.

— Mais on n'est pas à poil, on est *Attitude*. Et Anne a un million de followers.

— Ils n'en ont rien à fiche. Placer son talent sans agent, c'est comme se pointer à la Tour d'Argent sans réservation.

— Madame, il va falloir raccrocher !

Blanche acquiesce des paupières. Elle entend mal parce que le commandant de bord a commencé son laïus. Température, excuse pour le retard, petite blague, détail de l'itinéraire…

— Il me faut cette place, OK ? Je ne sais pas, moi. Bouge Carole au second rang.

— Carole ?

— Oui, Carole ! Ça va, elle n'écrit même pas.

— Enfin, Blanche. Ça fait quarante ans que Carole est front row pour *Attitude*, tu n'y penses quand même pas ?

— Combien as-tu de places pour le magazine ?

— En l'état ? Deux, grand maximum, une pour Carole, une pour toi.

— Eh bien c'est tout vu. Carole verra aussi bien depuis chez elle sur la retransmission en *live*. Ça sert à ça, non, ces âneries d'ouverture des défilés au « plus grand nombre » via les réseaux sociaux ? Allez, c'est réglé.

— Madame, il faut vraiment raccrocher et mettre votre appareil en mode avion.

Comme si ça allait changer quelque chose… Si les ondes des smartphones avaient un quelconque impact sur la sérénité des vols, ça se saurait. Mais Blanche s'exécute. C'est au moment où elle s'apprêtait à glisser l'importun dans son sac qu'elle voit son prénom apparaître.

Benjamin.

Elle hésite entre céder à sa curiosité, déverrouiller son téléphone pendant le décollage, ouvrir le message, y répondre, peut-être...

Ou le laisser là, tel un trésor. Rêver pendant quelques heures à son contenu. Savourer cet instant suspendu pendant lequel tout est encore possible.

L'avion roule sur le tarmac. Le paysage défile. Les palmiers, les arbres secs, les barres d'immeubles, la mer. L'appareil prend de la hauteur.

— Madame, votre téléphone, s'il vous plaît.

Au même instant, le pouce de Blanche, affolé, glisse sur l'écran, et supprime en deux pressions mal chorégraphiées le message et son application.

Et, tandis que les ailes traversent les nuages, que quelques gémissements d'enfants se font entendre, et qu'un rayon de soleil traverse le hublot contre lequel elle pose sa tête devenue trop lourde, Blanche de Rochefort contemple, blotti dans ses mains tel un oisillon agonisant, le nouveau désastre de son existence, survenu à des kilomètres d'altitude, loin des solutions du monde.

Myrtille

Myrtille aperçoit Marcel. Il a beau y venir plusieurs fois par semaine, le Plaza Athénée continue visiblement de lui faire de l'effet. Ses plafonds hauts, ses lumières féeriques, la musique discrète et le léger brouhaha qui se faufile entre le concierge et les élégants clients. Il a pris place dans un canapé d'où il ne peut rien rater du défilé des nantis et des puissants qui débarquent ici de bon matin sans qu'on le remarque. Marcel est un homme de l'ombre et il compte bien le rester.

Elle a encore changé de couleur de cheveux. Aujourd'hui, elle arbore des pointes rosées sur un carré court qui lui donne belle allure, quand bien même celle-ci jure avec l'endroit, semble penser Marcel. Quoique. Ça aurait pu être vrai il y a quelques années, lorsque seuls les actrices de renom, les riches Américaines et les hommes d'affaires en costume fréquentaient ces lieux. À présent, alors que la tech et la finance offrent à chacun la possibilité de devenir maîtres du monde en quelques heures, on voit dans ces couloirs plus de jeunes mal attifés ou de femmes à faux seins que de divas italiennes.

Myrtille s'installe sur la banquette avec aisance. À son âge, Marcel aurait sans doute été intimidé par ces lustres, ces plateaux d'argent sur les guéridons de marbre. Les jeunes d'aujourd'hui, songe-t-il, sont sûrs de leur valeur, réelle ou fantasmée – peu importe, finalement –, sur un marché concurrentiel. Ils sont convaincus qu'on les attend ailleurs, partout même, malgré le chômage, les bas salaires, les retraites qu'ils ne toucheront probablement pas plus qu'ils ne verront la neige à Noël. Marcel se dit que la génération de ses parents a tout mis à sac, laissant derrière elle un champ de ruines dont la sienne s'est longtemps contentée avec docilité et discipline, acceptant sans rébellion de suivre le chemin que les aînés lui imposaient alors que celle de Myrtille a choisi de se battre quand bien même cela serait inutile.

— Vous vouliez me voir ?

— Où en est-on pour ce soir ? demande-t-il sans perdre de temps.

Après leur bref entretien, Marcel Ancel avait envoyé un message à la jeune ambitieuse. S'il est vrai que l'agence avait depuis des mois entamé sa mutation dans le domaine de l'influence, elle s'était aussi laissé submerger par le nombre de défilés qu'elle avait accepté d'organiser. La rançon d'un succès parisien qui faisait beaucoup d'envieux. Celui de

Felicita, notamment, se devait d'être parfaitement géré, eu égard à la confiance que le groupe Kronos lui témoignait. Aussi Marcel avait-il décidé de tester la détermination autant que le professionnalisme de Myrtille en lui confiant la gestion de la branche influence du défilé couture le plus important de cette Fashion Week. C'était un risque, certes. Mais que valait la vie si l'on n'en prenait pas ? Et puis, son instinct lui disait qu'il pouvait davantage faire confiance à cette étrange personne aux cheveux multicolores et ongles cliquetants, qu'à nombre de jeunes diplômés que leurs puissants parents tentaient de lui imposer tout au long de l'année.

— Tout est OK, répond Myrtille, le nez plongé dans l'écran de son portable. Lila est bien arrivée à Paris. Son avion a eu du retard mais le chauffeur l'a récupérée à Roissy. La pauvre revient de Mexico où elle a passé deux jours pour Revlon.

— Qu'est-ce que Revlon faisait à Mexico ? s'enquiert Marcel en observant le serveur s'approcher d'eux tandis qu'une jeune femme harnachée de sacs de luxe logotypés prend place sur la banquette d'à côté.

— Mademoiselle, que puis-je vous servir ?
— Un café au lait d'amande, merci.
— Chauffé, le lait ?
— Oui, merci.

Myrtille lève à peine la tête. La femme aux sacs de luxe essaye d'alpaguer le serveur sur son passage.

« Il faudra voir avec mon collègue, madame. » Elle lève les yeux au ciel.

— Si j'ai bien compris, leur nouvelle égérie shootait là-bas. Ou alors c'est son mec, je ne sais plus. Bref, c'était plus simple de faire flyer tout le monde à Mexico pour la soirée d'inauguration du parfum.

— Plus simple ? Bon, continue.

— On l'a mise au Kimpton, finalement. Tout Paris est complet avec la Fashion Week. J'avoue qu'elle n'est pas hyper contente parce que ses copines sont au Bulgari mais pas moyen de trouver une suite de disponible.

— Tu as appelé Saskia ?

— Bien sûr. Et tout le staff. Mais on s'y est pris hyper tard. Les agents ont mis trois semaines à valider sa présence au show. Calvin Klein organisait un *event* en marge de Paris pour l'anniversaire du débardeur blanc. Un truc énorme, je crois. À New York. Mais comme ils peinent à trouver des célèbs à cause de Paris, ils lui ont proposé une grosse enveloppe.

— Ne me dis pas combien, je ne veux pas savoir.

— Non, vous ne voulez pas savoir. Bref, finalement, elle a accepté.

— Trop aimable.

— Le coiff-maqu' est booké pour 16 heures. Et les *fittings* ont commencé. Elle voulait un stylisme qui montre ses jambes. Elle a un coach depuis deux

Myrtille 111

mois et perdu quatre kilos, elle veut que ça se voie. Elle a aussi demandé qu'on ne la place pas à côté de Léa. Elles ne se parlent plus. Elle sort avec son ex.

— Qui ça ?

— Léa sort avec l'ex de Lila. Vous n'avez pas suivi ? Ça a fait un buzz énorme sur Snap.

— Non.

Marcel n'est pas sur Snapchat. Déjà qu'il passe un temps infini sur Instagram à regarder où sont les journalistes, s'ils ont bien tagué ses clients, quels peuvent être leurs goûts pour savoir comment les satisfaire. Où sont Bertrand et Tiphaine Beaulieu. Et Aglaé, tiens. Et Rihanna qui doit venir à la soirée Jacquemus du lendemain... Non, il n'a pas assez d'une vie pour aller sur Snapchat. Myrtille le regarde avec des yeux ronds, comme si Marcel venait de lui annoncer qu'il ne savait pas qui est Taylor Swift. Ça dure un quart de seconde tout au plus, pendant lequel les deux générations se frôlent sans se comprendre.

— Tobey est trop mignon. Avec lui tout est simple. Les looks sont prêts, il portera même le sac perlé.

— Le très gros ?

— Oui, c'est un amour. J'avoue que j'ai vraiment lutté pour le placer, ce sac. Pas un comédien français qui accepte. Bon, c'est vrai qu'il est énorme et hyper dégenré mais bon, au prix auquel ils sont payés...

— Les Français ont toujours été les plus chieurs, ça ne date pas d'aujourd'hui. D'ailleurs, qu'est-ce que fiche Sabrina ? Il me faut le topo sur le cinéma.

— Elle nous rejoint à 15 h 30, non ?

— Tu as raison il est 20. Continue.

— Les Coréens sont en place. Pro, procéduriers, *weirdos*, comme d'hab.

— Hein ?

— Bizarres. En revanche, l'hôtel a prévenu, ils ne peuvent pas gérer la sécurité tout seuls. Felicita doit prendre en charge des agents supplémentaires. Des fans ont réservé des chambres pour les croiser dans les couloirs. Malgré le staff, des vidéos ont fuité sur Tik Tok. Tout le monde est furax. J'ai pris la liberté de gérer avec le service des célébrités. C'est OK pour eux, ils ont envoyé quatre gardes du corps supplémentaires. Ah, et je leur ai organisé une visite de Paris demain en van à vitres teintées. Ils ne sortiront que pour faire leurs contenus. J'ai réussi à faire privatiser la tour Eiffel de 7 heures à 7 h 30, j'ai un Riva sur la Seine de 7 h 30 à 8 heures pour le lever du soleil, champagne et la roue des Tuileries en toile de fond. Ils retournent ensuite à l'hôtel pour se changer et prendre un petit déjeuner en chambre. Et ils ont le Bon Marché pour eux avant l'ouverture, de 9 heures à 9 h 45.

— Restons focus sur ce soir, tu veux ?

— Pardon. Arrivée des Coréens par l'entrée bis, sécurité aux barrières, coucou aux fans sur le parvis pendant trois minutes, passage au photocall

quatre minutes. Les interviews sont calées sur le front row. Ils ont demandé qu'on écarte les iPhones des invités qui filment avec une mauvaise lumière mais évidemment, c'est impossible. On fera un cordon de sécurité autour des Very Vips. Je les ai mis à côté d'Aglaé Beaulieu comme vous me l'avez demandé.
— Parfait. Un de chaque côté ?
— Grave. Ils sont prévenus, ils lui parleront un peu – trois questions – et poseront pour deux photos. Ils veulent que ce soit Stéphane qui les fasse, ils n'ont confiance en personne d'autre. L'agent doit valider avant qu'elle puisse poster.
— Ils sont chiants avec Stéphane. On a quand même le droit de travailler avec qui on veut.
— Le bouche-à-oreille... Ils ne veulent plus que lui. Et encore, c'est une chance qu'ils ne nous imposent pas leur propre équipe.
— Il ne manquerait plus que ça. Comme si ça n'était pas assez compliqué. Il me reste sept minutes.
— OK.
— Votre café au lait d'amande.
— Merci. Donc. On a une rangée de dix places en front row pour l'influence France, six pour l'Asie, quatre pour les States, vingt-deux derrière tous pays confondus, répartis selon les relatives affinités. Les agents veulent être accrédités mais j'ai fait comme vous m'aviez dit, je leur ai dit non à tous, et du coup c'était plus simple. Ils ont les hashtags, et on a renforcé le Wifi, il était faiblard. Le *live* ne sera lancé que quand tout le monde sera arrivé.

Trop dangereux de faire comme la dernière fois en donnant un horaire fixe. Le filtre Insta est OK. Ce serait bien que vous fassiez un petit post d'ailleurs, pour lancer le mouvement. Les talents le feront chacun depuis leurs comptes à 18 heures. Sauf les Coréens, on n'a pas pu leur imposer, ils ont une exclu avec leur label pour un autre filtre qui sort la semaine pro. On a vraiment tout essayé, même le service juridique de Felicita n'a pas réussi.

— Bon, il me reste deux minutes. C'est tout ?

— Ah, non. Blanche de Rochefort veut qu'on place QueenAnne à côté d'elle en front row.

— À la place de Carole ?

— Oui. Elle a dit qu'elle s'en fichait. Qu'on désinvite Carole mais elle tient absolument à mettre cette influ à côté d'elle. Va savoir pourquoi. Elle n'a jamais prêté la moindre attention à ce monde-là.

— C'est la fille de la robe Beyoncé ?

— La combi-short.

— Combien ?

Myrtille dégaine son téléphone, et affiche une moue admirative qui dure un quart de seconde.

— 1, 247 million.

— On vire Carole. Préviens Sylvain qu'il gère tout ce bordel. Je ne veux pas être tenu pour responsable de leurs petites tambouilles internes. Et puis, Carole est une vieille amie, une très bonne journaliste et une femme délicieuse.

— Comme vous le savez, j'effectue cette mission en anonyme donc ils n'auront qu'à se plaindre

Myrtille 115

à votre mystérieux tâcheron à l'adresse mail sans patronyme.

Marcel garde le silence. Il apprécie que cette Myrtille connaisse le mot « tâcheron », comme il admire la rapidité avec laquelle elle a pris sa mission en main. Mais il n'en laisse rien paraître. Il a appris qu'il ne fallait pas trop complimenter les jeunes recrues. Pas trop tôt, en tout cas. Alors il conclut, tandis que Sabrina, sa chargée des célébrités du monde artistique (d'aucuns diraient « le vrai »), les rejoint :

— Allez, prends ta photo avec ce foutu filtre. Je fais quoi avec mes bras ? Je les croise ? Je les pose ?

Marcel a horreur de se mettre en avant mais ses équipes lui ont fait comprendre que pour exister aujourd'hui il lui fallait « incarner », occuper l'espace – et c'est d'ailleurs ce que lui, le grand organisateur de la mutation de la communication du secteur, serine à ses puissants clients venus s'abreuver à la fontaine du cool. Alors il laisse Myrtille prendre des dizaines de clichés, choisir, faire éventuellement quelques retouches, puis le prévenir par SMS quand la photo sera postée. Alors, il attendra les flammes, les bombes, les cœurs et les likes qui lui diront combien il est beau, charismatique, puissant. Tu déchires, mon amour, on déjeune bientôt ? À moins qu'il n'attende en vain ces petits shoots de confiance qui ne viendront pas. Parce que les gens auront autre chose à faire, que le filtre *flower* ne plaira pas vraiment, que Bertrand Beaulieu se demandera s'il est vraiment la bonne personne, s'il ne devrait pas changer d'agence, ou continuer de tout gérer en interne, car Marcel Ancel est définitivement passé de l'autre côté. Passé de mode. Ringard. Fini.

Il a 168 notifications sur son portable. Il est 15 h 34, il a perdu quatre minutes avec cette fichue photo. Il plante son regard dans celui de Sabrina qui attend, son ordinateur portable ouvert sur les genoux, baisse les paupières de façon imperceptible, signifiant « Tu peux y aller ».

— Bon, autant le dire, commence-t-elle, le César du meilleur espoir féminin ne veut plus venir si elle n'est pas à côté des Beaulieu. Il va falloir déplacer les Coréens.

Anne

— La température vous convient toujours ?
— Oui, oui.
— Vous désirez un peu de musique ?
— Non, merci. C'est gentil.
— Si vous voulez de l'eau minérale, il y en a dans les portières. Et des bonbons dans l'accoudoir.
— Merci.
— Nous serons arrivés dans... (Le chauffeur jette un coup d'œil à l'écran de son téléphone, fixé près du tableau de bord.) Dix-sept minutes. Ça ira ?
— Oui, parfait. Merci, monsieur.

Tout s'est passé très vite. Après le départ de l'équipe, Anne a reçu le feu vert de Blanche, la rédactrice en chef, qui lui a annoncé qu'une voiture serait devant chez elle dans l'heure. Elle aurait bien aimé repousser un peu son départ, mais elle n'a pas osé. C'était déjà suffisamment gentil qu'on s'occupe d'elle ainsi. De quoi aurait-elle eu l'air avec ses caprices ? Brice n'a même pas eu le temps de s'énerver puisqu'il lui a fallu gérer l'arrivée de Lauren, appeler Marlène et Alain, les parents d'Anne, pour qu'ils viennent le lendemain dormir à la maison avant le retour de la « star de la famille » le lundi. Puis Anne avait jeté quelques affaires dans un trop petit sac, qu'elle avait vite troqué contre une valise trop grande, avant de se précipiter, en sueur sous son maquillage de shooting, vers la berline aux vitres teintées qui l'attendait déjà dans la ruelle tranquille de sa petite résidence.

À travers la vitre, Anne observe les abords de Paris. Les immeubles immenses, tout proches. Qui peut bien vivre là, devant cette guirlande de voitures bruyantes ? se demande-t-elle. Sur des balcons en mauvais état, elle aperçoit des tricycles et des jeux poussiéreux, du linge qui pend tristement sur un fil. Et puis il y a ces tours gigantesques ornées de publicités monumentales pour des téléphones, des émissions de télévision, des sacs de luxe. La voiture emprunte une longue artère un peu triste qui longe la Seine. Murs de brique, personne à l'horizon. Enfin l'entrée dans Paris, les ponts et la tour Eiffel qui se dresse, majestueuse, comme pour prévenir qu'on s'engage dans un monde à part, distinct de la périphérie, du reste du pays, voire de la planète tout entière.

Anne entretient une relation particulière avec la capitale, qu'elle a quittée avec chagrin lorsqu'ils ont décidé d'habiter à Viroflay pour les enfants. Depuis, elle et ses amis se moquent du snobisme parisien, de la mauvaise humeur ambiante, des embouteillages, de la saleté et des mille autres défauts qu'il est de bon ton de trouver à la ville-lumière. Pourtant, chaque fois qu'elle revient, la petite flamme qui l'animait lorsqu'elle était plus jeune se rallume au fond de son cœur – étudiante puis jeune adulte, elle vivait dans l'est parisien ; d'abord dans le XIIe arrondissement où ses parents habitent encore, puis dans un petit deux-pièces dans le XVIIe qu'elle a loué lorsqu'elle a signé son premier CDI comme acheteuse pour les grands magasins. Elle a beaucoup profité de ces années, et de sa liberté d'alors. Les sorties jusqu'à pas d'heure, les dimanches passés à flâner sur les quais, à refaire le monde devant un brunch, à se réveiller parfois dans des draps inconnus.

Aux premiers temps de leur histoire, Brice et elle avaient adoré cette vie-là. Se serrer dans son petit lit, se donner rendez-vous chez l'un puis chez l'autre. Mais la nature avait fini par manquer à Brice, enfant d'Auvergne. Si elle l'avait écouté, ils auraient carrément élu domicile au pied d'un volcan. Viroflay avait été un juste milieu dans leur négociation. Oui, à mesure que la voiture entre dans Paris, Anne sent monter en elle une exaltation juvénile. Elle sait bien qu'elle devrait s'inquiéter pour Suzanne, pour son mari, resté seul à tout gérer. Mais le soleil qui fait scintiller la Seine la pousse à baisser la vitre et à respirer à pleins poumons cet air pollué, tandis qu'un sourire se dessine sur son visage.

— Vous voulez que j'éteigne la climatisation ? propose le chauffeur.

Anne ne l'écoute pas. Elle essaye de poster sa vidéo sur son compte Instagram, qui s'est encore enrichi de plusieurs dizaines de milliers de followers en quelques heures. Les notifications ne cessent d'affluer, telles des petites gouttes de pluie qui tombent sur l'écran, l'empêchant d'enregistrer son contenu. 1,3 million d'abonnés. Plus que d'habitants à Marseille, la moitié de ceux de Paris. C'est vertigineux. Tous ces gens qui la suivent et savent où elle va, vont regarder sa vidéo – qu'elle poste avec les hashtags #Paris, #Parisjetaime, #Fashionparis. À peine a-t-elle cliqué sur « publier » que de nouveaux cœurs affluent. Des petits bonshommes jaunes hilares, des pouces, des « wow » dans plein de langues. Anne n'a pas le temps de réaliser que la voiture longe déjà l'obélisque de la Concorde, le jardin des Tuileries et s'engouffre place Vendôme, où des touristes fascinés déambulent devant les boutiques de joaillerie.

Lorsque le moteur finit par se taire, Anne est un peu surprise. Elle veut ouvrir la portière, mais le chauffeur l'arrête d'un geste. Non, c'est son travail. Décidément, il trouve que cette cliente n'a pas les codes. Elle a beau se donner des airs humbles, cette nana l'enquiquine. Il aurait préféré une vraie star, ou une milliardaire. Bref, quelqu'un qui sache tenir son rang. Alors Anne attend sagement dans l'habitacle, prend un bonbon, puis deux, qu'elle fourre dans sa poche avec l'impression d'avoir fait une bêtise. Tiens, et si elle embarquait aussi la petite bouteille d'eau coincée dans la portière ? Elle est minuscule, certes, mais comme elle ne connaît pas le programme qu'on lui réserve, mieux vaut être prudente – d'autant qu'elle ne voit aucune supérette aux alentours. Au moment où elle glisse la fiole d'Évian dans son sac à main, la portière s'ouvre. Anne rougit. Sort un pied, puis l'autre avec difficulté – la voiture est très haute. Elle se souvient de certains magazines qui, à une époque, publiaient les photos de stars qui ne savaient pas s'en extraire et laissaient malencontreusement apparaître leur culotte. Heureusement, il n'y a personne pour la photographier.

— Merci. Merci beaucoup.

— Avec plaisir, madame Travers. Bon séjour à vous.

— Merci. À bientôt ?

Anne n'aime pas les adieux. Les jamais, les toujours. Elle a beau n'avoir guère échangé que quelques mots avec ce jeune homme, elle éprouve une vague mélancolie au creux de l'estomac. Lui, en revanche, est déjà reparti quand elle attrape la poignée de sa valise trop grande. Aussitôt, un homme élégant, en costume et casquette, se précipite pour s'en charger. Anne se glisse dans la porte tambour – ça lui a toujours fait un peu peur, ces mécanismes. On peut facilement s'y coincer les doigts, et puis il faut trottiner à la vitesse des autres, de ceux qui poussent plus fort parfois, et vous font faire un second tour. Heureusement, elle est seule, et parvient à s'en sortir sans paraître ridicule.

Une fois dans le hall, Anne retient un cri d'admiration. Elle a beau avoir été parisienne pendant près de trois décennies, elle n'a jamais osé pousser la porte d'un palace, et moins encore celui qui a abrité les bacchanales d'Hemingway, de Proust, les nuits Coco Chanel, et les derniers jours de la princesse Diana. Aux plafonds pendent des lustres monumentaux, les hauts murs sont ornés de lampes-chandeliers dorées. Devant elle s'étend une longue allée couverte d'un tapis bleu et or, bordée de fauteuils crapauds et de guéridons. Anne reste sans voix. Où doit-elle aller ? Elle tente à droite, où débute une sculpturale volée de marches devant laquelle se dresse un autre homme en uniforme, qui lui fait signe poliment de prendre en contrebas pour rejoindre la réception.

— Merci, merci, murmure-t-elle, confuse.

Devant elle, un couple distingué laisse éclater son mécontentement.

— *Mrs Smith, please come with me. How can I help you ?* intervient un employé de l'hôtel en entraînant le couple à l'écart afin que les éclats de voix n'importunent pas la clientèle, guère désireuse de subir ce tintamarre.

— Madame ? Comment puis-je vous aider ? s'enquiert le réceptionniste.

— Eh bien… Il doit y avoir une réservation à mon nom. Ou au nom du magazine. Je ne sais pas. Ah, je devrais peut-être appeler. Attendez.

— Pouvez-vous me donner votre pièce d'identité ? Nous allons regarder.

Anne fouille dans son sac, fait tomber une tétine de Suzanne, la ramasse en bredouillant une excuse. Et tend son passeport à l'employé dont le visage s'éclaire d'un large sourire.

— Madame Travers, bien sûr ! Je vois que vous êtes parmi nous pour... trois nuits ?

— Non, deux. Attendez... Oui, ce soir, et demain. Je dois être chez moi lundi soir. Donc c'est bien ça : deux.

— J'ai bien trois nuits de réservées. Ça doit être pour que vous soyez plus à l'aise lundi matin.

— À l'aise ?

— Oui. Que vous puissiez laisser vos affaires dans la chambre le temps qu'il faudra...

— Oh mais, j'aurais aussi bien pu... J'imagine que vous avez un local à bagages.

— Évidemment, madame. Mais si j'étais vous, je profiterais de cet agrément. Puis-je prendre votre carte de crédit, s'il vous plaît ?

Anne se raidit. Elle n'a pas eu la présence d'esprit de regarder les tarifs, mais elle sait qu'elle n'a pas de quoi s'offrir un tel établissement. Elle aurait pu se débrouiller autrement, dormir chez ses parents, ou trouver un hôtel moins onéreux.

— C'est seulement pour prendre une empreinte. Elle ne sera pas débitée, précise à voix basse son interlocuteur, tandis qu'elle laisse échapper un bref soupir de soulagement.

Pendant que l'employé modèle enregistre l'arrivée de sa cliente novice, Anne observe les allées et venues dans le hall. Des femmes en robe de soirée se dirigent vers l'entrée. D'autres, dans des tenues pour le moins farfelues, entrent. Capuches, shorts fluo, sandales à plateforme côtoient dans l'indifférence générale des toilettes aux jupons gigantesques, des nuisettes ne cachant rien de l'anatomie de leurs propriétaires, des talons vertigineux, dans lesquels souffrent de jolis pieds aux ongles ornés de microscopiques motifs.

— Voilà. Vous avez une Chambre Grand Deluxe. Je sais que Mme de Rochefort aurait aimé pour vous une Suite mais avec la Fashion Week, l'hôtel est complet. Nous vous offrons le petit déjeuner de demain ainsi qu'un soin au Spa pour nous faire pardonner ce désagrément. Vous n'avez que ces bagages ? s'étonne le jeune homme.

Enfin seule dans sa chambre, Anne relâche la pression qui l'étreint depuis son arrivée. Elle pose son séant sur un bord du lit dodu hérissé d'une dizaine d'oreillers qu'elle redoute de tacher avec son maquillage. Pendant un instant, elle se demande si elle ne va pas ficher le camp, rentrer chez elle, serrer les siens contre son cœur, reprendre le cours de sa vie tranquille. Tout ça finira mal. Elle a à peine le temps de visiter les lieux, de tripoter les petits savons élégamment disposés dans la salle de bains, le nécessaire à couture, à cheveux, à ongles, les shampoings, après-shampoings, qu'on frappe à la porte. Pourtant, Anne n'attend personne. Lorsqu'elle ouvre, elle découvre un énorme bouquet de fleurs, porté par un employé qu'elle ne se souvient pas d'avoir croisé. Combien sont-ils pour s'occuper d'elle ?

— Il doit y avoir une erreur, bredouille Anne, sur le point de refermer la porte pour appeler sa famille.

— Vous êtes bien Anne Travers ?

— Oui.

— Eh bien, voici pour vous. Je me suis permis de vous apporter un vase. Il y a aussi cela, ajoute-t-il en lui tendant plusieurs sacs ceints de nœuds de satin. Nous nous sommes occupés de la mise en chambre à la demande de Mlle de Rochefort.

— La « mise en chambre » ?

Au moment où Anne s'apprête enfin à appeler Brice, son téléphone sonne.

Blanche.

Anne pousse un soupir et s'approche de la fenêtre. Sur la place Vendôme, le ballet des badauds se poursuit tandis que le ciel prend des teintes rosées.

— Alors, chère Anne, vous êtes bien installée ?

— Formidable ! C'est juste... magnifique.

— Ah, parfait. J'aurais préféré la suite dont *Attitude* dispose à l'année – un vieil accord qui lie le magazine à l'hôtel –, mais on a pris ce qu'il y avait. La Fashion Week, vous savez ce que c'est... Bon, je passe vous prendre dans une petite heure, c'est bon pour vous ? Pour toi... On peut peut-être se tutoyer, après tout, on a presque le même âge. On dînera tôt, pour que tu puisses passer une bonne nuit. Le photographe aimerait shooter demain au lever du soleil. 7 heures max, donc. Et comme on n'a pas fait de *fittings*... Bon, on s'arrangera, on mettra des pinces si c'est trop grand. J'enverrai le HMU dans ta chambre à 5 heures. Je te laisserai indiquer à la réception ce que tu souhaites pour le petit déjeuner. Tu as pu regarder les envois des marques ?

— Non, pas encore. Je viens d'arriver.

— Mets ce que tu préfères. Il faudra juste faire une story pour les remercier. Je te prendrai en photo dans les jardins du Palais-Royal, ce sera parfait. Je te laisse, j'ai mille choses à régler. À tout à l'heure !

Après avoir raccroché, Anne lève la tête. Sur l'écran de télévision, il est écrit « Bienvenue Mme Travers ». Elle plonge les mains dans le tas de paquets, et le froissement doux du papier de soie vient recouvrir le ronronnement de la ville.

Myrtille

— On est bons avec la sécurité ? Non mais tu as vu cette foule ? Le défilé est dans une heure et on ne peut déjà plus circuler.

Une bonne partie de l'agence est là. Sabrina, Saskia et Bruno, qui n'en finit pas de virevolter. Il aime l'excitation de ces grands moments. Bien davantage que les journées presse, où il faut se farcir la mauvaise humeur des journalistes et le réassort des buffets. Felicita, c'est autre chose. Avec ce client, l'agence Ancel est véritablement entrée dans une autre dimension. Celle de Kronos, qui règne sur le pays, sur la planète, en somme, puisqu'il ne faut pas se le cacher, comme on dit dans le milieu, la France est le centre du monde de la mode. Alors Bruno a un peu l'impression que tout converge vers lui aujourd'hui. Les appels, les espoirs, la gloire de cet événement qui rayonnera sur la planète entière, que ses amis d'enfance verront dans les journaux, sur Instagram, sur Tik Tok, sur Snapchat, et même sur Facebook, qui sait. Alors même sa mamie pourra constater à quel point il a réussi, lui qui a tant peiné à trouver sa voie avant de croiser le chemin de Marcel.

— C'est la folie ! M. Beaulieu est passé tout à l'heure. Il n'avait pas l'air rassuré mais j'ai su le prendre, crois-moi.

Marcel fronce les sourcils. Il n'a guère confiance dans la finesse de Bruno.

— Attends, attends, qu'est-ce que c'est que ce délire ? Tu as placé la rédactrice mode d'*Arpège* à côté de celle de *Fashion attitude* ? Enfin, tu sais bien qu'elles ne peuvent plus se supporter depuis Taormina.

— Mais, Marcel. On a refait tous les plans hier en réunion, personne ne m'a rien dit.

— Eh bien, tu vas gérer ça calmement, n'est-ce pas ?

Marcel est un sphinx qui ne laisse jamais exploser son courroux ni son angoisse. C'est aussi pour cela que des gens aussi bien nés que les Beaulieu apprécient de travailler avec lui.

— Où est Sabrina ? demande-t-il en faisant quelques signes de la main à des connaissances que le simple fait de croiser son regard rassure.

— Elle est backstage. Je crois qu'on a un problème de courant. Trop de sèche-cheveux.

— C'est une blague ?

— Les gars, la police est là. Elle dit qu'on ne peut pas bloquer la rue.

Myrtille 129

— Comment ça, pas bloquer la rue ? Ça a été calé avec le cabinet de la maire. Kronos a tout bouclé en amont. Toi, Bruno, va régler cette histoire de courant. Myrtille, va gérer les flics. Les invités arrivent dans deux heures.

La jeune fille a à peine eu le temps de réagir. Elle marche déjà à grandes enjambées sur les graviers du musée. Les cailloux poussiéreux impriment leur empreinte indélébile sur le cuir. Elle ne sauve pas des vies, aime-t-elle à se répéter, comme le fait souvent Marcel. Rien de tout cela n'est irrémédiable. Au pire, ça lui vaudra une grosse honte dont le Tout-Paris se souviendra quelques semaines. Et puis ce sera oublié. Comme le fiasco de ce défilé organisé dans des écuries à soixante kilomètres de Paris, pour lequel des calèches avaient été réservées, bloquant pour la journée entière des célébrités et des rédactrices de mode dans une abominable odeur de crottin et un état d'exaspération ou de désespoir dont on parle encore aujourd'hui. Pour l'agence, il en sera ainsi, mais pour elle ? Elle sent bien qu'elle doit faire ses preuves. Que ce défilé est plus qu'un test. Que s'il y a la moindre anicroche, c'est à elle que ce sera reproché.

Son téléphone est brûlant. Elle a 56 appels en absence. Des centaines de messages et de notifications consignés dans des compteurs rouges. Le soleil tape contre son visage. Elle longe les statues de marbre monumentales qui miment le désespoir, jette un coup d'œil aux toiles de maître, note qu'un dossier de presse est décalé de quelques centimètres, causant un irritant hiatus visuel dans le bel équilibre de ces petits paquets blancs enrubannés de satin.

— Oui, messieurs les policiers ?

Elle a l'impression d'avoir seize ans, des canettes de bières planquées dans son sac à dos, les mains qui tremblent et ses Doc Martens remplies de la boue des festivals qu'elle parcourait il n'y a pas si longtemps.

— C'est le bordel. On ne va pas pouvoir boucler avant une heure. Le ministre de l'Éducation nationale a prévu un déplacement. Il doit absolument passer par l'avenue.

— Mais il ne peut pas prendre un autre itinéraire ? insiste Myrtille, soulagée d'avoir accepté d'endosser l'uniforme noir et sérieux imposé par l'agence.

Celui-ci lui donne une certaine contenance, pense-t-elle, la fait paraître plus âgée et responsable, sans compter que ce look, très éloigné du sien, lui évitera d'être reconnue par d'anciens collègues de chez *Attitude*.

— Le ministère est à dix mètres. Par où voulez-vous qu'il passe ?

— Je ne sais pas, moi. Mais pourquoi doit-il sortir maintenant ?

— Vous n'avez pas vu les infos ? La bagarre dans l'école ? Il faut que le ministre fasse une déclaration.

Qu'il aille sur place. Vous savez, le pays, en ce moment, c'est une cocotte-minute. Vous êtes complètement déconnectés, vous, la Fashion. Enfin, je sais pas, je m'en fiche, moi. Ce que je sais c'est que le ministre va devoir passer ici à 18 heures.
— Pile à l'ouverture des portes...
— Vous ne pouvez pas décaler ?
— Décaler quoi ? Le show ? Non mais vous plaisantez ?
— J'ai l'air de plaisanter, mademoiselle ? Il va falloir le prendre sur un autre ton, d'accord ? Parce que vos défilés, vos trucs, vos soirées, là, ça commence à bien faire, de tout bloquer comme ça pour un oui ou pour un non. Alors nous, on veut bien être gentils mais il y a une vie citoyenne, vous comprenez ? Bref, moi ce que je vous dis, c'est que le convoi passera à 18 heures, mode ou pas mode. Et vous n'aurez qu'à dire à vos invités qu'ils montent sur le trottoir le temps que des voitures passent ou on fait annuler l'événement. Ça n'est pas compliqué, non ?
S'il savait à quel point ça l'est... Ils viendront tous par cette minuscule rue. Depuis le pont. C'est indiqué sur les petits plans qu'ils ont fait imprimer sur le papier crème à gros grain. Les chauffeurs ont même reçu des contremarques à placer derrière leurs parebrises pour pouvoir franchir les barrages. Heureusement que les Beaulieu, les Coréens et les célébrités qui ne veulent être photographiés qu'à l'intérieur ont une entrée différente, dans la ruelle

adjacente. Eux au moins ne seront pas embêtés. Mais les autres ? Et les fans, qui se massent déjà sur le trottoir d'en face, agrippés aux barrières de métal. Et les panneaux « *press* », « *guests* », « *photographs* », installés devant des lignes séparées par des rubans rétractables. Tout était parfait, pensé, calculé au millimètre.

— On va se débrouiller, finit par soupirer Myrtille, tandis que son téléphone continue de clignoter dans ses mains, qu'elle agrippe en le couvant d'un regard désolé.

Marcel essaye de la joindre. Myrtille inspire profondément, sourit au policier qui s'en fiche. Elle pourrait lui faire visiter les lieux, lui montrer le décor, l'emmener backstage pour le mettre dans sa poche, mais quelque chose lui dit que cet homme-là n'est pas du genre à s'attendrir, même devant une ribambelle de jolies femmes. Alors elle reste droite comme la justice, bonne élève. Oui, monsieur l'agent, on va être sage, éteindre la musique bien sûr, tout le monde va rentrer chez soi.

Et puis elle court retrouver l'équipe, que Marcel a réunie. Tous sont également en noir. Un look sobre, sans aspérités. Dans le milieu de la mode, c'est le moyen le plus simple de rendre le staff visible. Regard fier, dos droit, sous le soleil arrogant de l'après-midi, Myrtille prend place parmi ces silhouettes minces et interchangeables. Une chance qu'il ne pleuve pas. Le patriarche Bertrand-Marie

Myrtille

Beaulieu aura probablement fait appel à son chaman, sollicité pour tous les grands événements – avec plus ou moins de succès.

Marcel prend la parole :

— Prenez vos listes et répartissez-vous par files. J'en veux deux aux clients, deux aux *guests*, deux à la presse. J'espère que vous avez bien étudié les photos de chacun. Je ne veux aucune hésitation. Les invités les plus importants doivent sentir qu'ils sont privilégiés. Toutes les tablettes sont chargées à bloc ? Ceux qui ont pris leur invitation, vous les faites passer devant les autres. En cas de doute même infime, on double-checke avec la pièce d'identité. On n'y passe pas une plombe, OK ? On n'est pas à la douane. Pour les VIPS, la sécurité est à l'entrée. Toute grosse berline indique un gros poisson. Bruno, ils te seront annoncés dans le casque. Tu préviens discrètement les autres quand c'est le cas. On écarte la foule. Je ne veux aucun débordement, c'est compris ? On laisse passer tout le staff. Je ne veux pas de drame. À l'intérieur, on les collera backstage. Seule la célébrité, voire le styliste, a un *seating*.

« Vous quatre, vous vous chargez d'orienter ceux qui ont passé le premier barrage. Les clients et les journalistes, vous les expédiez vers le photocall de gauche. Pas plus de quelques secondes. L'équipe de photographes est briefée. Photo souvenir, et hop, on envoie, on enchaîne. À droite, on envoie même les célèbs qui ne veulent pas y aller. Ils ont été payés, c'est dealé. Les petites actrices françaises qui n'assument pas, on les expédie quand même. Queue ou pas queue. Sabrina, Lara, Clémentine, vous leur faites la discussion, vous écartez les portables trop proches, vous créez un environnement de confiance. Ensuite vous les confiez aux hôtes à l'entrée, qui les feront passer au second photocall ou leur indiqueront leur *seating*. Vous, les hôtes, les hôtesses, vous me chopez tous ceux qui traînent dans les allées. Je veux que chacun s'installe rapidement. Pas question que des gugusses viennent voler des vidéos au smartphone. Et je ne veux personne autour des Beaulieu. Pas même les reds chefs. Seulement les célèbs. À 18 heures max, on ferme les portes, et tant pis pour les retardataires. On ne fait plus rentrer personne, OK ? Enfin, personne qui ne soit *A-list*.

Tout le monde opine du chef. Certains sont concentrés sur leur téléphone. Ils répondent, indiquent le chemin, rassurent, chouchoutent tandis que les premières voitures commencent à ralentir devant la grande porte cochère. Alors ces gracieux fantômes, chargés de rendre l'événement le plus harmonieux possible, s'effacent pour se fondre dans le décor, chaussent leurs casques hérissés de minuscules micros en affichant un air rassurant qui fera la réussite de ce spectacle d'exception.

Marcel passe en coulisses pour vérifier que tout est en place, que les mannequins sont bien arrivées. Myrtille révise une dernière fois les photos de

Myrtille

ses talents. Il ne faudrait pas qu'elle les rate ou les confonde – un maquillage, une coiffure peuvent radicalement modifier une apparence. Les invités déambulent, cartons en main, devant les décors brodés aux ateliers, les noms calligraphiés sur les bancs blancs, au soleil qui tape sur les plateaux d'argent. Tout est en place. Ou presque.

Car parmi les centaines de messages qui clignotent sur le téléphone de Myrtille, il y a celui de sa sœur :

```
Qu'est-ce que tu fous, on t'attend
pour l'anniversaire de maman.
```

Et c'est la gorge nouée et les larmes aux yeux qu'elle voit s'ouvrir les portes sur les invités agglutinés devant les rubans. On l'attend pour placer les talents.

Alors, les mains tremblantes, Myrtille chausse ses lunettes de soleil, chasse les pensées parasites, tout en consignant le désastre qu'elle a provoqué dans un coin de sa tête, et fonce dans l'arène. Parce qu'elle n'a pas le choix. Elle en est convaincue.

— Les Beaulieu sont là.

Anne

On entend les pépiements des oiseaux. Anne a refusé le petit déjeuner en chambre. Elle trouve que ça fait star. Et puis, elle ne saurait pas quoi faire, toute seule, devant ce grand plateau. Elle a trouvé beaucoup plus amusant de descendre et de se poster devant la petite table qu'on lui a indiquée lorsqu'elle a donné le numéro de sa chambre. Une serveuse en uniforme est venue prendre sa commande, après lui avoir précisé que le petit déjeuner était compris dans sa réservation. Pourtant, malgré cela, Anne n'a pas osé prendre la formule « breakfast américain ». Trop cher. Elle s'est contentée du premier prix, déjà prohibitif. Mais elle trouve ça plus poli vis-à-vis de Blanche, même si le magazine a un « accord qui le lie à l'hôtel ».

La veille, elles s'étaient retrouvées dans le hall, après qu'Anne fut passée chez David Lucas, le coiffeur au « plus beau blond de Paris ». Blanche était spectaculaire. Vêtue d'un costume de lin beige parfaitement ajusté, chaussée de petits talons

Chanel bicolores, un Kelly Hermès camel coordonné glissé sous le bras, immenses lunettes de soleil en écaille qui lui mangeaient le visage. Elle s'était avancée vers Anne, dont le cœur s'était emballé comme pour un rendez-vous amoureux. Et puis *L'Heure bleue* avait envahi l'espace lorsque Blanche de Rochefort lui avait tendu une main parfaitement manucurée. Face à cette femme tellement à l'aise avec son environnement, son corps et son image, Anne s'était sentie minuscule. À côté de la plaque. Et c'est sans doute ce qu'avait dû penser son hôte qui avait imperceptiblement sondé sa silhouette, du haut du crâne jusqu'à ses souliers, avec une expression qu'Anne n'avait pas su définir.

Ensuite, elles avaient rapidement quitté l'hôtel et marché le long des arcades de la rue de Rivoli. Il faisait bon, l'air était doux et Paris fourmillait de touristes ravis. Un ciel rose, des bâtiments chargés d'Histoire chauffés par le soleil de septembre, des terrasses pleines et, au loin, l'Obélisque qui veillait sur les rues de ce quartier où le malheur du monde semble n'avoir jamais existé.

Puis elles étaient entrées dans les jardins du Palais-Royal pour rejoindre un restaurant niché dans cette alcôve où l'on chuchote à l'abri du bruit et des regards. Leur table était recouverte d'une nappe blanche damassée, avec poivrière en argent, pain maison, huile d'olive, romarin dans une soucoupe en porcelaine. On leur avait servi un vin blanc aux arômes divins et un dîner d'exception qu'Anne avait eu du mal à savourer tant elle était concentrée sur sa conversation avec cette femme effervescente et ultra-informée qui paraissait lui avoir accordé sa confiance. Alors que plusieurs serveurs exécutaient autour d'elles une chorégraphie discrète et bien réglée, Blanche avait beaucoup parlé. D'*Attitude*, ce magazine qui lui avait donné le goût de la mode, qui l'avait accueillie lorsqu'elle était jeune styliste, et qu'elle avait aujourd'hui la chance, ou plutôt l'honneur – parce que son parcours ne devait rien à la chance, avait-elle insisté – de diriger. Elle avait évoqué la Mostra, les Fashion Weeks, New York, Londres, Milan, Paris, les numéros « spécial mode » – dont l'enjeu semblait colossal –, Noël à préparer ainsi que les collections de haute joaillerie, et bientôt Cannes, qui allait arriver si vite qu'on n'aurait pas eu le temps de s'y préparer, et vous Anne, parlez-moi de vous et de votre aventure tellement folle.

Anne aurait préféré que son interlocutrice continue son monologue. Ainsi, elle aurait évité cette impression de banalité qui s'emparait d'elle lorsqu'on l'interrogeait sur son « histoire incroyable » à laquelle elle-même avait du mal à croire. Selon Blanche, les millions d'inconnus qui s'étaient soudain mis à la suivre sur les réseaux avaient fait d'elle une « KOL », ou Key Opinion Leader – soit une personne dont l'avis et les goûts entraînent dans son sillage ceux des millions d'individus qui la suivent. Et au-delà de ses qualités de créatrice de mode célébrées par Beyoncé elle-même, il semblait que ce soit justement ce statut de KOL qui justifiait sa présence en ces lieux et la future couverture du célèbre magazine *Attitude*. Si Anne ne pouvait nier que cet état de fait la vexait sensiblement, elle accueillait toutefois avec bonheur les égards dont elle était l'objet, quelle qu'en soit l'origine.

En se réveillant dans sa luxueuse chambre d'hôtel, elle s'était précipitée sur son téléphone, comme elle le faisait dès le réveil depuis ce tsunami. Il était loin le temps où elle pratiquait la cohérence cardiaque, paupières closes, pour visualiser les objectifs de sa journée. Le temps où Brice et elle profitaient de ce moment pour se rappeler combien ils s'aimaient. Dorénavant, elle ne réfléchissait plus. Les yeux à peine ouverts, elle tendait machinalement la main vers son smartphone et le déverrouillait avec fébrilité, un peu désorientée toutefois par ses immenses possibilités. Tel un enfant devant son tas de cadeaux, elle hésitait. Devait-elle commencer par ses messages WhatsApp, les conversations des parents d'école, les sollicitations de contacts encore inconnus, les SMS, son répondeur, les actualités du monde, ses mails ? Souvent, Anne retardait le moment d'ouvrir son compte Instagram, juste pour le plaisir de nourrir son impatience, comme on repousse un orgasme qui pointe, parce qu'on sait que lorsqu'il reviendra il n'en sera que plus fort.

Ce matin, elle n'a pas pu attendre, parce que ses notifications étaient si nombreuses qu'elle était curieuse de savoir pourquoi. La veille, Blanche et elle avaient pris un selfie ensemble, dans les jardins du Palais-Royal, que Blanche l'avait instamment priée de retoucher avant de l'envoyer de sa part à la community manager d'*Attitude*. À peine quelques minutes plus tard, Anne avait accepté la demande de double publication du compte du magazine. À 22 h 34, *Attitude* et QueenAnne avaient donc scellé leurs destins digitaux en postant simultanément un cliché glamour de deux « quadragénaires » inspirantes, aux univers a priori très différents, dont l'amitié ainsi mise en lumière, pour ne pas dire en scène, renforcerait les popularités respectives. Et c'était le cas. Ce post de la veille avait remis une pièce dans la machine à notoriété. Les lectrices d'*Attitude* ne cessaient de s'abonner au compte d'Anne, et commentaient volontiers ses précédentes publications.

« Incroyable, c'est magnifique ce que vous faites. Je ne connaissais pas du tout. Merci *Attitude*. » « Merci *Attitude* de nous faire découvrir de nouvelles marques qui sortent de l'ordinaire, de nouvelles femmes entrepreneuses, de vraies femmes... »

Anne a essayé en vain de liker, de remercier chacune pour leurs gentils commentaires. Il y en a trop. Tout comme la flambée des commandes qui a une nouvelle fois fait planter le e-shop d'Irene. La veille, Blanche lui avait conseillé de supprimer l'accent sur le « e », comme Hedi Slimane l'avait fait pour « Celine », ou Ines de la Fressange sur son prénom. Ce serait bien plus élégant. Le site peinant de plus en plus à répondre à la demande, Blanche avait promis à Anne de lui présenter l'équipe informatique, qui l'aiderait à résoudre ses problèmes, voire l'inclurait dans le pool de plateformes gérées par le groupe. Ainsi pourrait-elle se consacrer à ses créations, à sa marque. Et à leur association, avait-elle ajouté, sans qu'Anne comprenne vraiment où elle voulait en venir.

Au lieu de creuser cette zone de flou, Anne avait passé un temps fou à consulter toutes les interactions, et surtout celles générées par sa publication à elle, sous laquelle les copines, Daria et même sa propre mère avaient laissé un message. « Dingue tu connais la queen ! » « Wow les plus belles ! Kiffez les filles. » Visiblement le monde entier savait qui était Blanche de Rochefort, dont la notoriété dépassait largement le microcosme de la mode. D'ailleurs, ce milieu était-il si petit ?

Jusque-là Anne pensait qu'à part les stylistes, les journalistes parisiens et quelques jeunes passionnés ou nostalgiques des années 1990, qui avaient porté les modèles et les créateurs au firmament, un nombre limité de personnes s'intéressait aujourd'hui encore à ce petit monde aussi insondable que clinquant. Et pourtant, Blanche était une star, au même titre que Karl, Anna Wintour, Edward Enninful, Kate Moss, et toutes ces très jeunes filles aux comptes certifiés et millions de followers qui, depuis la récente et fulgurante notoriété d'Anne, lui envoyaient des cœurs et des messages privés pour entrer en contact avec elle. Par dizaines, elles avaient commenté son selfie au côté de la reine des médias féminins, avec la familiarité de vieilles copines, la traitant d'égale à égale.

Juste après ses deux heures de physique-chimie matinales, Daria, aux anges, appelle sa mère.

— Mam's, c'est quoi cette dinguerie ? Tu connais LéadePaname ?

Anne pioche machinalement dans la coupelle de minuscules madeleines signature que le serveur vient de déposer sur la table.

— Je n'ai rien commandé, bredouille-t-elle, gênée d'avoir osé y toucher.

— Offert par la maison, lui répond-il, avant d'ajouter : Je vous ressers un café ? Un jus détox ? Une infusion ?

— Non. Oh, et puis si... un café, merci. Ma chérie, ça va ? Papa s'en sort ? Est-ce que tu sais s'il a pu joindre mamie pour Suzanne ? Et Tom ? Il revient bien avec Gaspard et Sophie ?

— Maman, t'inquiète. Ne te prends pas la tête, je gère. Mais toi, raconte ! Léa tu la connais ? Et Fred la chips ? T'as vu qu'il t'a fait un *high five* ? C'est complètement dingue. Si on m'avait dit que ma daronne deviendrait une star des réseaux.

— Ne dis pas « daronne », mon amour. C'est moche.

— OK. Non mais, maman. Et Blanche, elle est comment ? Est-ce qu'elle fait vraiment peur ? Tu sais qu'il y a plein de mèmes sur Tik Tok où on la voit en Lucifer ? Il y en a même un où c'est la fin du monde, et la seule personne qui survit, c'est elle. On l'appelle Whitinator. Raconte. Tu me la présenteras ? Quoique. J'suis pas sûre. En même temps, je pourrais faire mon stage de 3ᵉ chez *Attitude*. Oh, ce serait cool. Tu pourras lui demander ? Tu t'habilles comment pour le défilé ? En Felicita ? Il faut que tu portes une de tes créations. La combi-short de Beyoncé. Tu vas être prise en photo par tout le monde. Tu sais si tu es front row ?

— C'est quoi ?

— Enfin, maman… Front row. Au premier rang, quoi. S'ils te mettent au second rang, c'est pas possible. On ne verra même pas tes chaussures, et tu ne pourras rien filmer. Demande à Whitinator.

— Blanche, corrige Anne. Et comment tu sais tout ça, toi, d'abord ?

— Je me suis renseignée. Tout est sur les réseaux. La youtubeuse Clélia a fait une vidéo sur Snap. Depuis qu'elle a été intégrée au milieu, elle fait plein de contenus pour expliquer comment ça se passe. Ça a l'air dément. Donc écoute-moi, vérifie bien que tu es front row. Normalement, ils vont te mettre avec les influenceuses. À moins que Blanche demande à être à côté de toi, avec la presse. Tu seras prise en photo, essaye d'apparaître sur un max d'entre elles. Les autres te tagueront et alors tu récupéreras plein de leurs followers. C'est comme ça que ça se passe. Ah, et ne souris pas, ça

Anne

fait teubé. C'est ce que disait Karl Lagerfeld. Et je pense qu'on peut lui faire confiance.

— Tu ne crois pas que j'en ai assez ?
— De quoi ?
— De followers.
— 1,8 million, c'est super, vraiment. Mais c'est rien par rapport aux autres. Ce qui serait top, c'est que tu tapes les 10 millions dans pas trop longtemps. Là, tu pourras faire des deals avec des marques, être invitée partout.

— Mais pourquoi je ferais ça ? Je m'en fiche. Moi, tout ce que je veux, c'est que Irene me rapporte un peu d'argent pour qu'on puisse se payer des belles vacances en famille, et éventuellement construire la véranda dont on rêve pour la maison. Mais le reste… Je ne compte pas faire ma vie ici, ma chérie. D'ailleurs tu sais quoi, dis à papa que je vais essayer d'écourter mon séjour pour qu'on se retrouve tous demain soir. Je vous emmènerai à la pizzeria, tu sais, celle que Tom adore. Et comme ça, je vous raconterai tout. D'accord, ma Daria ?

Le téléphone d'Anne lui indique que Blanche cherche à la joindre pour la troisième fois. Elle trouve que c'est un peu beaucoup, d'autant qu'elles se sont quittées tard hier soir. Et puis elle lui a déjà envoyé une dizaine de textos depuis son réveil. Mais Anne est disciplinée, et elle doit bien reconnaître que cette Whitinator lui fait un peu peur, à elle aussi.

— À Viroflay ? demande Daria, visiblement déçue.

— Oui. Où veux-tu que ça soit ?

— Non, non. Rien. Bon... je lui dis. Allez, bonne journée et bon défilé, maman. Essaye de profiter, quand même. Je pense que tu ne te rends vraiment pas compte.

— Bonne journée, ma chérie. Ah, et je te rapporterai les petits shampoings de l'hôtel. Tu verras, ils sont super.

Daria a raccroché. Et Blanche, elle, est déjà en train de rappeler. Alors Anne décroche, en trempant les lèvres dans son quatrième café servi dans une tasse décorée à la feuille d'or.

— Allô ?

Blanche

Benjamin lui avait envoyé un message à 1 h 12. Blanche était rentrée depuis un moment de son dîner dans les jardins du Palais-Royal. Elle s'était ennuyée avec cette Anne, dont elle ne voyait pas bien ce que les annonceurs et ses lectrices pouvaient trouver à cette femme somme toute très ordinaire. D'accord, elle a un vrai talent de créatrice. Son choix des matières, son sens du style et de la coupe sortent de l'ordinaire, mais elle n'est ni la première ni la dernière dans son cas ; et chacun sait que, pour sortir du lot, il faut une vraie personnalité. Si tous les artistes simplement doués avaient dû faire fortune, ça se saurait.

Pendant qu'Anne lui racontait son départ de Paris pour Viroflay, arguant que par amour on fait parfois des folies – eh bien non, avait-elle eu envie de lui hurler, tant l'addition des mots « folie » et « amour » réveillait en elle la fureur et la culpabilité –, Blanche avait mentalement fait défiler sa journée à venir.

Coiffeur, manucure, essayages au bureau. Réunion des rédacteurs en chef adjoints pour caler les numéros d'hiver. Déjeuner chez Loulou avec les Wang, soin express du visage, *tea time* au Meurice avec un prospect américain – les États-Unis n'ont plus le vent en poupe, Paris a repris le pouvoir de la mode, le seul que l'Hexagone conserve encore aujourd'hui, c'est bien la veine de Blanche, et l'origine même de sa suprématie. Allait-elle déplacer l'horaire de sa coach ? À 6 heures, avant ce marathon ? Ce serait pas mal après tout...

Blanche en était là de ses réflexions lorsqu'elle avait suggéré à Anne d'aller se coucher. Il fallait être en forme le lendemain, et elles avaient déjà passé une bonne heure sur cette histoire de selfie réclamé par la responsable « des réseaux » d'*Attitude*. Elle avait donc été soulagée lorsque son taxi avait enfin déposé son invitée devant le Ritz et s'était aussitôt précipitée sur son téléphone avec l'appétit d'un naufragé face à son premier repas.

Au moment où la voiture arrivait rue de Grenelle, Téa, la gestionnaire ès vies virtuelles de la légendaire bible papier *Attitude*, avait appelé Blanche pour la féliciter. Et elle était entrée dans l'ascenseur qui la menait à son duplex avec le sentiment du devoir accompli.

Au moment où elle allait s'endormir, sans psychotrope et relativement soulagée par les larmes qu'elle versait chaque soir depuis le drame qui avait brisé sa vie, son portable mis en silencieux lui avait annoncé à coups de signaux lumineux qu'un nouveau message venait d'arriver. Bien sûr, elle aurait pu l'ignorer, mais elle savait que certains avaient perdu leur job pour moins que ça, et Blanche était clairement sur la sellette. Sans compter M. et Mme Wang, galvanisés par le décalage horaire, qui ne se gêneraient pas pour faire appel à elle en cas de problèmes logistiques. Alors Blanche avait relevé son masque de sommeil et vu s'afficher le prénom qu'elle n'attendait plus. Cela faisait maintenant deux semaines. Non, dix-huit jours et une vingtaine d'heures, qu'elle n'avait plus eu de nouvelles de Benjamin Favre, depuis qu'elle avait maladroitement effacé son message, trop pétrie d'orgueil pour oser l'en informer.

On déjeune demain ?...

En voyant les points de suspension, Blanche s'était mise à trembler. Pourtant, elle n'était plus une ado, bon sang ! Elle y songeait rarement, mais à cet instant précis, au cœur de la nuit parisienne, elle s'était souvenue que cinquante-huit, bientôt cinquante-neuf étés avaient filé depuis qu'elle était venue au monde, ce qui lui déplaisait tout à fait.

À présent complètement réveillée, et malgré une sérieuse envie de ne pas répondre, elle s'était calée contre son oreiller en lin, avait ébauché une dizaine de messages plus ou moins spirituels, cochons ou sibyllins, et opté pour un mélange des trois. S'il n'était pas parfait, celui-ci avait toutefois convaincu son destinataire de traverser Paris à cette heure avancée de la nuit.

Ils n'avaient pas parlé. Lorsque Blanche lui avait ouvert la porte, drapée dans un peignoir de soie, elle avait littéralement fondu devant ce quinquagénaire magnifique, cravate dénouée, cheveux en bataille, brandissant une atroce rose emballée de plastique achetée à un vendeur pakistanais du restaurant où il avait passé la soirée avec Dieu sait qui. Elle n'avait même pas feint de le repousser lorsqu'il avait glissé ses bras autour de sa taille pour la prendre, là, dans l'entrée de son appartement, sur la moquette crème Pierre Frey toute neuve qui lui avait brûlé les genoux. C'était bien la peine d'accompagner le mouvement MeToo et les révolutions sociétales féministes pour en arriver là, avait-elle pensé dans l'obscurité, tandis que le plaisir la submergeait, décuplé par l'attente douloureuse qu'il lui avait infligée.

Puis ils avaient ouvert une des dizaines de bouteilles de champagne qui occupaient une bonne partie du réfrigérateur de Blanche. Benjamin l'avait interrogée sur la semaine à venir – c'était sa première Fashion Week ; son groupe maquillait la plupart des mannequins des grandes maisons. Peut-être qu'il viendrait même assister à l'un des shows, s'il en avait le temps, mais rien n'était moins sûr. En revanche, il participerait à tout l'à-côté. Les budgets, faramineux, bien sûr, mais aussi les dîners que le groupe donnerait pour honorer ses clients argentés, remercier les médias, marquer le coup, parce qu'il fallait bien lancer ensuite la machine du retour sur investissement. Il avait interrogé Blanche avec une curiosité rafraîchissante. Benjamin semblait accorder le même intérêt à tout. À l'art, à la littérature, aux relations humaines, à la cosmétique, à la météorologie, et à la mode, donc. Sans échelle de valeur.

Ils avaient peu parlé d'eux. Blanche n'avait pas osé lui demander où il était passé pendant tout ce temps – plutôt mourir ou voyager jusqu'à Los Angeles en classe éco. Elle avait vu Benjamin tenter de déchiffrer dans le décor épuré de ce duplex acquis seule une vie passée, un couple déchiré, une famille, le récit d'un être insondable dont la vie personnelle paraissait n'avoir jamais existé.

Benjamin, lui, s'était peu épanché sur sa vie amoureuse, au grand soulagement de Blanche qui ne nourrissait aucunement l'ambition de devenir sa confidente. Cependant, il avait évoqué avec passion ses prochaines vacances à la montagne, tandis que Blanche poussait des petits cris d'orfraie à cette perspective – les congés équivalaient pour elle à une fête d'anniversaire à la foire du trône, bref à une certaine vision de l'enfer.

Guère ému par cette réaction, son amant avait préféré soulever son corps gracile pour escalader en riant les quelques marches qui menaient au lit, mimant ainsi ses talents d'alpiniste, avant de la pénétrer avec la plus grande douceur. Ce délicieux supplice avait duré une bonne partie de la nuit, sans que Blanche se soucie le moins du monde de ses traits tirés le lendemain. Au petit matin, elle l'avait entendu partir sur la pointe des pieds, mais n'avait pas voulu ajouter à la déception l'humiliation d'une conversation forcément frustrante.

Dans un ballet ininterrompu, les berlines se succèdent devant le Ritz. Anne ayant quelques minutes de retard sur l'horaire convenu, Blanche a le temps d'observer les hurluberlus qui sortent du palace. Dire qu'il y a peu seuls les comédiennes, les directeurs artistiques et une certaine aristocratie goûtaient au privilège d'assister aux défilés. Blanche a bien conscience que, désormais, un monde sépare ceux qui voient en l'avenir la sécurité d'une technologie qui aurait réponse à tout, et ceux qui ne vivent que dans la nostalgie pathétique d'un passé idéalisé et ressassé à l'infini. Il est hors de question qu'elle fasse partie des seconds.

À leur arrivée devant le musée qui accueille le show Felicita, le premier de cette semaine de la mode, Anne et Blanche découvrent derrière leurs vitres teintées une foule compacte, massée derrière des barrières disposées le long des minuscules trottoirs parisiens. Tout le monde trépigne et crie en chœur lorsque surgit hors du SUV qui les précède une minuscule jeune femme, les cuisses maigres juste couvertes d'une culotte longue, bustier enfantin, chapeau à larges bords et lunettes noires abaissées sur son nez délicat.

— Qui est-ce ? s'enquiert Blanche sans attendre de véritable réponse.

— C'est Clélia. Ma fille l'adore. Elle m'a ajoutée hier soir.

— Mais... à quoi sert cette personne ? Que fait-elle ?

— Eh bien... rien je pense. Ou plutôt si. Maintenant, elle écrit des livres. Je crois même qu'elle a sa marque de vêtements. Oui, puisqu'elle m'a proposé une collab'. C'est un exemple de réussite chez les talents.

— Les talents...

— Elle est millionnaire. À vingt-deux ans.

Anne regarde cette gamine avec une forme d'admiration qui déconcerte Blanche.

— Mais qu'a-t-elle fait d'autre, pour mériter ça ? insiste cette dernière.

La silhouette gracile de la jeune femme disparaît de nouveau derrière les trois gardes du corps qui l'entourent et écartent de leurs bras les téléphones brandis comme des armes. Un bout de la main de Clélia dépasse soudain, ongles gigantesques et rectangulaires qui luisent brièvement. Elle fait coucou à la foule et repart sous un concert de hurlements. Blanche aperçoit même une enfant en larmes.

— Elle a débuté par un vlog, je crois. Ce sont des vidéos dans lesquelles elle raconte son quotidien.

— Faites de rien, donc ?

— Voilà. Enfin, de sa vie de tous les jours, ses tourments, le collège, les parents.

Ne pas juger, songe Blanche. Comprendre, analyser, assimiler, mais surtout ne pas condamner les emportements d'une génération qu'on cherche à séduire. Dieu sait pourtant que, au fond d'elle-même, elle soupire devant tant de vacuité, et trouve aberrante cette vénération pour quelqu'un qui se contente de se filmer. Après tout, se dit-elle, ce n'est peut-être pas si différent que de lire *La Recherche*, Proust ayant lui aussi relaté sa vie mondaine et ses propres atermoiements avec un sens de l'autocentrisme très avant-gardiste.

— Êtes-vous prêtes à sortir ? suggère le chauffeur, jusque-là silencieux.

Blanche jette un dernier coup d'œil à son miroir de poche. Rien entre les dents. Sa frange est parfaite, comme son rouge à lèvres. Les bretelles de son soutien-gorge ne dépassent guère. Elle a préféré ne pas mettre de culotte ni même de string sous sa jupe crayon. Les photos volées et les vidéos ne pardonnent plus rien aujourd'hui, on n'est jamais trop prudent. Anne est très bien aussi. Avec ce je-ne-sais-quoi de provincial qui fait vraisemblablement son succès. Un côté sans prétention, « mum next door ». En mieux, grâce à ce jupon vintage Felicita qui matche à la perfection avec le top volanté Irene qui lui fait de jolies épaules, et la pochette assortie qui ne manquera pas d'être en rupture de stock dès l'instant où la portière s'ouvrira, et que les flashes immortaliseront leurs quelques pas. Un colosse s'est placé devant chacune des portes de la voiture. Évidemment, il n'est pas question que Blanche passe derrière Anne, et vice-versa. Elle fait un petit signe de tête qui sonne le glas, d'autant qu'une file de voitures noires attend de pouvoir prendre place dans cette chorégraphie bien rodée, qui ne saurait afficher trop de retard. Pas dès les premiers shows, s'il vous plaît.

Blanche est toujours aussi étonnée. Ça n'arrivait pas, avant. Bien sûr, elle était connue du milieu, mais on ne lui demandait jamais d'autographes dans la rue. Pas plus qu'on ne criait son prénom comme aujourd'hui. Des filles et des garçons d'à peine vingt ans trépignent, poussent de petits cris, se positionnent dos à elle pour immortaliser leur reflet avec le sien.

— Blanche ! Blanche !
— Vous êtes une queen !

Planquée derrière ses immenses lunettes de soleil, rempart contre le monde, elle ne sourit pas. Anne déchaîne elle aussi la foule qui encadre le porche. Elle fait les mêmes petits signes de la main que Clélia, pose volontiers avec ses fans, répond aux questions. Collé aux barrières, le service d'ordre n'en mène pas large. Blanche prend la main d'Anne et l'entraîne vers l'intérieur.

— Viens.

Elles avancent vers l'allée en gravier sur laquelle attendent quelques journalistes vidéo de médias célèbres. Celui d'*Attitude* n'ose guère saluer Blanche. D'autres tendent leurs téléphones, pour capturer l'arrivée des célébrités. Le soleil est haut dans le ciel. On croirait une tragédie grecque avec ses spectateurs enivrés, ses héros, ses drames enfouis et prévisibles, ses dieux. Ses drames ?

Par une allée dérobée arrivent les grands de ce petit monde qui domine cependant une bonne part de l'économie du pays. Bertrand et Tiphaine Beaulieu, accompagnés de leur fille Aglaé et de leur fils Paul, un bel enfant tout juste sorti de l'adolescence, qui fait ses armes chez Kronos avant de reprendre l'activité familiale comme le fit son père avant lui. Toute la famille porte des tenues crème, aux étoffes venant d'Italie, façonnées par une marque hors de prix récemment acquise par le groupe. On appelle leur style le « quiet luxury ». La presse se gargarise de ce terme fourre-tout trouvé par un journaliste outre-Atlantique qui décrit à merveille les inégalités sociales de l'époque et le chic discret de cette richissime famille française aux allures de dynastie. Leurs visages de sphinx, leur allure altière, leur port de tête aristocratique détonnent avec les hurlements qui, à l'extérieur, saluent l'arrivée d'une star coréenne de K-pop ayant associé son visage à l'une des dernières campagnes du groupe Kronos. Beaulieu a un flair inégalable pour cela, et une propension à regarder son époque dans les yeux tout en se tournant vers l'avenir, ce qui force l'admiration de Blanche. Elle éprouve pour lui un immense respect.

Blanche salue Tiphaine Beaulieu, qui se montre chaleureuse. C'est une grande fan d'*Attitude*, qui n'hésite pas à prendre son téléphone pour féliciter sa rédactrice en chef lorsqu'un numéro lui a particulièrement plu ou que l'angle d'un article pour le moins à charge lui a semblé regrettable. Tiphaine est une femme à l'éducation délicate qui sait choisir ses mots pour trancher d'un coup sec la carotide de ses interlocuteurs. Les deux femmes s'embrassent sans se toucher. Blanche est embêtée, elle a oublié de prévenir Anne qu'il lui faudrait faire de même afin de ne pas gâcher les maquillages. On appelle ça « s'embrasser en Wifi ». Mais elle constate non sans étonnement que celle-ci l'imite. Cette femme a un sacré sens de l'observation, songe Blanche. Ce qui est plutôt rassurant, car elle ne voudrait pas gâcher des décennies de réputation avec cette encombrante accompagnatrice.

Les Wang font leur entrée. En les voyant approcher, Blanche sent une boule gonfler au creux de son estomac, comme aux heures sombres de son adolescence lorsque ses parents lui imposaient d'embrasser leurs invités. Elle avait horreur de ça. Ces salutations forcées, ces épidermes sur le sien, ces haleines avinées qui approchaient de son visage d'enfant trop dodue.

Mme Wang a sorti tous ses bijoux. La place Vendôme scintille sur chacune de ses phalanges, ses lobes, son cou. Il n'y a guère que ses chevilles qui soient restées libres de ce menottage ridicule. Mme Wang est aux anges. Elle est ici à l'aboutissement d'une vie. À Paris, au cœur de la mode, invitée à un défilé de grande maison. Blanche se fend d'un sourire et invite Anne à la suivre. Elles vont prêter allégeance aux puissants. Mi-courtisane, mi-artiste reconnaissante à ses mécènes, Blanche sait qu'elle joue là plus qu'un échange de courtoisie. Bertrand Beaulieu lui serre la main et lui sourit – dommage qu'aucun photographe ne soit là pour immortaliser la scène.

— Vous connaissez M. et Mme Wang, nos merveilleux actionnaires ?

Blanche parle un anglais impeccable, sans accent, qu'elle a acquis à Guernesey où elle a passé une année au pair dans sa prime jeunesse. Elle en est revenue avec un phrasé british des plus chics qui lui a ouvert bien des portes, dont celles de Buckingham où elle a eu la chance de rencontrer la reine en personne.

Les Wang et les Beaulieu feignent un enthousiasme qu'elle juge excessif. Ces gens-là sont insondables. Tous saluent Anne, après que Blanche eut rapidement raconté son « histoire extraordinaire » qui enchante les deux couples. Comme c'est amusant. Il faudra qu'elle envoie une de ses pièces à Tiphaine. Bien sûr, Anne n'y manquera pas. On fera porter cela depuis le journal par coursier dès cet après-midi. En même temps qu'elle parle,

Blanche pianote sur son téléphone pour ordonner à ses troupes de s'exécuter séance tenante. Ça tombe bien, ils ont rentré quelques-unes des dernières pièces de chez Irene à la rédaction pour un prochain shooting. D'ailleurs, Aglaé aimerait la combi-short, celle de Beyoncé. Même modèle, même couleur. Anne aurait voulu préciser qu'elle est en rupture de stock, mais Blanche l'en empêche. On ne refuse rien aux Beaulieu. On trouvera bien une solution, quitte à ce que la créatrice couse le modèle dans sa suite au Ritz pendant la nuit.

Sous l'immense structure construite dans les jardins du musée – on n'est jamais trop prudent, même aux beaux jours et malgré le chaman qui s'active en coulisses , un brouhaha feutré parcourt l'assistance. Les uns après les autres, les invités se sont installés. Rien n'a été laissé au hasard. De discrets panneaux délimitent virtuellement les mondes – la presse, les clients, les investisseurs, les célébrités... Chaque espace est régi par un protocole des plus réglementés – une hiérarchie virtuelle qui se fait et se défait au gré des pouvoirs, des vues, des ventes, des popularités. Il y a entre ces allées bien des rêves et des désillusions, des jalousies et des déceptions, des rancœurs et des souvenirs nourris par des décennies passées ensemble.

— Non mais la Journée du climat pendant la Fashion Week ? Qui fait ça, les rues sont bouchées !

— Vivement les vacances... Mais donnez-moi un flingue, on va attendre encore longtemps ?

— Tu vas où, toi ? À Paros ? Moi aussi.

— Dis donc, tu crains, tu as pris un Chanel pour venir chez Felicita ? Avec un portefeuille Fendi en plus ?

— J'ai que ça…

Les conversations, qui vont bon train, décroissent imperceptiblement à l'arrivée de Blanche. Cette dernière garde son air souverain et tente de ne pas trébucher malgré ses lunettes noires et l'obscurité qui tombe peu à peu – on l'a prévenue que la luminosité se réduirait au fur et à mesure pour que les gens s'assoient. Blanche glisse son minuscule séant à l'endroit où son nom est calligraphié à la main. Anne prend place à son côté.

À peine sont-elles assises que les photographes se ruent sur elles et les mitraillent. Derrière eux apparaît une marée de smartphones. On les fait poser une par une, à deux, à trois. Blanche lève le menton, offre son meilleur profil, croise les jambes, ne sourit pas. À côté d'Anne, la place est vide. Blanche se penche et lui demande de lire le nom sur le carton à la place vacante. C'est celui de la plus grande influenceuse de tous les temps. La patiente Zéro, pourrait-on dire, d'un système qu'elle a en grande partie contribué à créer. Elle pèse aujourd'hui plusieurs milliards d'euros. C'est un honneur pour Kronos que de l'avoir à ce show. Le front row mélange désormais la presse et l'influence. Il n'y a plus assez de place pour faire dans la dentelle. Et les journalistes n'aiment pas ça.

Blanche

Blanche feint l'indifférence, voire la compréhension. Elle est heureuse d'avoir Anne auprès d'elle. Ça prouve son ouverture d'esprit, sa jeunesse, son côté visionnaire. Derrière elle, certains chuchotent qu'ils ne verront rien, au second rang. Que c'est une honte, que si c'est comme ça ils n'écriront pas. Ce qu'évidemment ils ne feront pas.

L'air s'électrise alors qu'arrive l'influenceuse américaine. Elle est si petite, malgré ses près de quatre cents millions de followers – davantage que d'habitants de son immense pays – et la silhouette gironde qui a fait sa renommée. Elle porte des lunettes aux allures de masque de ski, ses cheveux bruns sont plaqués sur son crâne aux proportions parfaites, un legging et une brassière couleur chair moulent tellement son corps musclé qu'il semble nu. Une apparition presque irréelle que cette fascinante quadragénaire à l'épiderme si lisse, au nez délicat, à la bouche ourlée, au fessier rebondi sur le modèle duquel la planète entière a plaqué son idéal.

Blanche ne peut la quitter des yeux tandis que tout le monde saisit son smartphone malgré le mépris affiché pour cette femme qu'on prétend n'être rien, mais qui symbolise pourtant une forme de tout. Elle cherche à s'asseoir mais trop d'invités se sont levés pour la suivre, tenter de filmer un petit bout d'elle, pour témoigner du fait qu'ils l'ont vue en vrai. Ainsi, à travers ces images qu'ils posteront sur le mur de leur existence virtuelle, ils absorberont un peu de cette mortelle devenue milliardaire à force d'avoir rendu tendance sa propre célébrité. Avec un peu de chance, ils pourront faire un selfie, poser leur visage contre le sien. Des molosses repoussent la foule, les appareils photo, brutalisent des journalistes. Les jeunes gens trébuchent, les photographes s'invectivent.

Beaulieu père a tourné la tête vers la scène. Il a horreur des esclandres. Cet homme raffiné, féru d'art, n'apprécie guère les débordements et le cirque que sont devenus les défilés de mode. De son temps et de celui de MM. Dior ou Saint Laurent, on défilait dans des petits salons, en comité restreint. Les rédactrices de mode prenaient des notes sur des calepins, les genoux bien serrés, et on ne s'en portait pas plus mal. C'est à cette époque-là qu'il a investi dans un domaine qu'il découvrait tout juste et dont il a perçu l'immense potentiel. Il aurait cependant préféré qu'il reste dévolu aux seuls professionnels. Anne pousse un peu Blanche pour faire une place à l'influenceuse ballottée, qu'elle tire doucement par le bras pour lui indiquer qu'elle peut enfin s'asseoir. Alors leurs regards se croisent malgré le gigantesque masque aux teintes orangées, et il semble que l'Américaine soit touchée par cette soudaine humanité surgie dans un univers fait de rendement, d'objectifs chiffrés, de gestes généralement sponsorisés. Car l'influenceuse est devenue une « marque humaine », a lu Blanche dans un journal économique, ce qui l'a résolument ébranlée.

Blanche

Anne et l'Américaine se sourient, se parlent. Vous avez assez de place ? Non mais vraiment, merci. Comment vous appelez-vous ? Les flashes continuent de crépiter. Les smartphones se frayent un chemin, surgissent telles des têtes d'hydre. La scène passe en direct sur le compte d'*Attitude*, de *Vogue*, du *Harper's Bazaar*. Et puis l'Américaine se lève, fait son job, après qu'un jeune homme armé d'un peigne lui eut replacé quelques épis imaginaires, vérifié son make-up, ajusté sa brassière pour en retirer les plis, remonté à pleines mains les seins pour qu'ils soient symétriques, bombés, parfaits. Alors, elle sourit aux photographes, replace son sac, présente son meilleur profil, tourne la tête quand on le lui demande. Elle a l'air gentille. Se rassied, jusqu'à ce que les lumières s'éteignent tout à fait. Et que le show puisse commencer.

Myrtille

— Cerise, réponds ! J'ai trois minutes avant que le show ne commence. Je sais, j'ai déconné, mais je t'en supplie, comprends-moi. C'est la chance de ma vie !

Depuis les backstages, Myrtille tente de réparer le désastre de sa vie personnelle. Mais comment expliquer à sa famille qu'elle a tout bonnement oublié l'anniversaire de leur mère ? Déjà qu'il a été compliqué de faire accepter son choix d'embrasser une carrière artistique à des parents professeurs d'université et une fratrie passée par ce qu'on appelle « les grandes écoles », comment leur faire comprendre aujourd'hui qu'elle voit son avenir dans... l'influence ? Myrtille ne sait même pas si ses parents savent ce dont il s'agit. Lorsqu'elle a obtenu ce poste de styliste chez *Attitude* qui l'avait débauchée pour son talent, ça avait un peu rassuré tout le monde. Si, dans la famille, on lisait plus volontiers *Le Nouvel Observateur* que *Vogue*, on avait évidemment entendu parler de cette bible du secteur qui offrirait nécessairement à la benjamine une situation si ce n'est confortable, du moins honorable et rassurante.

Si elle était convaincue qu'être agent d'influenceurs était un métier d'avenir, Myrtille n'avait toutefois pas osé leur annoncer qu'elle avait rompu son contrat avec *Attitude* pour se mettre à son compte. Seule sa jumelle Cerise, polytechnicienne, avait été mise dans la confidence, ce dont celle-ci se serait bien passée et plus encore aujourd'hui puisqu'elle devait couvrir l'absence de sa sœur en plus de son dangereux changement de carrière.

Mais Myrtille tient bien le stress, c'est dans son caractère. Elle inspire profondément et tente de mettre de côté ces éléments sur lesquels elle n'a pour l'heure aucun pouvoir. Marcel a fait appel à elle pour ça. Son calme. Son professionnalisme. Du moins veut-elle s'en persuader puisque c'est ce qu'elle admire chez lui, tout comme chez les Beaulieu qu'elle observe depuis les coulisses. Pour ce seul show, trois agences étaient en compétition, car pour Bertrand Beaulieu aucune collaboration avec le groupe n'est jamais acquise – afin que nul ne se repose sur ses lauriers, lui a expliqué Marcel. C'est sa politique, sa marque de fabrique. Il s'impose la même discipline, pratique une heure de sport chaque matin à 6 heures, apprend chaque année une nouvelle langue, pratique le squash et le violon. Chez lui, rien n'est laissé au hasard. La contrainte et les règles régissent une vie dédiée à la réussite du groupe fondé par son père, qu'à son tour il léguera à ses enfants. Comprendrait-il que Myrtille quitte le défilé le plus important de l'année – ils le sont tous – pour une affaire personnelle ? Cela pouvait bien attendre une heure ou deux, estimerait-il à raison.

La musique est forte, étourdissante. Parfois, certains créateurs optent pour des tubes connus de tous, qui font taper des pieds un public ravi. Mais alors l'attention se détourne du seul sujet qui doit les occuper : la collection. Les défilés sont un art majeur dans le milieu de la mode, le plus grand, celui qui permet à tant d'artisans de survivre dans un monde en perpétuelle mutation.

Les silhouettes s'avancent et semblent flotter. Les drapés sont fabuleux, les plis parfaits, chaque broderie a été calée et recalée inlassablement jusque tard dans la nuit. Chaque pièce tombe parfaitement, justifiant les heures de travail et le prix que seront prêtes à débourser quelques femmes richissimes. Parce que c'est ainsi. Aujourd'hui, une partie de l'Humanité sombre dans la pauvreté la plus absolue quand une autre ne sait parfois plus quoi faire de cet argent qui coule de façon obscène. Myrtille est émue aux larmes lorsque défilent les robes aux voiles noirs, qui couvrent avec délicatesse les corps parfaits des jeunes filles. Et devant tant de beauté, elle pense à sa mère, qu'elle aime tellement. Mais aussi à ses frères et sœurs que ses parents lui ont toujours préférés, à cette fierté qu'elle aimerait lire dans leurs yeux, à cet art de la mode qui l'a toujours fascinée jusqu'à l'obsession. Elle revoit leur mine déçue devant ses bulletins scolaires, les petits vêtements qu'elle cousait pour ses poupées, les robes des célébrités posant sur les tapis rouges qu'elle regardait à la télévision.

À ces images se superpose la vision des smartphones brandis par centaines dans le noir reflétant telle une mise en abyme le défilé final des cent douze jeunes filles. Aujourd'hui, plus personne n'applaudit parce que chacun place un écran entre ses yeux et le réel, seuls des petits cœurs s'animent en direct sur ces mêmes écrans. Ils viennent du bout de la rue ou du bout du monde, qu'importe. Ce spectacle autrefois réservé à quelques privilégiés s'est visiblement démocratisé.

À présent, Myrtille sanglote. Et elle ne sait pas si ses larmes sont nées de la beauté du spectacle, de la certitude d'avoir trouvé sa voie ou du chagrin et de la honte de ne pas être auprès des siens. Un mélange de tout cela, sûrement.

Les lumières se rallument, certaines journalistes se précipitent déjà vers un prochain show. D'autres courent juste pour ne pas avoir à subir la cohue dehors, l'obligation de faire un commentaire. La foule se reforme, les célébrités et l'influenceuse américaine foncent en coulisses pour féliciter le créateur – un ami, forcément. Ici, tout le monde l'est.

Les Beaulieu filent à l'anglaise, dignes, droits comme des I, alors qu'Aglaé a déjà posté ses selfies pris avec les stars coréennes. Bertrand Beaulieu passe devant Myrtille qui a juste eu le temps de sécher ses larmes. Il croise son regard, marque un temps d'arrêt, opine légèrement du chef comme pour la féliciter – est-ce qu'elle a rêvé ?

Anne

Par la fenêtre de la berline aux vitres teintées, Anne observe le ciel rouge sang qui surplombe Paris. Dans quelques minutes, elle sera gare Saint-Lazare, puis dans le train pour Viroflay, loin du luxe du Ritz, du champagne, de la mode, de ces gens qui semblent si bien se connaître, maîtrisant à la perfection les us et convenances d'un monde qu'elle a touché du doigt. Hier soir, après que l'Américaine a publié une story d'elles deux au premier rang du défilé Felicita, son compte Instagram a littéralement explosé. Anne a l'impression d'être devant une vague immense qui fonce sur elle et n'en finit pas de l'engloutir. Elle ne saurait dire si cette sensation est agréable ou non. Ce qui est certain, c'est qu'elle peine à donner le change. KOL ou pas, ce monde-là n'est pas le sien, même si de nombreux professionnels sont venus la féliciter, lui commander des pièces de sa collection, lui réclamer des interviews et les coordonnées de son agent.

Le chauffeur dépose son bagage, l'énorme bouquet de fleurs qu'elle ne s'est pas résolue à laisser dans sa chambre, parmi les dizaines d'autres qu'elle a reçus depuis la veille et offerts au personnel de l'hôtel. Elle a glissé dans un grand sac les vêtements déposés par des marques qui l'ont suppliée de les porter, de les poster, afin d'atteindre son niveau de notoriété. Anne n'a pas su quoi faire de cela. Devait-elle tout renvoyer, contacter ces inconnus et leur expliquer gentiment qu'elle n'est pas influenceuse, ni une « figure de la mode », qu'il y avait erreur sur la personne ? Comme elle n'a pas eu le temps de trancher, elle a tout embarqué pour en parler avec Sophie et Lauren. Ou avec Brice, qui s'impatiente de son absence.

Ce matin, elle a essayé de l'appeler depuis sa chambre, où elle prenait son petit déjeuner – Blanche lui avait conseillé d'éviter définitivement les parties communes, surtout pendant la Fashion Week, si elle ne voulait pas apparaître les doigts dans le nez sur tous les réseaux sociaux de la planète. Plutôt expéditif, Brice lui avait indiqué qu'il était au bureau, qu'il venait de déposer Suzanne à la crèche, après avoir laissé Tom à l'école. Anne avait cru percevoir une pointe d'exaspération dans son ton, voire du reproche. Pourtant il savait bien qu'elle n'avait pas spécialement souhaité aller à Paris, ni à ce stupide défilé. Il devait être fatigué. Et puis, quand elle leur raconterait ce à quoi elle avait assisté, ça leur ferait des sujets de conversations pour les dix années à venir.

Anne

Anne monte dans le train avec difficulté. Elle sent les regards posés sur elle. Se fait-elle des idées ? Dès demain, il faudra qu'elle se remette au travail. Qu'elle couse des tas de bustiers, mette en croquis les dizaines d'idées qui ont germé ces derniers jours, qu'elle remette sur pied le e-shop, publie les centaines de clichés pris à Paris. Si elle avait appris quelque chose de cette immersion, c'était que l'influence était loin d'être ce qu'elle avait imaginé. Comme beaucoup d'adultes de son âge, elle avait cru à une lubie d'adolescents. La réalité était tout autre.

La veille, Anne avait passé plusieurs heures à classer ses « contenus » en gardant les meilleurs, jetant certains, en retouchant d'autres. Elle avait fait des montages vidéo du défilé, ce qui lui avait pris une partie de sa nuit. Mais elle s'était forcée malgré la fatigue et une envie persistante d'abandonner. Elle devait bien cela à *Attitude* et à ce groupe prestigieux qui distribuait ses invitations au compte-gouttes. Car sans qu'on le lui ait signifié verbalement, elle pressentait qu'ils attendaient tous qu'elle livre ces images à la communauté des millions d'inconnus qui la suivaient. On lui avait même raconté que certains médias et même des influenceurs achetaient certains de ces fans sans visage, et elle avait trouvé ça insensé.

— Mam's, t'es là !
— Maman !
— Ça va les loulous ?

— À l'école, ils ont demandé qu'on achète des pinceaux numéro 7 et 9 pour demain, avec de la gouache. Et papa, il a pas eu le temps. On va faire quoi, maman ?

— Bonsoir, je dois y aller, lance Émilie, la fille des voisins, appelée en renfort.

Suzanne se précipite dans les bras de sa mère qui a à peine le temps de déposer sa valise, son bouquet et son sac rempli de vêtements.

— C'est quoi, ces fringues, maman ? s'exclame Daria, déjà occupée à les déplier, les yeux brillants d'excitation.

— Maman, on fait quoi pour la gouache ? La papeterie elle va fermer et si je l'ai pas, je vais avoir un avertissement.

— Vous pouvez me payer, s'il vous plaît ? Je dois y aller, j'ai mon cours de piano.

— Oui, bien sûr, répond Anne, empêtrée dans les lanières de son sac à main, à la recherche de quelque billet froissé, qu'elle tend à Émilie qui affiche une petite moue déçue avant de partir en tirant la porte derrière elle.

— A faim, maman.

— Mam's, je peux prendre cette jupe, elle est canon. On te l'a donnée ?

— Mamaaaaan, mais laisse-moi parler, toi. On fait quoi pour la gouache ?

Alors qu'Anne se dirige vers la cuisine, son téléphone se met à sonner.

C'est Blanche.

Anne

— Une minute, les enfants, je dois répondre. Oui ?

— Anne, il te faut un agent.

— Pardon ?

— Felicita veut signer un contrat avec toi.

— Hein ?

— Maman, je peux aller dormir chez Joséphine samedi soir ?

— Deux minutes, ma chérie. Pardon, Blanche, on peut se rappeler plus tard ? Demain, peut-être ?

— Anne, je pense que tu ne m'as pas comprise. C'est vraiment important. Et ils ne sont pas les seuls. J'ai d'autres maisons qui sont intéressées. Elles veulent que tu participes aux voyages d'influence. Et d'autres voudraient que tu crées une capsule avec elles.

— C'est génial ! Mais qu'est-ce que c'est que cette histoire de voyages ? Tu sais, j'ai peu de temps. Avec les enfants, et puis la collection, aussi. Il faut que je m'y remette. Le site a planté. Et il y a bientôt les vacances scolaires.

— Ne t'inquiète pas, ce ne sera pas pour tout de suite. En revanche, tu es libre en février ?

— Eh bien... il faut que je regarde le calendrier scolaire.

— Tu connais New York ?

Par la fenêtre du salon, Anne surprend le coucher du soleil derrière les arbres, qu'elle aime tant contempler avant de mettre le couvert pour le dîner des enfants. La voix de Blanche lui parvient, lointaine, comme perdue ailleurs derrière le décor de son quotidien. Elle ne connaît pas New York, non. Mais elle se souvient avec précision que c'est aujourd'hui le dernier jour pour faire les saucisses au fenouil avant qu'elles ne soient périmées. Elle se demande aussi si son passeport est toujours en cours de validité.

ACTE II

Myrtille

Elle a tout empaqueté dix fois, refait ses looks, listé les occasions, les marques à qui il serait bon de faire un post même si elle n'est pas influenceuse – quoique, depuis qu'elle fraye avec la crème des réseaux, qu'on la voit sur les clichés des plus suivies, qu'elle a la carte, en somme, Myrtille a gagné quelques followers. Voire des milliers. Mais c'est bien peu, comparé aux communautés des talents qu'elle accompagne ce soir à New York.

Il s'est passé six mois depuis le premier défilé Felicita, et pourtant, elle jurerait que les somptueuses images immortalisées au musée Rodin remontent à des années. D'ailleurs, sur les comptes Instagram de celles et ceux qui y étaient présents, ils ont été depuis longtemps engloutis sous les clichés de Noël, les manteaux en cachemire, les parts de pizza jamais mangées mais shootées des dizaines de fois pour matcher à merveille avec le caban de la dernière saison. L'hiver ne suspend pas l'activité des talents, bien au contraire. Quoi de plus pratique qu'un tapis de feuilles rousses pour y vanter, teint abricot à l'appui, des vêtements douillets contre un beau chèque qui paiera les raclettes du soir ? Sans compter les hôtels du tout du monde, ravis de cette visibilité opportune offerte à peu de frais et hors saison – une chambre, les petits déjeuners et quelques cocktails – qui vallait bien des milliers de vacanciers charmés par des vidéos de la piscine publiées en plein frimas ?

Ça, on peut dire que Myrtille n'avait pas chômé. Et même si elle avait accompagné certains de ses talents dans des décors paradisiaques, elle avait passé ses journées sur son ordinateur à dealer, téléphoner, remplir des tableaux Excel, vérifier que les posts avaient bien été respectés, les hashtags consignés, les contrats renvoyés. Mais allez expliquer ça à sa famille et à Cerise, tous persuadés qu'elle se la coulait douce avec des décérébrés dans des hôtels de luxe en gagnant une fortune.

— T'as tellement de chance de repartir en voyage. Non mais New York, t'imagines ! Et moi qui me caille à Palaiseau. La loose ! Ça, on peut dire que je me suis bien fait avoir. C'est vraiment toi la plus maligne. Je suis sûre que tu vas gagner plus que moi malgré toutes mes années d'études. Sans compter les mecs que tu fréquentes. On ne peut pas dire que ceux de ma promo fassent le poids, glousse Cerise.

Myrtille n'aime pas la pointe de condescendance qu'elle sent dans les propos de sa sœur. Est-ce

Myrtille

qu'elle se fait des idées ? Elle est si fatiguée par les décalages horaires, les messages à toute heure, auxquels il faut répondre à la minute comme si la marche du monde en dépendait, son look à parfaire – parce qu'elle est sa propre vitrine, on se passe son nom sous le manteau, elle représente l'influence d'aujourd'hui. Elle porte des rajouts capillaires, a fait redessiner ses sourcils en institut, passe chaque matin une bonne demi-heure à « faire son teint », à se maquiller, à choisir sa tenue.

Elle sent bien que tout ça amuse Cerise. Comme si travailler dans le domaine du futile était moins difficile que d'aligner pendant des heures des équations sur un tableau noir. Pourquoi y aurait-il une échelle de valeur ? Et puis, elle sait qu'elle apporte du rêve à de pauvres gens malheureux de leur quotidien, pour lesquels cette petite fenêtre sur le bleu azur et l'insouciance est une respiration salvatrice, presque un remède. Après tout, peut-être qu'elle aussi sauve quelques vies ?

Myrtille a appelé son agence Les Fruits défendus. Parce qu'il a été trop difficile pour Cerise et elle de se coltiner les prénoms débiles dont leurs parents les ont affublées, parce qu'ils trouvaient ça si « mignon », oubliant qu'elles seraient un jour adultes. Mais aussi parce qu'elle a bien l'intention de défendre ses talents qui, s'ils sont souvent méprisés, sont pour la plupart les victimes d'un monde de requins où l'on ne cherche qu'à exploiter leur immense pouvoir de conviction. Un monde où pour vendre, on tuerait.

Professionnalisme, empathie et présence constante, Myrtille s'est beaucoup inspirée de Marcel, son mentor, qui suit son ascension de loin. Il a passé les fêtes en Grèce, dans une petite maison achetée à Paros il y a des décennies, dans laquelle il s'enferme chaque saison avec une pile de livres avant, le soir venu, de se consacrer à ses relations publiques dans cette île devenue fâcheusement le repaire du Tout-Paris. Il avait ainsi laissé Myrtille gérer avec l'équipe d'astreinte à l'agence quelques petits dîners, invitations aux concerts les plus en vue, week-ends à Courchevel, à Gstaad pour faire rayonner les collections sous des cieux hospitaliers. Ça avait été épuisant. Mais Myrtille avait aujourd'hui dans son téléphone le numéro direct des plus grosses figures sociales du monde de la mode.

Juste avant son départ en vacances, Myrtille a fait la connaissance de QueenAnne, cette mère de famille devenue célèbre du jour au lendemain après que Beyoncé a porté une de ses combi-shorts à Porto Cervo pour une sortie en famille. L'un des premiers clichés de la star avec ses jumeaux, plutôt rares dans la sphère publique. Après le défilé Felicita, la notoriété de cette quasi-inconnue a explosé. Sans Marcel, la jeune fille serait peut-être passée à côté de ce phénomène. Elle aurait jugé Anne trop vieille. Pas assez *bling*. Mais Marcel était allé l'accoster juste avant qu'elle ne rentre à son hôtel ce jour-là, pendant que Blanche, qui ne quittait pas sa protégée d'une semelle, était allée féliciter le créateur en coulisses. C'était le moment.

Myrtille avait eu le temps de prendre les coordonnées de cette femme au naturel confondant. Elles avaient ensuite beaucoup échangé. Cette pauvre QueenAnne était visiblement submergée par une célébrité dont elle ne connaissait pas les règles, conseillée par une Blanche de Rochefort plus intéressée par la survie de son magazine que par le sort de celle qu'elle considérait déjà comme sa créature.

Des marques de mode qui explosent en quelques semaines, Marcel en a connu, lui a-t-il expliqué lors d'une de leurs expéditives mais constructives conversations téléphoniques. Et il n'a pas attendu l'émergence des réseaux sociaux pour cela. On peut même dire qu'avant les grands groupes de luxe et la lutte inégale qui oppose aujourd'hui les acteurs du secteur, on voyait ce genre de destins bien plus souvent. Il suffisait parfois de croiser Bardot dans un ascenseur du Carlton à Cannes, ou Bianca Jagger aux Bains Douches, et qu'elles aient un coup de foudre pour vos chaussures, une de vos robes, un foulard, portés fièrement en une d'un magazine ou sur le tapis rouge, pour que vous soyez propulsé sur le devant de la scène. Aujourd'hui, rares étaient les comédiens ou chanteurs qui ne fussent sous contrat avec une grande maison de couture, de joaillerie, d'horlogerie, d'automobile ou même d'alcool.

Les artistes sont devenus des hommes-sandwichs, disait parfois Marcel en observant avec distance ce monde dont les chapitres s'enchaînaient avec une rapidité vertigineuse. Alors cette émergence de l'influence, ça avait quelque chose à voir avec la démocratie – ce qui n'était pas pour lui déplaire, lui le gamin de province parvenu à mettre cette noblesse de cour à ses pieds.

À ses débuts, Marcel vivait dans la terreur d'être démasqué, lui a-t-il un jour confié sous le sceau du secret. Il pensait que viendrait forcément le moment où on lui demanderait où il a fait ses études, s'il allait au Jardin d'acclimatation petit ou au Guignol du Luxembourg. Alors il bottait en touche, craignant pour sa survie d'alevin dans cet océan de prédateurs bien installés. Un journaliste, un directeur artistique, un financier qui se sent en danger peut sortir ses épines comme un hérisson attaqué, et l'abandonner aux lions de l'arène pour sauver sa peau. Des agences comme la sienne, parvenue au firmament, il y en a eu d'autres. Si certaines lui ont fait peur, Marcel a tenu bon, et affiché fièrement ses origines qui font vraisemblablement sa valeur, ce *je-ne-sais-quoi* de désirable et de connecté à son époque. C'est ce que Myrtille a raconté à Anne, lorsqu'elles se sont vues chez Georges, une vieille brasserie parisienne « dans son jus », comme la qualifient les fidèles qui raffolent de cet esprit bistrot.

Anne devait désormais être représentée, lui avait assuré Myrtille. Ses pièces étaient réclamées par tous les plus grands magazines de mode, surtout depuis qu'elle était apparue en famille dans *Attitude*.

— La mission originelle de l'agence Ancel consiste à répondre à ces demandes, avait poursuivi Myrtille, à entreposer au showroom les dernières collections, que les stylistes viennent voir, essayer, emportent parfois, exigeant un retour rapide pour répondre aux autres demandes – à tel média qui shoote à Miami, au Mexique, à telle célébrité qui désire la porter pour une soirée. Les équipes du bureau trient, repassent, lavent, répertorient, gèrent le planning des sorties et retours de ces confiés. Elles s'occupent aussi de la promotion de la marque, avec la presse, l'influence, la portent, la postent sur leurs réseaux sociaux, écrivent les communiqués de presse, créent un mouvement perpétuel, organisent des événements pour fêter les nouveaux chapitres de l'histoire de la maison, des anniversaires, n'importe quoi qui fasse battre le cœur de cet organisme sur lequel l'agence Ancel veillera comme sur un enfant.

« Ses salariés scrutent aussi chaque semaine la presse dans son ensemble, cherchent les retombées, remercient untel pour son article, tel autre pour son interview, suggèrent une mise en ligne sur le site. Tout cela, tu en auras besoin, tu ne pourras pas le faire seule », avait conclu Myrtille.

Anne avait écarquillé les yeux, visiblement fascinée. Et Myrtille avait une nouvelle fois été touchée par la naïveté de son interlocutrice. Elle aurait pu se dire que cette femme-là n'y connaissait décidément rien, la planter là parce que, sans son aide, il était assez certain qu'elle n'y arriverait pas, parce que, comme pour un champion, il ne suffit pas d'avoir du talent pour réussir. D'autant que, d'après Anne, Blanche de Rochefort lui avait déjà proposé de lui trouver un agent, voire de développer sur son seul nom une branche influence au sein d'*Attitude* – d'ailleurs elle ne lui avait toujours pas donné de réponse parce que tout cela allait trop vite, et qu'elle voulait prendre le temps de la réflexion.

Alors Myrtille avait « tout donné », ainsi qu'elle l'avait ensuite rapporté à Marcel. Non seulement parce qu'elle lui devait bien cela – faire entrer Irene à l'agence –, mais aussi parce qu'elle avait décidé de prendre cette femme-là sous son aile, et que son innocence et sa sincérité la touchaient. Elle ne pouvait pas nier non plus que le nombre de followers de son interlocutrice lui avait laissé entrevoir des perspectives non négligeables, d'autant que des influenceuses avec son profil, il n'y en avait quasiment pas. En tout cas pas de son âge.

— Orly ou Roissy ? s'enquiert le chauffeur.

Myrtille ne sait jamais, et ça ne change pas grand-chose, même si le lounge de Charles-de-Gaulle est plus confortable. Le rendez-vous a été fixé à 19 heures au terminal B devant le comptoir Air

Myrtille 187

France, Sky priority. Six talents partiront avec elle. Bruno et deux membres du staff de la marque américaine viendront avec les journalistes le lendemain.

Myrtille aime décoller de nuit. Il y a dans ces instants où les derniers rayons font briller le tarmac et les hublots quelque chose de poétique, de possible. Cet envol vers le bout du monde suspend le temps, les connexions, les soucis au milieu de l'espace aérien. Elle est consciente qu'il ne faudrait plus voyager, et moins encore voler aux quatre coins du monde, mais a-t-elle le choix ? Alors elle profite de ces parenthèses qu'elle sait éphémères parce qu'il y aura bien un moment où il faudra que tout cela cesse.

— Mesdames, je peux voir vos passeports ?

— Merci, nous attendons des passagers.

Myrtille a réussi à tout caser dans un simple bagage cabine. C'est ce qu'on attend des professionnels du voyage. Il ne manquerait plus qu'on égare sa valise et qu'elle doive faire attendre l'équipe. Ce n'est pas elle la star. Anne est arrivée à l'heure, très excitée par ce grand voyage. Myrtille devra lui signifier rapidement qu'elle doit contenir son enthousiasme. Car si le désenchantement de certaines est fort déplaisant, une frénésie trop ostentatoire pourrait nuire à l'image de son talent prometteur. La laissant papoter gaiement avec une jeune figure de la cosmétique bio, Myrtille chausse ses oreillettes. Elle fait le point avec Marcel, déjà au garde-à-vous à l'agence.

— Tu les as appelées ? demande-t-il à Myrtille, simultanément occupée à gérer les derniers messages avant que la gestion de ce petit groupe empêche toute activité digitale.

— Oui, je leur ai envoyé un message en début d'après-midi pour confirmer l'heure de leur chauffeur. Toutes m'ont répondu. Les six chauffeurs m'ont ensuite assuré qu'ils étaient en chemin. Wendy a eu du retard parce qu'elle ne trouvait plus son passeport. Il était resté dans un Micro Birkin qu'on lui avait prêté pour Malibu la semaine dernière. La marque a envoyé un coursier à moto le lui déposer. Elle sera là une demi-heure après les cinq autres. On va avancer avec les cinq premières vers le salon, elle est prévenue et assez débrouillarde.

— Très bien.

Myrtille est organisée, précise, sérieuse et connaît comme personne le paysage social en constante évolution. Elle doit très peu dormir, songe Marcel. Elle ne rate aucun buzz, aucune vidéo qui trende, même postée quelques minutes auparavant. Aucune figure émergente du digital à contacter avant tout le monde, aucune campagne postée par une marque, aucune égérie annoncée après avoir été shootée dans le plus grand secret n'échappent à sa vigilance.

Myrtille 189

Marcel trouve que Myrtille est différente de beaucoup d'autres Millenials, dont les seniors actuels se plaignent sans cesse, pointant leur désinvolture, leur infidélité, leur absence de ponctualité ou d'ambition, plus intéressés par leurs jours de congé et de télétravail que par les objectifs de l'entreprise. Après tout, ils ont peut-être raison. Marcel a vu des générations entières de rédactrices de mode sacrifier leur jeunesse, l'enfance de leur progéniture, leur santé pour se retrouver avec des retraites médiocres et un minable pot de départ sans qu'on se souvienne bien pourquoi on les avait portées aux nues. Myrtille sait qu'il ne partage pas l'avis de ses congénères sur ces jeunes adultes débarqués dans un monde étrange un smartphone à la main, qui tentent de se frayer un avenir avec les moyens du bord dans un décor dégradé par leurs prédécesseurs. Au contraire, il les trouve vaillants, combatifs, créatifs, même, lui a-t-il dit. Et est-on plus sot parce qu'on filme son quotidien adolescent plutôt que de le consigner dans un journal intime scellé avec un cadenas fabriqué en Chine ?

Non, la différence entre ces deux formes de narration juvénile, c'est l'exposition. Ça, Marcel a du mal à comprendre. Pourquoi vouloir que tant de proches et d'inconnus participent à vos atermoiements, commentent vos coups de blues, jugent plus durement encore que vous-même votre enveloppe corporelle en pleine mutation ?

Du temps de Marcel, les parents redoutaient les années où leur progéniture irait en boîte de nuit, rencontrerait des adultes mal intentionnés prêts à fondre sur ces proies naïves, corruptibles pour le moindre compliment réconfortant, mais aujourd'hui le danger pouvait s'immiscer jusque dans leur chambre à coucher, sans que personne n'en sache rien.

— Puis-je voir vos cartes d'embarquement ?

Myrtille aime les lounges, qu'elle peut intégrer grâce aux billets business que son nouveau statut lui permet. Les talents tiennent absolument à ce que leur agent, pour ne pas dire leur nounou, reste à portée de main. Ce qui l'arrange pas mal en l'occurrence et oblige les marques à lui accorder les mêmes privilèges qu'à ses poulains.

Elles ont toutes pris place sur un îlot de fauteuils bleus installés face aux carlingues. Les influenceuses sont allées se servir en boissons et fruits frais. Myrtille, elle, se contente d'une eau gazeuse. C'est à cela, estime-t-elle, qu'on reconnaît les vrais habitués des privilèges. Au fait qu'ils n'en disposent pas comme si c'était potentiellement la dernière fois. Anne revient avec une assiette chargée de charcuterie, de fromage et de pain. Elle a aussi pris un café et une canette de soda. Première fois, pense immédiatement Myrtille. Qui ajoute en son for intérieur que sa protégée devrait veiller à sa ligne. Au petit jeu de ces voyages, dîners et autres cocktails du monde de la mode, on a vite fait de prendre du poids à force de grignoter à toute heure ou d'accepter les coupes de champagne. Myrtille a arrêté ça aussi. Elle en a déjà trop vu sombrer dans cet alcoolisme prétendument mondain.

— Merci encore, déclare Anne en tartinant généreusement un petit pain blanc de beurre salé, avant d'y déposer une tranche d'emmental, et de l'enfourner généreusement dans sa bouche, non sans avoir pris en photo son en-cas, porté à bout de bras pour apparaître face aux avions.

Yummi. Emoji miam.

— Mais de quoi ? rétorque nonchalamment Myrtille tout en sélectionnant une ribambelle de mails qui ne méritent même pas d'être ouverts, avant de les envoyer valser dans la corbeille.

— Pour ce voyage, c'est complètement dingue ! J'ai toujours rêvé de visiter New York. Avec Brice, on devait y aller en voyage de noces, quelques mois après notre mariage, pour les fêtes de Noël. Mais je suis tombée enceinte de Daria trop rapidement. J'avais le col ouvert, on m'a déconseillé de faire le voyage. D'autant que là-bas, sans la couverture sociale, c'est dangereux de prendre des risques. Un passage à l'hôpital et vous êtes ruiné pour l'éternité.

— Ah bon ? s'inquiète la jeune Lily, dont les doigts aux ongles immenses continuent de tapoter sur l'écran de son gigantesque smartphone hérissé d'une coque en peluche poussin. Parce que j'ai souvent des malaises. Vous êtes sûre de ça ?

Myrtille ne répond rien. Elle a l'habitude. Lors de ces voyages, neuf participants sur dix annoncent une intolérance alimentaire, un souci de santé ou une spécificité médicale plus ou moins farfelue. Elle a souvent l'impression de transporter une bande de gamins qu'elle doit occuper, choyer, nourrir.

— Tout va bien se passer, Lily. L'hôtel est sublime. Il vient d'ouvrir dans Soho. Il y a une piscine sur le toit et des cours de yoga prévus pour nous deux fois par jour. J'ai vérifié, ils ont une infirmerie ouverte 24/24h et des spécialistes du bien-être au spa, pour lequel vous pouvez caler une séance par jour, avec les soins de votre choix.

— Oui, c'est dans mon contrat, répond Lily.

Elle dit ça d'un ton innocent – sans l'assurance qu'affichent parfois quelques anciens du métier, convaincus du bien-fondé de leurs privilèges. La jeune Lily trouve normal d'avoir un agent, comme elle estime cette escapade naturelle, parce que c'est ainsi qu'elle gagne sa vie. Le contrat a été négocié sans elle. Entre la marque et Myrtille. Fruits défendus avait soumis une liste de créateurs de contenu correspondant aux besoins de la marque qui, avec ce premier défilé inscrit au calendrier new-yorkais, fait son entrée dans la cour des grands. Avec sa collection printemps-été colorée, sexy et fabriquée dans des matières très nobles, elle cible la jeunesse dorée des milieux favorisés. La communauté de Lily correspond à cette gamme de clientes potentielles.

Celle d'Anne à leurs mères, qui sont souvent celles qui tiennent les cordons de la bourse.

« Les followers ne sont pas tous des *buyers* », leur rétorque-t-on souvent. Mais si certains publics d'influenceuses très jeunes ne pourront jamais s'offrir les pièces mises en avant par leur idole, leur faire connaître l'univers de la marque est déjà un exploit dans un monde où cibler une gamme de consommateurs rajeunis est un eldorado. Lorsqu'elles seront en âge de s'offrir leurs premiers ensembles de luxe, ces gamines devenues grandes se tourneront alors vers la marque mise en avant par Lily. Parce que ce rêve-là sera gravé dans leur mémoire pour l'éternité.

— Vous avez lu la feuille de route ? lance Myrtille à la cantonade.

— Oui, justement, est-ce que le breakfast est obligatoire ? s'enquiert Noémie, une jeune femme diaphane aux sourcils trop tatoués.

À y regarder de plus près, Myrtille constate qu'elle a refait son nez, sa bouche, et probablement offert à ses pommettes quelques injections. Le résultat est plutôt joli, mais qu'adviendra-t-il de ces visages lorsque la nature aura fait son œuvre ?

— Non, bien sûr. Nous avons mis des points verts devant ce qui est optionnel, rouges devant les obligations. Le *fitting* pour le défilé, bien sûr, est incontournable. Comme le dîner avec les équipes Kronos. Le reste, les repas, les visites, les soins et le yoga sont à votre convenance.

La jeune femme paraît soulagée. Et replonge dans son écran.

— J'ai quelques posts de retard, s'excuse-t-elle.

Bien sûr. On n'est pas là pour papoter. Tout ça, c'est du business, il ne faudrait pas l'oublier.

— Le vol AF447 à destination de New York est prêt pour l'embarquement, annonce la voix douce de l'hôtesse qui s'est occupée de leur enregistrement tout à l'heure.

Les huit jeunes femmes se lèvent dans un même mouvement, attrapent leurs valises à quatre roulettes motrices, toutes de la même marque, et se dirigent vers les entrailles de l'aéroport. En chemin, quelques gamines arrêtent le petit groupe pour prendre des photos. Vous pensez... Un selfie avec autant de stars des réseaux en même temps. C'est un peu comme reconstituer une équipe de foot avec les meilleurs joueurs de clubs différents. Ça vaut des milliers, des millions de likes, peut-être. D'ailleurs, Myrtille les a toutes fait poser pour une photo de groupe, postée sur le compte de Fruits défendus. Elle a tagué chacune. Elles choisiront ensuite de relayer la publication sur leurs propres comptes. Aucune ne le fera car rien n'est contractualisé. Elles ne peuvent plus se permettre d'encombrer leur fil de posts n'ayant aucun objectif professionnel ni rémunération dédiée.

Seule Anne le fera peut-être, parce que son fonds de commerce reste sa marque de vêtements et accessoires, pas sa personne, et qu'elle a opportunément offert – sur les conseils de Myrtille – au reste du groupe des vêtements Irene que beaucoup portent aujourd'hui. La jeune agente se demande toutefois combien de temps Anne gardera cette ligne de conduite. Il serait tellement plus simple pour elle de laisser tomber ce labeur de créatrice pour se concentrer sur son nouveau job de talent. Maintenant qu'elle est suivie par des millions de femmes et d'hommes – 87 % de femmes, CSP+, âge moyen 41 ans, concentrées dans les grandes villes, 48 % en France, 18 % aux USA, 11 % en Belgique, 7 % au Brésil, 5 % en Grande-Bretagne, 3,7 % en Italie, 2,4 % en Argentine, le reste divers –, lui permettant de monétiser sa vie, elle pourrait arrêter tout ça. Le sourcing des tissus, les croquis, les mises en ligne, les envois. Mais non. Anne a embauché pour Irene trois personnes qui ont intégré sa petite entreprise, dont une amie à elle qui gère au quotidien cette start-up qui ne demande qu'à exploser, et travaille avec quatre ateliers dont deux en Italie. Anne est souvent sollicitée. Elle doit concilier ces activités avec ses enfants mais aussi ses contrats et diverses obligations médiatiques. Elle est l'incarnation d'Irene. Sans elle, la marque n'existe pas.

Dans l'avion, Myrtille l'observe à la dérobée. Anne a ouvert la trousse de toilette distribuée par le personnel de bord aux petits soins, enfilé les chaussons, passé le masque de sommeil autour de son cou, nettoyé son visage avec la petite serviette chaude et roulottée tendue par l'hôtesse du bout d'une pince en argent. Elle sourit à Myrtille qui ressent à nouveau une pointe d'émotion. Wendy a troqué sa tenue pour un jogging énorme et son sweat-shirt à capuche beige poudré assorti. On dirait qu'elle part pour trois jours en cure de sommeil. Les clichés de stars en voyage ont conditionné ces filles-là qui se donnent aujourd'hui un genre chaque fois qu'elles mettent un pied à l'aéroport.

— Coucou tout le monde ! On est en direct d'un avion incroyable où je suis accompagnée de Wendy Blue, Noémie Dali, Caro One, Léalala, Seb Smart et notre copine Myrtille, que vous commencez à bien connaître. On ne va pas tarder à décoller. Alors… j'ai fait le tour des films. Il y en a plein qui me font trop envie. Vous en pensez quoi ? *Transformers*, ah et ce film français, là, trop triste avec Magimel. Mais bon, on l'adore lui, quand même. Et aussi *A Star is Born*. Oui, je l'ai déjà vu trois fois mais je ne m'en lasse pas. Je vois que vous aussi vous adorez.

Les likes et les commentaires affluent sur l'écran d'Anne, qui a lancé un *live* avec sa communauté avant le décollage. Sa spontanéité fait recette. Myrtille se connecte, elle ne voit que des commentaires positifs.

Ouah, incroyable l'avion. Quelle chance tu as ! La business classe, j'en rêve. Merci de nous faire partager ces moments d'exception. Merci, Anne ! Tu es la meilleure ! Kiffe pour nous. A star is born, génial ! Bradley, le plus beau.

Et ces petits cœurs qui éclatent par centaines, comme autant de minuscules bulles de savon jaillies d'un jouet pour enfant.

Des éclats de voix venus de l'arrière de l'appareil émergent du brouhaha.

— Est-ce qu'il y a un médecin à bord ? Un médecin, vite !

La plupart des passagers de la business, ayant déjà chaussé leur casque, sont complètement absorbés par l'écran qui diffuse les derniers blockbusters, ou celui de leur ordinateur, pour gérer les derniers mails avant le décollage. Anne sursaute, tout comme Myrtille, tandis qu'un steward et une hôtesse pressent le pas vers les cabines économiques, bientôt suivis par un passager du premier rang, en costume cravate, l'air sérieux. Une poignée de minutes plus tard, le cortège revient accompagné d'une femme, la trentaine, très pâle, soutenue par le personnel de bord.

— Asseyez-vous, voilà. Vous voulez un verre d'eau ?

— Ça va aller, assure calmement le médecin. Madame ? Ça va ?

— Oui, oui. Ne vous inquiétez pas. C'est juste un petit coup de chaud. Je suis enceinte.

Wahou qu'est-ce qu'elle a ? BG le médecin. C'est quoi ce délire ? Ils vont quand même faire partir l'avion ? C'est qui ? C'est pour un sketch ?

Les messages continuent d'affluer sur le *live* d'Anne qui a oublié de baisser son écran, ce que lui fait remarquer Myrtille. Anne esquisse un zut silencieux, pour ne pas gêner la consultation toute proche, et coupe son téléphone. Très vite, la jeune femme enceinte reprend ses esprits et remercie le médecin ainsi que les hôtesses, avant d'être raccompagnée à sa place.

Le calme revient peu à peu dans la cabine alors que le jour diminue à l'extérieur. Myrtille envoie un message sur le WhatsApp familial pour dire à ses proches qu'elle les aime, qu'elle les préviendra quand elle aura atterri, comme elle le fait toujours quelle que soit l'heure. Puis elle souhaite un bon vol à Anne avant de remonter le petit parapet qui sépare leurs deux sièges, lui conseillant au passage de ne pas oublier de dormir. La journée du lendemain risque d'être fatigante, et un Paris-New York ne dure que huit heures. Mais Anne ne semble pas prête à écouter ses conseils, elle est plongée dans le petit film de conseils de sécurité diffusé par la compagnie, qui la fait beaucoup rire.

— Hein ? demande-t-elle en soulevant son casque.

Myrtille n'a même pas le temps de sentir l'appareil se hisser dans les airs qu'elle dort déjà. Elle a oublié d'avertir l'équipage qu'elle ne souhaitait pas être réveillée pour le petit déjeuner, mais elle suppose que ses préférences ont été notées dans son profil de client désormais fidèle.

Blanche

— Tu as des enfants ?

Trop occupée à feindre sa souveraine indifférence, Blanche se rend compte qu'elle n'a jamais osé aborder la question avec lui. Et puis elle-même déteste qu'on fouille dans sa vie personnelle, alors s'aventurer à interroger celle des autres… Pourtant, après une dizaine de nuits ou d'instants volés passés ensemble, lorsque Benjamin lui a proposé ce week-end en Bretagne, elle a accepté. Voilà bien un lieu où ils ne croiseraient personne du « milieu ». Surtout en début de Fashion Week. Les quelques mères venues ébrouer leur progéniture dans les maisons de famille au mois d'août ont depuis longtemps regagné leurs appartements cossus du XVIe arrondissement. Les autres n'auront pas eu l'idée de passer plus de quelques jours en des terres où l'on doit sempiternellement planquer une cape de pluie dans son cabas. Le look Romy Schneider dans *César et Rosalie*, ça a peut-être son charme en photo mais nettement moins dans la vraie vie, songe Blanche.

Elle a eu un mal fou à boucler sa valise, d'autant que Benjamin ne lui avait donné aucune indication sur leur lieu de villégiature. Ni horaire de départ, ni feuille de route, ni nom d'hôtel. Rien. Mais elle accepte tout de cet homme qui lui fait oublier le management des Wang, les organigrammes à repenser chaque semaine – qui est indispensable ? qui l'est moins ? –, les pressions des annonceurs et les douleurs du passé qui resurgissent trop souvent. Ces dernières se font plus aiguës aujourd'hui, comme si le temps ne devait jamais dissiper le chagrin originel. Comme si ouvrir à nouveau son cœur faisait renaître la désolation enfouie sous Blanche de Rochefort, ce personnage édifié en guise d'armure. L'hiver est pire encore, Blanche le sait. Alors ça a beau être une folie – elle était plus qu'attendue pour l'ouverture de New York –, elle a tenu bon. Et malgré ses incertitudes, ce sentiment de vertige, d'abandon de soi et son absence au premier jour de la Fashion Week new-yorkaise, elle a décidé de se garder cette nuit.

L'hôtel est cossu, sans ostentation. Blanche a préféré faire le trajet seule. Prendre le train ensemble, débarquer à la gare, attendre la voiture chez le loueur, prendre place au côté de Benjamin, lui indiquer la route... Rien que d'y penser, toute cette intimité lui donne des frissons. Alors, elle a accepté de le retrouver directement dans cet hôtel – le temps de repasser chez elle après les trois jours à Venise où *Attitude* avait donné un dîner pour la première fois.

Blanche a horreur des vacances, de ces photos idiotes qui s'accumulent sur son fil Instagram. Elle n'a plus d'amis depuis longtemps. En a-t-elle jamais eu ? Du temps de Simon, elle voyait les siens. Quant à elle, malgré un planning plein jusqu'à Noël, elle n'a trouvé personne pour partager son été. Pas même une de ces connaissances qui, toute l'année, la supplient qu'elle leur accorde cinq minutes de son temps. Ses amies d'enfance se sont éloignées, d'abord impressionnées par le faste apparent de sa vie à elle, lassées ensuite par ses absences et son manque d'intérêt à leur égard.

Cet été, Blanche s'est pris sa solitude en plein visage – auparavant, elle partait avec son père, disparu récemment. Alors elle a accepté la proposition d'une ancienne mannequin devenue maîtresse en développement personnel de tester sa cure de silence dans un monastère en Anjou. Pendant dix jours, elle a lu, débranché son téléphone, jeûné, marché, médité avec d'autres participants auxquels elle n'avait pas le droit d'adresser la parole – ce qu'elle a apprécié – et beaucoup dormi.

Après cette expérience aussi reposante que déprimante, Blanche est retournée à la rédaction, au grand dam des quelques chargés d'astreinte. Elle a rangé son bureau, fait le tri dans les dizaines de milliers de mails non ouverts, accumulés durant l'année. Beaucoup d'invitations à des cocktails de lancement, d'annonces de collections, de propositions de voyages de presse, de messages de photographes qui seraient ravis de lui présenter leur travail, de journalistes qui aimeraient tant unir leur destin au sien... oh, Blanche, j'aime tellement ce que vous faites, je lis vos éditos depuis l'enfance, et vos séries mode, je les collectionne. Vous avez un tel sens du style !

Un soir, elle s'est plongée dans les archives d'*Attitude*. Paris était désert, elle n'avait aucune invitation à dîner, aucun lancement, pas un vernissage. Elle n'a jamais compris ceux qui disent adorer la capitale au mois d'août, au prétexte que Paris n'est jamais aussi splendide. Elle a eu beau prétendre le contraire au retour de chacun, elle a trouvé sa ville de cœur excessivement triste, avec ses boulangeries fermées, ses boutiques de luxe pleines de touristes, son activité au point mort. Alors à la nuit tombée, elle a pris l'habitude de rester au bureau, commandant des sushis, travaillant d'arrache-pied pour remplir le vide creusé par les heures de méditation.

Les premiers numéros du journal l'ont ramenée à son enfance, à ses rêves de mode, de faste, de paillettes, à une époque où l'art et l'esthétique se donnaient la main pour créer du rêve et du beau. Elle a souri devant les photos de Norman Parkinson, le premier à avoir sorti la mode des studios, immortalisant les mannequins dans des décors spectaculaires. Elle s'est attardée sur les portraits magnétiques d'Irving Penn, l'érotisme d'Helmut Newton. Et encore Bourdin, Avedon, Lindbergh, Testino, LaChapelle... Les plus grands sont passés chez *Attitude*. Leurs shootings, au-delà de la beauté exceptionnelle, expriment un immense sentiment de liberté – une liberté qui, selon Blanche, manque aujourd'hui cruellement à ce monde. Elle a pris des notes sur un carnet, relu les articles de l'époque, les éditoriaux souvent drôles, légers, combatifs aussi, qui faisaient le sel du magazine. Elle a beaucoup réfléchi. Où est passé cet esprit frondeur et émancipé ? Est-ce qu'elle se fait des idées ou est-ce que tout cela a radicalement changé ? Est-ce l'époque, la corsetisation de la pensée, la liberté accordée à chacun de se prononcer sur tout qui a changé leur façon d'aborder le monde ? Ou alors peut-être qu'elle vieillit et ne parvient plus à voir dans les mutations sociétales qu'un appauvrissement global ?

Lorsqu'ils sont venus à Paris, puis à la rédaction inspecter leur joujou frenchie, les Wang n'ont pas donné de directives artistiques. Ce qu'ils veulent, c'est la rentabilité du journal. Comment leur en vouloir ? Le magazine étant en grande partie financé par la publicité puisque les ventes suffisent de moins en moins à faire vivre ceux qui le fabriquent, Blanche doit en permanence chercher l'équilibre entre créativité et satisfaction des lectrices – car ce sont elles qui permettent de payer les salaires de toute l'équipe à la fin du mois. Mais si celles-ci fichent le camp, lassées de tant d'uniformisation des contenus, que restera-t-il d'*Attitude* et de sa chouette équipe de journalistes ? Rien que des cendres. Sur lesquelles se développera une société uniquement racontée par des amateurs munis d'un smartphone. Des gamins, des étudiants, des sans-emplois, des cadres, des parents, des inconnus furibards qui crient leur admiration ou leur désespoir dans le goulot des réseaux sociaux, relayés par quelques émissions chargées de relater à leur tour ces micro-événements nés du vide, d'une réalité non analysée, recoupée, éditorialisée.

Et que restera-t-il de la mode, de cet art certes mineur mais générateur de tant de rêve, de revenus et de fantasmes, conte de fées moderne dans un monde si sombre où les failles laissées au beau sont si rares ? Rien que des souvenirs immortalisés par ces clichés magnifiques qu'on s'arrache encore, où Cindy, Naomi, Claudia, Christie, Kate et les autres participaient à un enchantement avec lequel Blanche veut renouer. Ce n'est pas un hasard si aujourd'hui ces mannequins d'un passé pas si lointain squattent à nouveau les podiums. Le « spécial maillots d'hiver » avec Cindy Crawford sort bientôt. Blanche est sûre de son coup. Ça fera le buzz. Il le faut.

— Oui, cinq.
— Merde. Tu te fous de moi ? lâche Blanche.

— Pas du tout.

Benjamin a la tête posée sur l'oreiller, le visage tourné vers l'écran de son téléphone. Son corps est exempt de tout tatouage, contrairement à la plupart des hommes avec lesquels Blanche a couché ces dix dernières années.

— Ils habitent tous avec toi ?

— Aucun. Les trois premiers sont très grands. Ils vivent à l'étranger. Je les vois au gré de mes déplacements et des leurs. Les deux derniers sont avec leur mère à Londres.

— Ils ont quel âge ?

Blanche ne sait même pas pourquoi elle s'engage dans cette conversation qui lui lacère déjà le cœur. Elle voudrait se lever mais Benjamin la retient d'une poigne ferme, tout en gardant son autre main sur son téléphone.

— Cinq et huit. Tim et Alice. Bilingues. École privée. Aussi chics et capricieux que leur britannique de mère Diana, à laquelle je verse une pension alimentaire qui va m'obliger à travailler jusqu'à la fin de mes jours.

Puis il repose son smartphone sur la table de chevet, retire ses lunettes et plante son regard dans le sien.

— Et toi, chère Blanche de Rochefort ? Quelle est ta secrète vie personnelle ? Et en as-tu seulement une ?

— Qu'est-ce que c'est que ces questions ? réplique Blanche, vexée, prête à quitter le lit.

Mais Benjamin lui agrippe les poignets, plaque son corps contre le sien et l'empêche de bouger.

— Lâche-moi !

Blanche a crié un peu trop fort. Elle se rend bien compte du ridicule de la situation mais elle ne trouve pas d'autre solution. Son visage se ferme, ses yeux aussi. Elle ne veut plus le voir, plus rien entendre. Retourner dans son monde du paraître, où elle peut jouer son personnage sans être contrainte à de véritables conversations. Où les sentiments n'ont pas lieu d'être. Où le *small talk* a depuis longtemps remplacé les véritables échanges. Alors elle fait ce qui lui semble le plus simple pour sortir de cette impasse qui la panique, qui lui donne envie de hurler ou de partir en courant – tout sauf avouer que pour une fois elle n'a aucune échappatoire. Elle souffle un bon coup, ravale la boule qui a commencé d'enfler dans la gorge, recouvre ses esprits tandis qu'une lueur d'excitation s'allume dans son regard, ce qui n'échappe pas à Benjamin, dont elle lape les lèvres avec volupté, avant qu'il ne succombe, surpris d'abord, conquis ensuite, à cette vague de désir qui finit par les emporter tous les deux.

Ce soir-là, ils n'abordent plus rien de trop personnel. Trop las et heureux de vaquer dans le plus simple appareil, ils commandent un dîner en room-service. Face à l'océan déchaîné, ils dînent à moitié nus de fruits de mer accompagnés de champagne. Blanche fait des petites boulettes avec le pain de seigle, car depuis qu'elle a arrêté de fumer, elle ne sait plus quoi faire de ses mains lorsque les circonstances lui imposent de rester trop longtemps à table. Elle interroge Benjamin sur ses nouvelles fonctions au sein de son groupe de cosmétiques, dont il découvre les rouages, les chausse-trapes et les effets de cour. On a beau dire que le domaine de la beauté est moins cruel que celui de la mode, Blanche reste sceptique. Peut-être qu'un jour elle trouvera refuge dans cette industrie dont l'essor ne cesse de croître malgré les injonctions à s'accepter telle qu'on est...

— Tu parles, ironise Benjamin. Chaque nouveau produit est un succès. Faux cils, teintures, masques, fonds de teint, faux ongles, crèmes hydratantes, repulpantes, lissantes..., les gens se jettent dessus. Sans parler des collaborations qu'on fait avec les influenceuses, ni des boîtes qu'on rachète. C'est une manne. Franchement, c'est à n'y plus rien comprendre. Vous êtes bizarres, les femmes. Je croyais que vous ne vouliez plus entendre parler de tous ces artifices.

— Je sais..., marmonne Blanche, relancée dans ses éternelles réflexions sur la façon d'aborder le paraître d'une société qui prétend ne plus vouloir qu'on lui impose quoi que ce soit.

— Tu comptes faire ça longtemps ? demande Benjamin en reprenant une huître qu'il arrose de citron.

— Quoi donc ?

— Ce journal, les soirées, les représentations, les collections...

— C'est ma vie.

— Ce n'est pas une vie.

— Qu'est-ce que tu en sais ? C'est quoi, une vie ? Avoir une femme dans chaque pays, autant d'enfants et assez de cynisme pour supporter de laisser tomber tout le monde en chemin ?

— Ne sois pas si méchante, ça ne te va pas. Ce que je veux dire, c'est quel est ton but ? On a tous un objectif qu'on souhaite atteindre. Une petite maison dans le Lot, une Légion d'honneur, la fierté de ses parents, une retraite paisible.

— Quelle horreur.

— Quoi ? La retraite ?

— Oui. Je n'arrêterai jamais de travailler. Ce qui me nourrit c'est tout ça. Ces cycles que tu juges ridicules. Ces collections, ces défilés toujours différents, les modes qui s'enchaînent, se renouvellent, puisent dans le passé, s'enrichissent du présent, magnifique ou ignoble, la mode de la rue qui investit les podiums, les créateurs géniaux, les nuits sans sommeil, les numéros nouveaux chaque semaine, la peur de rater, la joie dingue des succès, des buzz, des coups. Merde, ça ne vaut pas mille fois mieux qu'une putain de maison dans le Lot à attendre que la vie fasse son œuvre et qu'il n'y ait plus rien ?

— Qu'est-ce que tu cherches à fuir, Blanche ?

— Tu me fais chier !

Dans le même temps, Blanche attrape sa valise, jette ses affaires de toilette sur les quelques vêtements qu'elle n'a pas eu le temps de déplier, enfile un jean, son chemisier, ses mocassins en cuir, prend son sac à main, son téléphone et, sans un regard en arrière, claque la porte en sachant déjà qu'elle regrettera sans doute son geste.

Pourtant, ça fait bien longtemps qu'elle a décidé de ne rien regretter. D'avancer sans se retourner. C'est tout.

Anne

— Nous avons atterri à New York JFK avec quelques minutes d'avance. Il est 6 h 54. La température extérieure est de 13 °C. Il fait un grand soleil. Je vous souhaite ainsi que le personnel de bord un bon séjour et vous remercie d'avoir choisi notre compagnie pour voyager. *Hi everyone. We are in NYC at JFK airport. It's 6.54 am. The temperature is 55,4 degrees Fahrenheit. The weather is sunny. I wish you a very good trip and thank you for choosing our company. See you soon.*

Anne est épuisée. Elle ne s'est endormie qu'au milieu du troisième blockbuster et après que les hôtesses lui ont servi du café et un petit déjeuner qu'elle a eu du mal à avaler car trop proche de son dîner arrosé. Mais elle n'aura peut-être pas l'occasion de profiter de telles conditions avant longtemps. D'ailleurs, elle a hâte de tout raconter à Brice et aux enfants. À son côté, Myrtille est pimpante. Elle a mis une alarme une demi-heure avant l'atterrissage pour foncer aux toilettes et appliquer quelques fards qui lui donnent un teint éclatant qu'Anne lui envie. Elle jette un coup d'œil à ses cinq comparses penchées sur le petit miroir du placard placé à côté de leur siège. Elles posent une dernière couche de blush liquide, de highlighter, ajustent leurs queues-de-cheval tirées et laquées, repositionnent leurs cils immenses à peine dérangés par une nuit sous le masque siglé de la compagnie. Anne décide de ne pas apparaître à l'écran avant quelques heures. Elle fera ses stories face caméra à son arrivée à l'hôtel, où elle pourra se refaire une beauté après une bonne douche. Sur place, une *glam team* est mise à la disposition du groupe.

L'hôtesse lui a rapporté son trench mis sur cintre, qu'elle enfile avant d'attraper son sac à main, et de suivre le groupe emmené par Myrtille, qui file à vive allure comme les journalistes en vue des défilés. Il semble, constate Anne, que pour se tenir au sommet de cette cour pyramidale, il faille s'extraire au plus vite des lieux, arriver en premier à l'hôtel pour quitter la foule compacte du reste du monde. Alors elle suit le mouvement, essoufflée, pendant que chacune rallume son téléphone et se cale dans la longue queue de la douane américaine qui paraît faire peu de cas des privilèges revendiqués de la classe affaires hexagonale.

— Vous avez fait bon voyage ? s'enquiert Anne en souriant à ses compagnes.

Toutes la dévisagent.

— Quoi ? s'étonne Anne. Oui, je sais, je n'ai pas refait mon make-up, mais c'est à ce point ?

Chacune regarde son téléphone avec un air effaré.

— Quelqu'un est mort ?

— Meuf, c'est pire, murmure Wendy Blue.

Myrtille, elle, a plaqué la main sur sa bouche – c'est la première fois qu'Anne la voit perdre ses moyens. Et elle sent poindre une angoisse, annonciatrice d'un futur cataclysme.

— Tu n'as pas rallumé le tien ?

— Non. Il y a du Wifi ?

— Évidemment, soupire Noémie en levant les yeux au ciel. Celui de l'aéroport. Et quand bien même. Tu n'as pas de forfait international ?

— Non, je ne crois pas. Attends.

— Je te fais un partage de connexion. Faut que tu voies ça. Franchement, je suis trop choquée.

Tandis que leur petit groupe progresse lentement dans le serpentin infini, Anne parvient enfin à activer sa connexion. Instantanément, des centaines de petites bulles rouges apparaissent sur son écran, qui sont autant de notifications sur ses différents comptes de réseaux sociaux. Ça lui rappelle le tsunami des quelques mois qui ont précédé son radical changement de vie. Sauf que, cette fois-ci, il ne s'agit pas de messages d'amour et d'encouragements, mais de l'exact opposé qui se déverse sur les comptes de QueenAnne.

Ça la dérange pas de filmer une femme enceinte ?
Bouffonne ! Elle fait tout pour se rendre intéressante.

Ah on met en ligne le malaise d'une mama pour faire le buzz ? Désabonne.

Je l'ai jamais aimée de toute façon.

#QueenAnneBoycott

Supprime ta vidéo !

T'as rien d'autre à foutre que de filmer le malheur des autres ? Pauvre fille. Tu sers à rien.

J'espère que les marques bosseront plus avec elle sinon j'achèterai plus. Comme j'achèterai plus ses fringues. Connasse.

Tes enfants doivent avoir honte de toi.

Tu mérites pas d'être mère.

Bonjour, je suis journaliste pour BFM TV, accepteriez-vous d'apparaître dans la matinale pour parler de votre bad buzz ? Voulez-vous vous expliquer auprès des Français ?

Hello QueenAnne, je suis Stevepeople. Abusé ce que t'as fait mais t'as peut-être une explication à donner. Tu peux me DM pour un live sur mon compte et répondre aux abonnés. Good luck. Ou pas, sérieux ça se fait pas ce que t'as fait mais on fait tous des erreurs.

— Anne, tu viens ? Les gens derrière toi ne peuvent pas avancer.

Anne sent la tête lui tourner. Elle ne comprend pas. Elle ouvre Google actu et tombe sur des articles écrits à la va-vite dans la nuit, qui mentionnent ce qui semble déjà être devenu une « affaire ». Sur les conseils de Myrtille, elle s'était inscrite à certains mots-clés dont son nom, celui d'Irene, de ses pseudos, pour recevoir en temps réel toutes les publications online faisant mention de ses activités.

QueenAnne : l'influenceuse crée la polémique en publiant la vidéo d'une femme enceinte évanouie.

Anne Travers, aka QueenAnne, l'influenceuse et fondatrice de la marque Irene, révélée par Beyoncé et de nombreuses célébrités internationales devenues fans de la pépite française, a créé la polémique en postant la vidéo d'une femme enceinte évanouie sans son consentement. Malgré les demandes de la famille, celle-ci n'a pas répondu et laissé le contenu en ligne de nombreuses heures, portant atteinte à l'intégrité de la future maman ainsi qu'à celle des autres anonymes apparaissant dans la vidéo. Filmée en classe affaires sans aucun souci manifeste de l'état de la passagère, et sans que l'influenceuse lui vienne en aide, la vidéo a suscité une vague d'indignation qui, depuis quelques heures, fait le buzz sur Internet.

— Mais… je ne comprends pas. C'était un *live*. J'ai stoppé la vidéo tout de suite, vous m'avez vue. Surtout, je ne pensais pas qu'elle allait se publier ensuite.

— T'avais pas checké les paramètres ? s'étonne Noémie, l'air sincèrement navrée, avant d'entamer une conversation en Facetime avec son chien. Ça va, mon Loulou ? Maman te manque pas trop ?

— Non. Bon, je vais la supprimer tout de suite.

— Attends ! Ne fais rien sans réfléchir, lance Myrtille, qui a déjà chaussé ses écouteurs et parlemente au téléphone tout en traînant sa valise cabine. Je suis en ligne avec mon conseil. Il doit me rappeler dans quelques minutes. Supprimer, ce serait avouer que tu as commis une erreur. Et puis, ça peut être mal interprété.

— Mais c'est ridicule, je n'ai rien fait. Et où est cette femme, d'ailleurs ? Je pourrais aller la voir. Faire une vidéo avec elle, pour expliquer ce malentendu. Et puis, elle allait très bien, vous avez vu. Et où est le médecin ?

Mais alors qu'Anne tourne la tête dans tous les sens pour tenter de retrouver la femme enceinte, Noémie, Wendy et les autres s'éloignent imperceptiblement d'elle, comme si elles craignaient d'être vues en compagnie de cette soudaine pestiférée. Quant à la femme, elle a disparu. Et elle voit s'éloigner le médecin, auréolé d'une notoriété dont il est sans doute inconscient – qu'Anne découvre au fil des milliers de commentaires qui accompagnent l'objet de son délit.

Heureusement qu'il y a des gens comme lui.
Trop beau gosse, le doc.
À quand une revalorisation des salaires des médecins ?
Bah quoi, il voyage en business. Il a pas l'air dans le besoin. Mon oncle, lui, est généraliste en région, il gagne à peine de quoi vivre.
Ouais, et on en parle, des infirmières ? Tout le monde s'en fout.
Trop canon ! Ça me rappelle Urgences. *J'étais tellement amoureuse de George Clooney.*
Geooorge !

Je préfère Brad PITT.
Il est super vieux, Brad Pitt. Team Timothée Chalamet.
On dirait une meuf.
Espèce de débile. Il a l'air de ce qu'il veut, nan ? Toi t'as l'air de quoi ?
Oh, OSEF de Chalamet. #BoycottQueenAnne
Ouais, je me désabonne.
La honte, cette meuf.
I love your content. Want to increase your followers ? DM.
Tu suces ?
Ta gueule.
Vous avez rien d'autre à foutre que de commenter des vidéos merdiques ? Lire Chateaubriand par exemple ? Revoir les films de Truffaut ? Redécouvrir Rimbaud ?
C'est toi Rimbaud.
Ta gueule.
— Why are you coming in New York ?

Le douanier est énorme et arbore un air agressif. Teint gris, paupières tombantes, mains grosses comme des battoirs. Anne se sent minuscule, jugée. Elle a peur. De la horde d'inconnus qui, du fond de son téléphone, veut sa peau. Des messages qui s'accumulent dans sa boîte vocale. Du visage de cet homme qui n'exprime aucune empathie. Elle est loin de chez elle, de ses enfants, de sa petite Suzanne, de son cocon. Elle voudrait tout arrêter, repartir de zéro. Dire à Myrtille et à ces filles, qu'en fin de compte elle ne connaît pas, qu'elle va rentrer chez elle. Éteindre tout cela. Laisser leur monde tourner loin d'elle. Et retourner au judo attendre Tom sagement dans le confort de l'anonymat.

Mais Myrtille avance d'un pas et répond machinalement au douanier :

— *Business trip for Fashion Week.*

Aussitôt l'homme la regarde avec intérêt.

— *Ah, fashion ! Do you know supermodels ? Gigi Hadid ? Zendaya ? Are you famous ?*

— Euh… *a little*, balbutie Anne, gênée.

Car on ne peut pas dire qu'elle soit véritablement connue. D'ailleurs, c'est quoi « être célèbre », aujourd'hui ? songe-t-elle. Avoir des millions d'anonymes qui vous « suivent » virtuellement, prêts à vous aduler pour un oui ou pour un non, autant qu'à vous balancer en une fraction de seconde dans les flammes de l'enfer pour les mêmes obscures raisons ? Avoir reçu un prix Nobel ? Tué des dizaines d'enfants ? Tout ça en vrac, dans le même sac ?

Des vans les attendent sagement au sortir de l'aéroport. Quelques filles fument, comme Léa, qui n'a pas l'air dans son assiette. Myrtille a ouvert une note avec leurs noms à toutes qu'elle coche lorsqu'elles entrent dans les voitures. Personne ne veut monter avec Anne. Alors elle prend le dernier véhicule avec Myrtille qui n'en finit plus d'échanger avec une agence de communication dont un contact à l'Élysée lui a confié le numéro. Anne aimerait interroger Myrtille. En attendant, elle envoie quelques cœurs sur le groupe WhatsApp familial pour les rassurer au cas où ils ne dormiraient pas. Au cas où ils assisteraient au carnage, à cette mise à mort de leur épouse et mère.

— C'est un cabinet ultra-pointu qui gère les situations de crise, lâche rapidement Myrtille qui a senti poindre l'impatience de son talent. Ils ont fait DSK, Cahuzac, Wendy.

— Wendy a eu un bad buzz ?

— Tu n'as pas suivi ? C'était il y a six mois. Pour de la promo-produit non signalée en partenariat rémunéré. En plus, le truc était *dark*. Un blanchisseur de dents non homologué qui a pété la canine d'une ado. Une sale affaire.

— D'accord. Et pourquoi on n'en a jamais entendu parler ?

— Parce que ça a été super bien géré. Et puis, ne t'en fais pas. Tu sais, sur les réseaux, un clou chasse l'autre. Il suffit qu'un incendie se déclare en Corse ou que Booba se bastonne dans une parfumerie et plus personne ne parlera de toi.

— Ah oui, mais je ne vais quand même pas souhaiter des malheurs aux autres pour éteindre mes propres feux.

— Oh, tu sais, j'en ai vu qui en allumaient sciemment pour moins que ça.

— Quelle horreur…

— Anne…

Du haut de ses vingt-cinq ans, et tandis que les tours de Manhattan se profilent au loin, derrière l'écran idiot qui diffuse sans relâche des publicités pour des fromages fondus dans d'énormes sandwichs, Myrtille plante ses yeux dans ceux de sa compagne de voyage.

— Il va falloir te blinder, déclare-t-elle avec sérieux. Ces trucs-là, ça va t'arriver tout le temps, maintenant. Figure-toi une forêt. Ou je ne sais pas, n'importe quel lieu où tu as l'impression d'avancer sereinement mais d'où le danger peut surgir à tout moment. C'est le cas. Plus tu auras de followers, plus tu prendras la lumière, plus on parlera de toi, et plus ils seront nombreux à t'attendre, planqués, prêts à te démolir au moindre faux pas.

— Mais pourquoi ?

— La jalousie peut-être. L'ennui. Le jeu. Tu sais, c'est un écosystème. Tu te plantes, ça bouge sur les réseaux. Les médias reprennent, ça fait du trafic sur leurs sites. Les chaînes d'infos reprennent les articles des médias en ligne, ça alimente leur flux. Ils te demandent une interview. Tu refuses, ils font venir des experts qui donnent leur avis. Ça remet une pièce dans la machine. Ensuite, les hebdos font un dossier « big picture » qui analyse ce petit tas de merde. Et puis voilà, tout le monde est content. D'ailleurs, il y a plein de gens en mal de notoriété qui créent leur propre bad buzz.

— Hein ?

— Mais oui. Toi, tu le vis mal parce que c'est le premier, mais prends ça plutôt comme une chance. Regarde…

Anne

Myrtille ouvre Google actualités. Où la photo d'Anne s'affiche en grand, en illustration de dizaines de contenus, de débats, de reprises en quelques lignes de sa vidéo ou d'analyses prétendument approfondies d'un phénomène.

— Va voir tes stats.
— Lesquelles ?
— Celles de ton e-shop, déjà.

Éberluée, Anne constate avec effroi que son nombre de visiteurs a explosé. Quant à celui de ses abonnés, c'est la même chose. Qu'ils soient là pour l'hallali ou pour une autre raison, ils ont en tout état de cause pris leurs places et leurs pop-corns, et ils ne sont pas près de bouger.

— Alors, je fais quoi ?
— J'ai vu avec l'agence. Il faut que tu envisages quelque chose qui te ressemble. Tu es trop vraie pour qu'on parte sur d'autres pistes. Alors tu vas faire un nouveau *live*. Tout le monde l'attend… Un truc confession. Où tu dis la vérité, tout bêtement. Livre-toi, crée un lien avec ces nouveaux abonnés. Les anciens te connaissent, ils comprendront que tu n'y es pour rien. Les nouveaux vont adorer. Vois ça comme le premier épisode de ton aventure américaine. Tu sais quoi ? On va même essayer de retrouver la meuf. La femme enceinte. Ça pourra faire une super narration. Un rebondissement. On va se dégoter un lieu cool à Manhattan, un truc très Instagram-friendly pour immortaliser

vos retrouvailles. Tiens, tu lui offriras un look Irene ! Oh là là, je suis trop géniale…

Pour la première fois depuis qu'elle la connaît, Anne voit Myrtille sourire derrière ses minuscules lunettes rectangulaires avant de reprendre :

— Pour le moment, c'est la nuit en France. Ça nous laisse le temps de poster avant le réveil de tout le monde. L'actu est hyperpauvre. Les journalistes du matin seront ravis d'avoir ça à se mettre sous la dent. Du pain bénit. D'ailleurs, on n'a plus de temps à perdre. Tu es prête ?

— Là, maintenant ?

— Oui, on a une heure de taxi. Au bas mot. Allez, en une prise. Ce sera fait et on pourra aller dîner tranquille.

— Dîner mais… il est quelle heure ?

— 21 heures, ici. Ne me dis pas que tu n'as pas dormi dans l'avion ?

— Euh… si.

— Désolée, Anne, mais vu les circonstances, tu ne peux pas te permettre d'aller te coucher tout de suite. On publie ta réponse, il va y avoir les reprises, avec un peu de chance une invitation en matinale, une radio, BFM, Télématin, on verra. Et puis si tout se passe bien et que la marque est OK, il faudra que tu fasses ton premier post ce soir dans ta chambre d'hôtel. C'est dealé avec l'établissement aussi. C'est OK pour toi ? Allez, on s'y colle.

Derrière Myrtille, les hautes tours illuminées de Manhattan se découpent sur un ciel d'encre. Tout cela a quelque chose d'irréel. Anne a mal au ventre, elle ne sait plus si elle a sommeil ou si elle parviendra à le retrouver un jour. Elle passe une main dans ses cheveux, saisit son téléphone, a un mouvement de recul en découvrant son reflet, ses cernes, sa mine épuisée. Elle sélectionne un filtre...

— Trop *glitter*. Il faut que tu aies l'air vraie.
— Zéro filtre ?
— Quand même pas...

Anne les fait défiler vite. En trouve un qui floute les contours, les petites rides de son front qui l'obsèdent, parce qu'elles semblent un peu plus nombreuses chaque jour. Ce filtre-là les gomme sans gonfler ses lèvres. Il s'appelle *Natural*. Elle tend le bras, respire un grand coup, et se lance.

— Coucou, tout le monde. C'est Anne. Bon, je vous dois une petite explication...

Myrtille

Il ne lui manquait plus que ça. Un bad buzz en plein vol. Enfin, il n'y a pas idée de poster avant un décollage ! C'est un cas d'école, quand même. Heureusement qu'elle a pu gérer ça grâce à l'agence de com de crise qu'elle a trouvée incroyable. Pro, efficace, réactive. D'ailleurs ce serait pas mal comme reconversion, non ? Mais Myrtille va trop vite. Elle a tellement envie de bouffer le monde du travail. Le monde tout court.

Elle s'est assise sur le lit king size de sa chambre d'hôtel, placé face à une immense baie vitrée qui donne sur une constellation de petites fenêtres, qui scintillent. Myrtille adore New York. Ils y sont venus en famille il y a quelques années avec ses parents. Tous les cinq, ils s'étaient promenés dans Central Park, avaient marché des kilomètres, dormi dans un minuscule hôtel dont elle garde un souvenir ému. Que penseraient-ils en la voyant dans cette suite qui fait trois fois la taille de leur salon ?

Juste avant le décollage, elle a constaté qu'elle avait une nouvelle abonnée en la personne de Tiphaine Beaulieu, la femme de Bertrand. Ça lui a fait un choc. Un peu comme si elle avait reçu la Légion d'honneur – qu'elle compte bien avoir un jour comme son grand-père avant elle. Tiphaine lui a ensuite envoyé un gentil message de félicitations pour ses activités. Elle est si fière qu'elle ne cesse de relire le message. Elle en a même fait une capture qu'elle hésite à envoyer à sa famille. Ce n'est pas rien, tout de même. Ça vaut presque polytechnique. Mais elle craint que son père ne voie d'un mauvais œil sa fascination pour toutes ces richesses, pour le capitalisme. Redoutant qu'il lui gâche la fête, elle garde pour elle ce gage de respect, tel un trésor. Poliment, Myrtille a répondu qu'elle était aussi très admirative du parcours de Tiphaine, et lui propose de prendre un jour un thé ensemble. Se rapprocher des Beaulieu pourrait donner à Fruits défendus une tout autre dimension. L'agence pourrait peut-être s'occuper des relations presse d'autres maisons de Kronos, devenir conseil pour l'ensemble du groupe ? Ou se faire racheter. Si les Beaulieu pouvaient même juste investir, alors Myrtille pourrait ouvrir des antennes à l'international, un bureau à New York – comme Marcel, qui lui a tendu la main, qu'elle ne voudrait pas « by-passer ».

Le groupe WhatsApp du déplacement new-yorkais, banalement baptisé « New York, New York », ne cesse d'afficher de nouvelles notifications. Wendy ne voit pas de sèche-cheveux dans sa chambre. Caro lui explique comment le trouver dans le placard de l'entrée, sous le coffre à bijoux. Léa lui fait une vidéo qu'elle met en story en la taguant. Wendy reprend la vidéo sur son compte avec des Gif hilares. Seb veut savoir pourquoi on ne l'a pas tagué, car lui aussi aurait pu reprendre la vidéo, montrer qu'il était là, créer un vrai hub autour de ce déplacement et de leur amitié. Un buzz online, c'est toujours plus fort à plusieurs. Quoique... Personne n'ose prononcer le nom d'Anne, pourtant intégrée à la conversation, mais étrangère à celle-ci pour le moment.

Myrtille lui écrit un message pour savoir si tout va bien. Puis elle envoie en parallèle une note vocale à Marcel, ce qu'il déteste, elle le sait. Pourquoi ne pas l'appeler directement ? lui demande-t-il souvent. « Trop long, pas le time », a répliqué un matin la jeune fille tout en enregistrant à la suite des kilomètres de notes qu'elle déposait sans se retourner sur les comptes de « talents skincare ». « Ça évite le small talk et les emmerdes. Mais ça laisse le temps de tout dire sans avoir à rédiger vingt-cinq fois le même message. Et ça apporte un peu de chaleur », a-t-elle ajouté, pointant pourtant sans la moindre émotion ces noms baroques consignés dans un tableau Excel.

« C'est bon, c'est quasi réglé. La vidéo-confession de QueenAnne a déjà été vue 180 000 fois en quelques minutes, les premiers commentaires sont hyperpositifs. Et il n'est pas encore 7 heures en France. Un direct est calé avec BFM pour la première matinale. Il va falloir qu'on reste réveillées jusqu'à 1 heure. Je repousse le RV au lobby et la résa au restau pour toutes. De toute façon, personne n'est prêt. J'ai lancé Gaby sur le listing des passagers pour retrouver la femme enceinte. C'est sur la bonne voie. On devrait avoir ça dans la nuit, je suis confiante. Avant cela, on évite les contenus d'Anne sur la soirée. On la joue contrition, donc on fait passer le message aux autres. Il faut qu'elle n'apparaisse sur aucune image. On va essayer de faire placer un petit mot gentil au reste du *crew*. Je vois si on peut faire un avenant aux contrats, c'est tendu. Il faudra une enveloppe budgétaire supplémentaire. Bon, voilà. Pour le reste, vous me dites si vous avez besoin qu'on se fasse un point avant le départ. 23 heures au lobby. On dînera à l'hôtel du coup. Ils ne nous gardaient pas la table aussi tard à l'Odeon, et c'est impossible d'en avoir une ailleurs. À tout à l'heure. »

De l'autre côté de l'océan, Marcel a fait défiler son message en accéléré. Pour grappiller lui aussi un peu de ce temps précieux. *Pas le time.* Sa voix est amusante. Elle a des allures de gamine sous acide qui débiterait un texte appris par cœur. Et puis, elle s'exprime naturellement très vite, comme tous les jeunes, comme si la vie filait tellement qu'il n'y avait pas de temps à perdre. Ils ont peut-être raison. Pendant qu'il l'écoute en levant les yeux au ciel, il continue de déplacer des noms sur les immenses

Myrtille

plans de salle qui ornent la war room de l'agence. C'est un vrai casse-tête, ces défilés. D'autant qu'ils font du surbooking. Qui aura la tête coupée ? Qui refusera de lui adresser la parole pendant quelques semaines, jusqu'au prochain événement, parce qu'il faudra bien s'incliner devant lui ? C'est vrai que c'est pratique ces messages vocaux, se dit-il. Ça laisse les mains libres. Marcel trouve que ça va bien à cette époque où plus personne ne veut débattre avec quiconque. Chacun reste dans son couloir avec ses certitudes, et on ne bat plus le fer.

Myrtille a lancé un podcast tout en défaisant sa valise. Il ne manquerait plus qu'elle ne s'adonne qu'à une activité à la fois. Elle songe que Cerise aimerait sûrement qu'elle lui rapporte quelque chose de New York, d'autant qu'elles font la même taille – même si Myrtille a perdu quelques kilos depuis qu'elle doit chaque jour apparaître sur les réseaux sociaux. Elle a aussi prévu quelques injections d'acide hyaluronique juste avant « Paris ». Tout le monde fait ça, et ses vingt-cinq ans ne changeront rien aux petites ridules qu'elle voit apparaître aux coins de sa bouche chaque fois qu'elle s'approche de son écran. Elle envisage également de se faire injecter du botox dans les pieds – une technique imparable, dit-on, pour mieux supporter les stilettos qu'elle porte en permanence pour faire oublier son jeune âge dans ce milieu qui décidément ne sait pas ce qu'il veut.

Myrtille ne compte déjà plus les villes, les pays qu'elle a cochés sur un planisphère sans les avoir jamais visités autrement qu'à travers les vitres d'un taxi ou d'un restaurant, la plupart du temps situé en hauteur, ou à l'abri d'un jardin. Parfois, Myrtille a l'impression de vivre dans un mall. La climatisation à outrance lui glace les os, lui assèche la peau, aseptise sa vision du monde.

Soudain, un vertige la saisit, elle se demande ce qu'elle fiche là, seule dans cette chambre à 3 000 dollars la nuit, à grelotter face à l'une des plus belles villes du monde. Ça dure une fraction de seconde. Les chiffres lumineux qui clignotent sur le réveil de la table de nuit lui rappellent qu'elle n'a plus beaucoup de temps pour se préparer. Alors elle file sous sa douche, actionne le robinet et l'eau brûlante dégringole aussitôt en cascade du plafond, avec une constance cinq étoiles, un débit palace. Elle ouvre un petit shampoing qu'elle n'utilisera qu'à moitié, mais qui sera remplacé dès le lendemain, fait mousser ses cheveux et se met à chantonner :

— *In New Yooork... where dreams are made of, there's nothin' you can't do !*

Blanche

— Ils charrient de nous faire arriver à cette heure-ci. À l'aube, on n'a pas idée ! Ne me dis pas que tu as enregistré ?

Blanche ne répond même pas. Ce journaliste l'épuise. Elle se le coltine depuis des décennies. C'est une vipère qui la traite comme une reine parce qu'il a toujours l'espoir de piger un jour pour *Attitude*. En attendant, il exerce depuis vingt ans son petit pouvoir dictatorial et sa plume – plutôt appréciable – pour un honnête hebdomadaire de droite heureux de compter dans sa rédaction un homosexuel érudit, et assez flatteur pour que les annonceurs souhaitent accoler leur image à la leur.

Le journaliste aimerait fuir, profiter de n'avoir emporté qu'un smoking et une tenue pour la journée dans son minuscule sac Goyard pour s'engouffrer dans un taxi et démontrer ainsi l'immense service rendu d'avoir fait le déplacement en business class jusqu'à New York pour rapporter de l'argent. Mais il ne peut pas faire ça à la grande Blanche de

Rochefort dont il prétend être si proche au prétexte qu'elle tolère vaguement sa présence à son côté, privilège qu'elle n'accorde à aucun autre journaliste durant les voyages de presse, censés pourtant ressembler à de joyeuses colonies de vacances dédiées à la découverte de nouvelles collections dans des lieux enchanteurs.

— Regarde, ils ne mettent même pas les Sky priority en premier ! Ce sont des valises de classe éco. Ils font vraiment n'importe quoi. C'est dingue quand même, au prix qu'on paye !

Blanche aimerait lui répliquer qu'ils ne payent rien. Pas plus le billet que le repas, le taxi, ni les miles qui lui ont permis de devenir « Sky priority », et donc de récupérer son bagage avant tout le monde. Mais elle se tait.

Elle a eu beau caler sous sa langue une demi-barrette de Lexomil avant d'embarquer, pour plonger immédiatement dans la nuit artificielle, elle n'y est pas parvenue. Alors elle a regardé des films minables, dont une comédie romantique qui lui a arraché des larmes qu'elle a cachées sous sa couverture. Elle pleure souvent en altitude. Et se demande chaque fois si c'est l'avion ou bien le vin blanc qu'elle boit au décollage pour chasser son anxiété qui la font craquer ainsi.

Depuis qu'ils ont atterri, elle est d'une humeur de dogue. Elle n'a reçu aucun message de Benjamin. La combinaison du vin et de l'anxiolytique lui a tourné la tête. Les néons de l'aéroport la dépriment autant que ces tapis roulants et la voix nasillarde du vieux journaliste dans son oreille.

— Je n'arrive pas à savoir si elle a fait uniquement les paupières ou si elle s'est offert la totale. Qu'est-ce que tu en penses ? insiste-t-il en scrutant une rédactrice de mode déjà en poste lorsque Galliano a été nommé chez Dior – autant dire il y a un siècle.

— Va lui demander, elle te fera peut-être son lifting out.

— Son lifting out ! Mais Blanche tu es extraordinaire ! J'adore. Tu as toujours eu le chic pour trouver les concepts.

Elle n'aime pas la flatterie excessive. Abhorre le ton dégoulinant de celui dont elle sait qu'il lui taillera un costume sur-mesure à peine aura-t-elle le dos tourné.

— C'est ma valise, se contente-t-elle de lâcher alors qu'une réédition de malle Vuitton a fait son apparition sur le tapis roulant.

Blanche la pointe du doigt sans bouger. Le journaliste comprend qu'il doit servir au moins à cela. Ça l'ennuie parce qu'il vient tout juste de faire une manucure à Paris, avant le départ. Et puis qu'il n'enregistre pas aussi pour ces raisons-là. Il estime que Blanche exagère, que ce n'est pas à lui de faire ces choses-là, mais aux attachées de presse de la marque qui les a fait flyer pour accomplir cette basse besogne. Il déteste qu'on l'humilie. Ça lui rappelle la cour d'école, où il fut pendant plusieurs années le souffre-douleur d'une bande de garçons populaires. Il aurait aimé les retrouver aujourd'hui, pour leur montrer combien il a réussi. Brandir ses miles, ses vêtements hors de prix, ses montres de référence acquises en soldes de presse.

Il se penche, attrape avec difficulté l'énorme bagage, le tire de toutes ses forces, manque de se démettre l'épaule et puis le balance au sol en soufflant. Blanche se contente d'un hochement de tête qui doit sans doute s'apparenter à un remerciement. Elle agrippe la poignée sur laquelle elle tire d'un coup sec et fonce vers la sortie, flanquée du journaliste qui semble fuir lui aussi un danger invisible.

— Vous allez où ? Blanche ?

La jeune employée de chez Kronos leur court après. Elle a une liste, un groupe, elle ne peut pas se permettre d'en semer quelques-uns dans la nature. Ils doivent être quatre par van, c'est prévu comme ça. Mais Blanche a compris depuis longtemps que la cruauté fait partie du monde, que si elle veut se faire respecter, elle doit refuser les règles, marquer sa différence, se ficher de tout cela, des programmes, des plans de table, des répartitions... Blanche est une reine. LA reine. Et si elle souhaite conserver sa place, elle doit agir comme telle.

Elle aperçoit au loin son homologue d'un autre journal de mode. Moins chic qu'*Attitude*, plus mainstream, selon Blanche. M. et Mme Wang n'arrêtent pas de le citer en exemple, tout comme la boîte de conseil qu'ils ont recrutée, qui lui tape sur les nerfs – mais qu'est-ce qu'ils y connaissent franchement ? Blanche la voit sourire aux autres rédactrices, papoter, prendre des nouvelles de chacune – plus française moyenne, conclut-elle en levant les yeux au ciel avant de tourner les talons. Elle franchit la porte automatique et repère rapidement des chauffeurs munis d'iPads sur lesquels brille le nom de Kronos. Elle en choisit un au hasard auquel elle tend sa valise et chausse immédiatement ses oreillettes pour débuter ses calls. Elle a perdu assez de temps dans ce fichu avion. Le type a l'air affolé. Ça l'exaspère.

— *Let's go*, lui dit-elle.

— Vous n'attendez pas le reste de l'équipe ? intervient le vieux journaleux.

— Non, non, on y va, réplique Blanche en balançant son sac cabine sur le malheureux chauffeur qui jette des regards affolés à ses collègues.

— C'est vrai, ça. Vous leur direz qu'on est partis à l'hôtel. C'est trop long. *But it's OK. They are up-to-date. We have to go. We are... very important people*, précise le journaliste.

Le type finit par paraître convaincu. Pourtant Blanche trouve cette sortie grotesque. Genre nouveau riche de la notoriété. Ce type est un sale con, songe-t-elle. Elle lui dirait bien de déguerpir de son van mais elle préfère avoir un +1. Être seul, c'est pathétique. Cet homme de compagnie fera l'affaire. Il faudra juste lui signifier que sa conversation n'est pas souhaitée. Alors elle décide de passer un premier coup de fil dès l'aéroport, tandis que le chauffeur entreprend le vieux journaliste en anglais. Elle voit ce dernier prendre sur lui pour tolérer cet échange sans but, qui lui permet toutefois d'*improve* son english, tandis qu'ils filent entre les allées bruyantes des abords de JFK.

— Syl, je viens d'atterrir. Fais-moi un point, s'il te plaît. *Executive summary*, le coupe-t-elle rapidement pour qu'il ne se perde pas en détails inutiles. OK, OK. Non, les polas que tu m'as envoyés sont merdiques. La fille est atroce. En plus, elle a grossi, je suis allée sur son Insta. Et puis ces taches de rousseur, non, ça ne colle pas du tout à la série. Je me fous qu'on n'ait plus qu'une demi-journée. Oui, et qu'on soit en fin d'après-midi. Voilà, eh bien relance un casting. Vois avec Bruce. Je me fous aussi que la plupart des filles soient bookées par la Fashion Week. Justement. Trouvons-en une qui n'a pas été vue dans toute la presse française et internationale, si tu veux bien ? Une *new face*, merde. Quoi d'autre ? Allez. Dépêche-toi. Des fleurs ? Lis-moi la carte. Qui ? Ah, tu es sûr ? Oui, eh bien remercie-les. Comme d'habitude. *Next*. On en est où sur le chemin de fer ? Quoi, Catherine n'a toujours pas rendu son papier sur les femmes du gouvernement ? Qu'est-ce qu'elle attend ? Son départ en retraite ? Je l'appelle dès que je raccroche. Si elle n'a pas rendu dans une heure on remplace par le truc dark de Lara sur les droguées de Stalingrad.

Demande à Alice de me pondre un trois pages sur la fille de Cindy, vu qu'elle est en *cover*. Faites une recherche icono. On ouvre sur la famille, le père, Cindy, le frère aussi – celui qui ne sert à rien. Et puis tu me colles des photos de défilé, très glamour, sexy, et tu me montes un joli truc avec des images en regard mère-fille. Je veux recevoir une maquette en arrivant à l'hôtel. Et renvoie-moi la couv, les accroches sont nulles. Personne ne va avoir envie d'acheter ça. Et ne me foutez pas Stalingrad dessus ! Remplace-moi l'appel sur la rentrée littéraire par la beauté coréenne. Tout le monde se fout des bouquins. Si ça faisait vendre, ça se saurait. Bon, allez, je te laisse. Hein ? Qui ça ? Non, jamais entendu parler. Bonnie ? Bah, fais-moi un scan et envoie-moi ça. Mais comment elle est arrivée jusqu'à l'accueil ? OK, on s'en fout si tu veux. J'entends tes docs qui arrivent. On se rappelle dans une demi-heure.

— *That city is incredible, for sure. The city of lights. Did you know that Hemingway...*

La voix du journaliste ronronne en même temps que le moteur au milieu des klaxons. Le chauffeur paraît blasé, il n'essaye même pas de feindre d'écouter la diatribe sur cette ville qu'il sillonne quotidiennement. Du pouce et de l'index, Blanche élargit la photo de Cindy Crawford sur laquelle figure le logo d'*Attitude*, modifié pour l'occasion. Si on ne joue pas impunément avec une institution pareille, il y a des exceptions, et un supermodel de légende en est une. Karl avait redessiné ce logo aux pastels pour son numéro exceptionnel. Marc Jacobs aussi. McQueen. Blanche connaît toutes les unes du magazine et pourrait toutes les citer depuis sa création. Elles sont gravées dans sa mémoire bien mieux que les gens qu'elle a croisés dans un dîner ou à un cocktail. Elle aimerait envoyer une note vocale à Sylvain pour aller plus vite, mais elle sent les oreilles du journaliste qui traînent. Alors elle écrit frénétiquement, tapote avec rage ses instructions, envoie quatre autres messages dans la foulée. Bien sentis, secs, autoritaires.

Les notifications tombent en cascade. Les mémos de son assistante, les réponses de Sylvain, les messages sur la conversation WhatsApp de la rédaction qui s'affole parce qu'on est vendredi soir, qu'ils espéraient boucler les cahiers froids et que Blanche, à l'autre bout du monde, veut tout changer, monter ce papier sur la fille de Cindy qui n'était pas prévu – elle ne pouvait pas y penser avant, merde ? Le message a été posté par erreur, et effacé immédiatement, mais Blanche l'a vu. Cette intérimaire à la maquette ne risque pas de faire long feu chez *Attitude*. Blanche se fera un plaisir de le lui dire elle-même à son retour, ça lui fera du bien. Oui, ça apaisera un instant la douleur sourde qui s'est installée dans un coin de son ventre, et qui ne cesse jamais, tel un acouphène dont la constance finit par faire oublier sa présence. Et puis elle ouvre le PDF de Sylvain. Une lettre manuscrite. Une écriture très serrée.

Stylo-plume, encre noire, papier crème. Blanche reconnaît ce papier, et ça lui flanque un coup au cœur. Une goutte de sueur perle sur son front. Elle chausse ses lunettes noires de vue et lit.

Chère Madame, ou plutôt chère Blanche,
Je m'appelle Bonnie et j'ai quinze ans. Je me permets de vous écrire car ma mère m'a parlé de vous. Je vais tenter d'être brève. Mon père et elle ont eu une aventure il y a seize ans. Assez brève, elle aussi. Sur un salon du livre où ma mère était bénévole. Ils se sont aimés, je crois. Elle en tout cas. Mais il vous a rencontrée juste après, et il semble que ça ait tout effacé de leur histoire. Je suis la fille de Simon Bauer. J'ai besoin que vous me parliez de lui. J'habite en Savoie mais je peux me déplacer. Je préférerais vous voir. Je vous sais très occupée mais, par respect pour sa mémoire et les circonstances qui vous ont liés, j'espère que vous accéderez à ma demande.
Respectueusement,
Bonnie.

La lettre est accompagnée d'un numéro de téléphone et d'une adresse mail.

— *These homeless people on the street are terrible. New York has changed so much !* Non, tu ne trouves pas, chère Blanche ? Regarde ça, on ne peut même plus marcher sur les trottoirs. La *Factory* doit se retourner dans sa tombe.

Simon et elle sur un bateau de touristes près de la statue de la Liberté. Dans un lit aux draps froissés surplombant tout Manhattan. À l'ambassade pour un dîner d'État. Simon devant son ordinateur, le front plissé, ses lunettes épaisses qui lui mangent le visage. Ses boucles drues, ses vêtements sans âge, sa main dans la sienne dans les allées de Central Park. Blanche va se trouver mal. Sa vue se brouille, ses oreilles bourdonnent tandis que le vieux journaliste continue sa tirade sur les belles heures de New York, gommées par tous ces pauvres gens mal fagotés qui gâchent le paysage.

Simon. Pas un jour ne se passe sans que sa silhouette ne s'impose à Blanche au détour d'un shooting, d'un déjeuner. Pas un matin sans que, quelques minutes après avoir ouvert les yeux, elle ne se souvienne qu'elle ne mérite ni d'aimer ni d'être aimée. Seulement d'accomplir ce qu'elle sait faire. Ordonner, créer, imaginer. Quinze ans après, la plaie n'est toujours pas refermée. Chaque fois qu'elle pense l'épisode réglé, elle se rouvre. Et tandis que les autres la regardent s'avancer, souveraine, le poids immense de la culpabilité continue de la paralyser au plus profond de son âme.

Une chape de chaleur les accable lorsqu'ils sortent du van et que les portiers de l'hôtel se précipitent pour prendre leurs bagages. Le journaliste ne l'attend pas. Il veut être le premier à récupérer ses clés, vérifier sa chambre, ouvrir les petits cadeaux que la marque n'aura pas manqué d'y déposer. Il en a oublié toutes les règles de bienséance dont il pense être le garant.

— *Mrs de Rochefort ? Glad to see you.*
— *No, miss, please.*

Simon trouvait cette lubie de « demoiselle de Rochefort » plutôt amusante, même après leur mariage à Vegas une nuit d'ivresse. Elle l'avait entraîné dans une petite chapelle. C'était déjà fou qu'il ait accepté de la retrouver dans cette cité de débauche et de mauvais goût, au luxe ostentatoire, lui l'écrivain reconnu, le goncourable qui ne comprenait ni ne prêtait attention à la vie professionnelle de cette femme qu'il prétendait connaître mieux que personne. Alors, l'épouser dans la nuit devant deux inconnus vêtus de strass… Le lendemain matin, Blanche avait eu un peu honte de leur folie. Et puis, elle tenait à son célibat officiel. Elle n'avait aucune envie de porter le nom d'un homme, d'être liée à lui par contrat, ni soumise à un statut qu'elle jugeait hors d'âge. Pourtant, ce secret était comme un baume, un lieu de consolation quand la pression de la mode devenait trop forte. Je suis la femme de Simon Bauer, songeait-elle. Et alors tout s'apaisait. Oui, rien n'était plus fort que ça.

Blanche défait ses bagages, accroche ses housses au portant pendant que le passé la bouscule férocement. Puis elle consulte la feuille de route.

11:15 AM : Départ de l'hôtel.

12 AM : Rencontre avec le créateur pour Sarah Thomson, journaliste correspondante mode d'*Attitude* et Miss Blanche de Rochefort au studio de création.

1 PM : Départ pour le restaurant Darling Central Park House.

1:30-3 PM : Déjeuner en présence des talents et presse. Dresscode casual.

Après-midi : Libre.

5:30 PM : Rendez-vous dans le lobby. Départ pour le lieu du défilé. Bowery Ballroom 6 Delancey St. New York, 10002. United States Of America.

7:30 PM : Cocktail dînatoire et after party au Ballroom.

9 PM : Début des navettes de retour à l'hôtel. Les navettes partiront toutes les 30 minutes.

2 AM : Fermeture du Ballroom et dernière navette.

Blanche est épuisée. Elle supporte de moins en moins le décalage horaire. Autrefois, elle ne sentait rien. Elle passait de New York à Londres, Milan, Paris, l'Amérique du Sud pour des shootings, le Japon pour des lancements de boutiques avec la facilité de la jeunesse. Une bonne nuit de sommeil effaçait tout.

Pourtant, elle s'astreint à une hygiène de vie stricte. Saumon, Coca light. Plus de pain, de sucre, de graisses, d'alcool en dehors du champagne. Coach chaque jour à Paris. Salle de fitness à l'étranger. La lettre de cette gamine aurait-elle eu raison de son énergie légendaire ? Ou était-ce la pression des Wang ? Plusieurs journalistes ont demandé à la voir pour lui parler du rachat. Il reste quelques semaines à la rédaction pour prendre la clause de cession mise en place par les nouveaux actionnaires. Les filles veulent savoir où va *Attitude*, quel est le projet, si la ligne éditoriale va continuer de céder aux exigences de ces nouveaux riches débarqués d'Asie. Blanche n'en a pas la moindre idée. Elle voudrait dormir, se réfugier dans sa mémoire, se blottir dans le lit d'enfant que lui préparait Mamine en Bretagne. Sa disparition a été comme une déflagration qu'elle a vite enfouie sous les chiffons, les dîners, l'urgence des bouclages. Mais son souvenir demeure, là, tapi dans sa mémoire. Avec celui de son père. Avec celui de Simon.

Blanche enfile une brassière de sport, un short, visse une casquette sur son crâne, chausse ses lunettes noires. Le soleil tape contre la baie vitrée. Le ciel est d'un bleu franc, sans aucun nuage, comme en ce matin de septembre qui a fait passer la ville dans cette nouvelle ère où la liberté et l'insouciance ne devaient plus avoir voix au chapitre. Elle y pense chaque fois qu'elle vient ici. Elle était là ce jour de septembre, en 2001, lorsque la poussière a tout recouvert, que les cris ont déchiré le cours de la vie, que la haine et la discorde ont fait taire l'enfance d'un monde à jamais révolu.

```
Je vous rejoins directement au studio
de création. À tout à l'heure.
```

Blanche sait que son message va créer un frisson d'angoisse. Un pion qui sort du plateau, voilà ce qu'elle est. Les filles de Kronos vont paniquer, tenter de la faire revenir à la raison. Pourquoi ne suit-elle pas le programme ? Non mais si tout le monde agissait ainsi, comment pourrait-on réunir tout le groupe pour les grands événements de la journée ? Elle met son portable en mode avion, enfile ses AirPods, lance sa playlist de motivation, baisse la tête dans l'ascenseur. L'hôtel est rempli de journalistes venus du monde entier pour le défilé. La marque a dépensé une fortune pour les faire venir ici afin qu'ils rendent compte de l'événement dans leurs colonnes, leurs podcasts, sur leurs chaînes, leurs comptes. La beauté se goûte forcément mieux lorsqu'on est détendu, chouchouté, bien nourri.

À la réception, Blanche aperçoit le vieux plumitif qui gueule dans son anglais parfait, son dédain parisien boosté par la certitude qu'aux États-Unis, pays du service et de la non-protection des salariés, on peut s'en donner à cœur joie avec le petit personnel.

Les sirènes hurlent derrière la musique qui emplit les oreilles de Blanche. Les passants marchent à vive allure sans se regarder. Sans se juger. Certains looks sont fantastiques. D'autres très Upper East. Même si les costumes Wall Street d'antan ont été remplacés par l'uniforme du start-uper. Pantalons chino, sneakers éco-responsables, chemise proprette et lunettes écaille. L'Amérique d'hier qui unissait l'argent décomplexé et la créativité folle d'un pays au sommet de sa suprématie a disparu au profit de deux mondes perdus, qui s'affrontent loin de New York.

À l'entrée de Central Park, les calèches attendent les touristes. Blanche se met à trotter. Elle se sent libre. Ici, personne ne la toisera, ne lui demandera un service, une parution, une confirmation de rumeur. Les arbres, pourtant immenses et fournis, cachent à peine les gratte-ciel à perte de vue où s'épuise l'Amérique qui travaille derrière de grandes baies vitrées qui lui rappelleront toujours ce terrible matin de violence. Blanche tente de suivre le rythme d'un homme svelte dont la silhouette se superpose à celle de Simon. À moins qu'il ne s'agisse de celle de Benjamin. Elle accélère. Elle veut atteindre ce moment où l'effort poussé à l'extrême éteindra le souvenir, la culpabilité. Des vélos la frôlent. Le lac scintille au soleil. Les enfants étant à l'école, personne n'y fait voguer de petits bateaux. Les terrains de base-ball sont vides eux aussi.

Blanche repense à ce mois d'août où le parc était bondé de familles, de sportifs, de touristes unis par l'énergie de la ville, le beau temps qui laisse croire que rien de mauvais ne peut advenir, les oiseaux qui pépient et l'odeur des hot-dogs dans les kiosques de ferraille. Et puis son ventre qui abritait un enfant. Elle double le joggeur, accélère encore, sent son cœur qui s'emballe, la sueur qui glisse sur son front. Il lui faudra refaire son brushing. Elle va être en retard avec la créatrice. Elle voudrait s'en ficher, rappeler qu'elle a fait ses preuves, qu'elle a le droit d'avoir un coup de mou, d'éprouver cette immense lassitude qui l'accable autant que les souvenirs et l'empêche de s'enthousiasmer. Mais non, elle ne s'en fiche pas. Il y a toujours au fond d'elle cette envie, cette curiosité, cette soif de changer le monde même à petite échelle, de créer, de transmettre, dût-elle pour cela gâcher certaines choses de sa vie.

Lorsque l'alarme de son téléphone retentit, Blanche ralentit, trottine encore un peu et puis marche en soufflant, tandis que des larmes silencieuses roulent sur ses joues. Ça lui fait du bien, comme une fenêtre qu'on ouvrirait dans une pièce restée close trop longtemps. Alors elle déverrouille le mode avion et laisse déferler la vague de messages, de notes vocales, de mails tout en observant une famille de canards qui glisse tranquillement sur l'eau. Et puis Blanche enregistre le numéro de cette jeune fille au langage châtié, branche le haut-parleur et commence à bredouiller, surprise d'entendre sa voix rompre le silence de ce coin de verdure, comme hors du temps.

— Bonnie, bonjour. C'est Blanche…

Anne

— Franchement t'es trop belle. Il est vraiment canon, ce crop-top, sur toi.
— Tu n'as pas peur que ça fasse *too much* ?
— Non, pas du tout. Tu sais quoi ? Prends les deux, et les pantalons aussi. Tu réessaieras à l'hôtel tranquillement ce soir et tu verras bien.
— Mais, et pour les retours ?
— Tu rigoles, c'est offert. Ça nous fait plaisir. Tu nous mets une petite mention quand tu postes, c'est tout.
— Il faut voir avec mon agent, répond Anne, toujours un peu gênée par cette soudaine marchandisation de sa personne.
— Ah…, lâche la jeune fille un peu déçue, mais visiblement résignée. C'est Myrtille, c'est ça ?
— Oui. Mais je lui parlerai. Je suis sûre qu'on trouvera un accord.
— J'espère, parce qu'on lance tout juste notre marque. On a peu de moyens. Donc, vraiment,

ce serait formidable si tu pouvais nous donner ce coup de pouce. Ne serait-ce qu'une story...

Myrtille a fait irruption dans la suite d'Anne, qui sursaute et met rapidement fin à la conversation Instagram qu'elle a lancée avec cette jeune créatrice française installée à New York, qui lui a fait livrer en chambre une dizaine de pièces de sa collection. Elle a été touchée par sa jeunesse, et cette attention. Mais elle sait déjà ce que Myrtille va dire. Elle est intraitable depuis qu'elle a convaincu Anne de signer avec elle en tant qu'influenceuse *middle age*.

Pendant les vacances, elle en a parlé à Brice et aux enfants, qui avaient apprécié la jeune fille lorsqu'Anne l'avait conviée chez elle, parce qu'elle avait peu de temps et préférait se garder quelques moments en famille. Elle avait été absente trop longtemps, estimait-elle. Entre ses escapades parisiennes, les rendez-vous avec des ateliers, les heures dans ses nouveaux bureaux, les recrutements, les commandes, Anne avait eu l'impression de tout rater de leur petite vie de Viroflay qui lui manquait terriblement.

Elle avait eu un réel coup de cœur pour cette Myrtille dont elle appréciait l'audace et cette forme d'innocence due au lancement de son activité. Anne avait été assez effrayée lorsque Blanche lui avait suggéré de tout laisser tomber séance tenante pour répondre aux injonctions de Kronos qui voulait la signer comme égérie. Elle l'avait pour ainsi dire prise à la gorge et, bien que très reconnaissante envers la rédactrice en chef d'*Attitude*, Anne avait été soulagée lorsque, peu de temps après, elle avait reçu un message de cette jeune fille rencontrée au défilé en compagnie de son mentor, un dénommé Marcel qui semblait faire la pluie et le beau temps dans le milieu de la mode. Lauren, qui gérait désormais l'administratif d'Irene, et lui paraissaient s'entendre à merveille. Anne avait été ravie de pouvoir aider Myrtille à lancer son agence. Après tout, elles étaient toutes deux novices, et ça leur faisait un point commun en plus de l'humanité qu'Anne décelait chez cette jeune femme courageuse qui aurait presque pu être sa fille. Ça la rassurait, elle qui se sentait si peu à l'aise dans ce monde à l'aristocratie établie.

Ce qu'Anne souhaitait par-dessus tout, c'était récupérer du temps pour elle. Confier la gestion des propositions de collaborations à d'autres, ne pas passer pour une pimbêche qui ne daigne pas répondre, alors qu'elle ne le peut tout simplement pas. Depuis, Myrtille et elle faisaient un point hebdomadaire. Et si le volet Irene prenait rarement plus de quelques minutes, celui concernant les collaborations d'influence occupait chaque jour davantage de place dans ses activités. Mais les sommes proposées étaient folles, irrationnelles parfois. Pour une simple mention sur son compte Instagram, certaines marques étaient prêtes à payer le même prix que pour une campagne publicitaire. « Tu te rends compte de ce que cela signifie pour

Irene ? argumentait Myrtille. La possibilité d'investir, de te développer, d'augmenter les salaires de ton équipe. » Oui, ça aurait été idiot de refuser. Et puis ça ne durerait probablement pas. L'influence était volatile. On était désirée un jour, oubliée le lendemain. Mieux valait prendre cet argent tant qu'il tombait du ciel.

— C'était qui ? s'enquiert Myrtille sans la regarder.

— Une jeune fille très talentueuse. Une créatrice. Regarde ce qu'elle m'a envoyé, c'est vraiment beau.

— Tu lui as donné les tarifs ?

— Je lui ai conseillé d'entrer en contact avec toi, répond Anne en baissant la voix.

Elle a honte.

— Elle n'aura pas les moyens, tu le sais.

— Oui, et justement je me disais… je pourrais peut-être lui faire une story ?

— Hors de question. Tout le monde saura qu'elle n'a pas payé. Ça va nous décrédibiliser direct. Anne, on commence à peine. On doit rester fermes. Et puis, excuse-moi, mais c'est en concurrence directe avec Irene. On s'était mises d'accord. Les partenariats doivent rester hors prêt-à-porter. De l'accessoire éventuellement, et encore, dans le cadre d'une éventuelle collab'. Mais tu ne vas pas renvoyer ta commu vers une autre marque émergente. On n'est pas Greta Thunberg.

— Quel rapport ?

Anne

— Je veux dire, on fait du business. Ce compte, c'est de l'or, tu comprends ? Deux millions d'abonnés qualifiés. Cent mille de plus depuis ton *live* d'hier, en moins d'une journée. Sans compter le marché américain dans quelques heures, grâce à notre super épisode « la pregnant lady à New York City ».

— C'est quoi, ça ?

— J'ai retrouvé la meuf de l'avion. Elle va très bien. Elle est cool, je l'ai eue au téléphone. C'est une nana smart venue voir sa sœur qui vit à Chelsea. Elle est OK pour qu'on fasse une vidéo avec toi. Elle a été touchée par ton bad buzz. C'est des proches qui lui en ont parlé, elle n'était même pas au courant. Ces personnes qui ne sont pas connectées, ça me fait halluciner. Bref, on passe la voir sur le chemin du showroom, et on l'emmène là-bas. Elle est hypercontente, elle adore la mode. Alors rencontrer Sarah Thomson dans ses ateliers à quelques heures de son défilé, tu imagines. La marque est en transe aussi, sans compter Kronos, évidemment – Myrtille pense à Tiphaine Beaulieu qui verra certainement son nouveau fait d'armes, et ne manquera pas d'applaudir ce coup d'éclat pour le groupe, propriétaire de Sarah Thomson. Ça va leur faire une visibilité de fou. Un JRI* nous accompagne pour tout filmer. Les retrouvailles, les excuses, le câlin de réconciliation et la virée au

---

* Journaliste reporter d'images.

showroom. Il montera la vidéo au fur et à mesure pour que tu puisses poster dans l'après-midi. *Meilleur teasing ever.* Bill Clinton, Tiger Woods… la contrition publique, ça marche toujours. Tu sais combien cumule le hashtag #apologies sur TikTok ? 7,5 millions de vues ! Tiens, regarde, il y a même des sites qui t'expliquent comment élaborer la meilleure vidéo d'« excuses véritables ». J'ai passé la nuit dessus. Je vais te briefer, tu vas voir, ça va être canon.

Anne observe Myrtille. Elle ne sait plus si elle ressent de l'admiration pour cette jeune fille au débit de mitraillette ou si celle-ci la terrifie. Lorsqu'on frappe à la porte de la suite, Myrtille se lève immédiatement et fait entrer un homme qui pourrait aussi bien avoir trente ans que cinquante. Total look Vuitton, une mallette noire dans la main, une besace sur chaque épaule. Il parle fort, avec entrain, comme le font les Américains. Il déplace beaucoup d'air, sourit de toutes ses dents blanches, prend Anne dans ses bras comme s'ils se connaissaient depuis des siècles. Puis il installe son matériel. Des dizaines de pots de fond de teint, de pinceaux, de fards, de bocaux, de pinces, de longues mèches de cheveux factices. Il sort son sèche-cheveux, un fer à lisser, un autre à friser, branche le tout, vérifie que le miroir se trouve assez près de la lumière du jour pour adapter son maquillage.

Dehors, des sirènes retentissent. L'homme guide Anne vers un siège, lui passe un peignoir, clipse

Anne

des barrettes autour de son visage, examine avec le plus grand sérieux sa peau, qu'il enduit de crème en répétant « dry skin » et « very pretty » dans une même phrase enthousiaste. Myrtille lui tend une feuille remplie de visages de mannequins ou célébrités suggérant le look d'inspiration du jour. Cheveux plaqués au gel, teint nude, bouche glossée, liner noir très marqué. Il hoche la tête d'un air entendu, il trouve ça « amazing » et se met à l'ouvrage pendant que Myrtille pose une fesse sur le canapé crème qui surplombe Central Park et égrène la liste des nouvelles propositions de partenariats rémunérés. Anne acquiesce, s'émerveille parfois en entendant le nom de célèbres maisons qui désirent associer leur image à la sienne – celle de la « femme de quarante ans, épanouie, qui travaille, élève ses enfants, a su investir les outils de communication de la jeune génération tout en gardant une authenticité appréciée par les clientes de la marque ». L'une des offres est faramineuse. Anne songe aux billets d'avion qu'elle prendra immédiatement pour emmener toute la famille au bout du monde. Au Brésil, peut-être ; ils en rêvent tous.

— Ils charrient, ironise pourtant Myrtille. On n'est pas des bénévoles. On est en discussion, t'inquiète, on devrait *a minima* faire doubler leur mise. Je m'en charge.

Le portable d'Anne clignote. Brice lui écrit qu'il va se coucher, qu'il est épuisé. Que Suzanne a fait une poussée de fièvre. Elle tend le bras vers l'appareil pendant que le maquilleur murmure des « be careful, young lady » inquiets.

— Un problème ? s'enquiert Myrtille, alors qu'Anne a déjà saisi son téléphone.

La jeune fille a tout juste le temps de lui donner ses écouteurs filaires – une lubie de boomeuse qu'elle ne comprend guère ; elle lui a pourtant fait livrer plusieurs écouteurs connectables en bluetooth. Anne aime bien qu'il y ait un fil, ça la rassure, cette relation logique entre les appareils.

— Mais tu as appelé le médecin ? Combien ? 38° ? Oui, enfin, ça reste chaud. Ah, elle dort ?

Anne fronce les sourcils sous l'angoisse. Le maquilleur n'a pas l'air d'apprécier cette incursion du réel dans son programme bien réglé. Il tapote avec une éponge sur les plis de la peau. Myrtille note mentalement de reparler à Anne d'éventuelles touches d'acide hyaluronique. Ce serait quand même plus simple que de devoir camoufler ces sillons. Ça prend un temps fou. Et si elles veulent investir le marché américain, elles n'ont pas le choix. Ici, les rides, ça ne passe pas. Myrtille ne comprend pas les réticences de son talent – certaines filles ont commencé les injections à vingt-deux ans. « Ce n'est vraiment pas grand-chose, ne cesse-t-elle de répéter à Anne. Comme de passer chez le coiffeur. Quelques petites piqûres par-ci par-là. » De toute façon, si elles signent avec la marque de crèmes anti-âge, cela fera partie de leurs exigences. Les images seront retouchées, bien sûr. Mais il y aura toujours les photos et les vidéos volées. Anne incarnera la preuve que leurs produits repoussent les apparitions du temps.

— Et Tom ? Il a bien fait ses devoirs ? J'ai vu sur Pronote qu'il avait eu un douze en anglais. C'est pas terrible. Ses résultats baissent. Oui, pardon, je sais que tu es occupé. Bien sûr on peut se rappeler demain soir. Attends, il sera quelle heure pour moi ?

— *1 PM*, répond mécaniquement Myrtille, avant d'ajouter : 13 heures. C'est le lunch.

— Ah oui, zut. Bon, je te passerai quand même un petit coup de fil avant qu'on se mette à table.

En même temps, Anne interroge la jeune fille du regard, l'air de demander : ce sera possible ?

— Oui voilà, on fait comme ça. Je t'aime. Dors bien.

— *That was your boyfriend ?* demande le maquilleur, qui applique une dernière couche de highlighter sur les tempes d'Anne tout en évaluant le reflet de son travail dans le miroir.

C'est vrai que c'est beau. Son visage a complètement changé. Ses joues sont creusées, ses sourcils redessinés. Si les fards autour des yeux lui semblent excessifs pour un début de journée ensoleillée, Anne sait que ces artifices disparaissent à l'écran. Et la plupart du temps on ne voit son visage qu'à travers celui-ci. Alors, le réel n'a plus d'importance.

— *My husband*, explique-t-elle en souriant, avant d'entamer une conversation légère avec cet homme enjoué, ou qui a la politesse, tout américaine, de lui faire penser qu'il l'est.

Peut-être a-t-il lui aussi des problèmes. Une famille qui souffre, une santé qui vacille, des finances compliquées. Pourtant il continue de sourire, de s'enthousiasmer pour la petite vie française de sa cliente du jour dont il structure maintenant les cheveux à la brosse ronde, en faisant danser autour de son crâne le gros séchoir qui souffle de l'air brûlant. Il a aussi mis de la musique, senti la tension, voulu reconnecter tout le monde au rêve, au glam, à la gaieté que la société du spectacle se doit de diffuser, parce que c'est ce qu'on lui demande. Il danse maintenant sur un tube de Katy Perry, monte le son à partir de son téléphone, rit aux éclats en nouant habilement une grosse mèche de cheveux factice autour de ceux d'Anne, avant d'enrouler le tout en un chignon fourni, sur le haut de son crâne. Le résultat est magnifique. Très simple en apparence. Pourtant, il y travaille depuis une bonne heure et demie.

— C'est très réussi, mais il va falloir y aller, lâche Myrtille sans un regard pour l'œuvre du maquilleur, avant de partir se changer.

Il a l'habitude des Parisiens. Des Parisiennes, surtout, *so laconic*. Ça a un côté chic, il doit bien l'avouer. Mais ça ne cesse de le bouleverser quand il s'agit de ses créations. Paris a beau être la capitale de la mode, tout ça ne lui donne pas envie d'y retourner.

Il est temps de partir. Ils ne se reverront sans doute jamais mais font comme si.

— *See you next time ! Take care !*

Myrtille porte une veste Sarah Thomson rose fuchsia aux épaules surdimensionnées, coupée au-dessus du nombril, un short, des mules et un micro-sac assortis. Elle ressemble à un joli bonbon. Anne a opté pour le look 41. Une robe volantée brodée entièrement décolletée dans le dos à minuscules bretelles. Dans l'ascenseur, elles croisent des filles immenses, dont une qui porte une tenue presque identique à celle de Myrtille. Elles se sourient avec hypocrisie. Chacune rêve probablement de foncer se changer. *Pas le time.*

Un impressionnant brouhaha a envahi le hall. La Fashion Week siffle son coup d'envoi. Ça sent la laque, le parfum, l'excitation. Il est prévu qu'un van les attende devant l'hôtel. La porte à tambour les propulse sur le trottoir bruyant où le flux des passants manque de les emporter. De la fumée surgit d'une bouche d'aération. Le doorman les salue, indique un véhicule stationné non loin. La portière se referme sur le silence de l'habitacle. Myrtille passe en revue les dossiers qu'elle continue de traiter. Anne colle son nez contre la vitre, observe les boutiques de bagels, les chariots de vendeurs de hot-dogs ambulants, les publicités gigantesques…

— *Can you go hurrier ?* demande Myrtille au chauffeur en jetant des coups d'œil agacés sur les embouteillages. Fait chier, on va être en retard. D'autant qu'on doit passer chez la femme enceinte. La vidéaste nous y attend. Tu es prête ?

— Oui, la rassure Anne.

Les vraies relations humaines, ça la connaît. Elle n'a pas besoin de cours pour ça. D'éléments de langage, de fiches, de fards. Les broderies de sa robe la font souffrir. Elle a l'impression qu'on lui pique les fesses avec de minuscules aiguilles. Elle tire dessus mais ça ira. Il y a sur la planète des gens qui ont de vrais problèmes. Elle ne va pas se plaindre alors qu'elle vit un rêve éveillé.

— Tu me prends en photo ? suggère-t-elle à Myrtille pour lui prouver qu'elle a compris son rôle, et qu'elle a bien fait de miser sur elle en tant que « talent ».

Alors Anne prend la pose, mime des airs inspirés face aux vitres fumées du van climatisé. Retouche ses lèvres avec un bâton de rouge qui lui a été livré ce matin par coursier, avec une cinquantaine d'autres exemplaires, par une marque américaine qui lui versera 50 000 dollars pour ce cliché partagé sur ses réseaux sociaux, accompagné d'un code promo qu'elle transmettra à sa communauté.

Myrtille fait des plans serrés sur ses chaussures, puis d'autres sur les bracelets qui tintent à son poignet. Elle prend ensuite plusieurs photos d'Anne en pied, son sac serré contre elle, de profil, de trois quarts. Et quelques portraits où elle sourit, parce que c'est sa marque de fabrique, « son ADN », comme on dit dans le métier, et que c'est assez rare et rassurant pour valoir beaucoup d'argent. Ensemble, elles cherchent un texte pour accompagner ces clichés, disposés en un carrousel joyeux et chic qui raconte aux inconnues coincées dans leur quotidien l'incroyable voyage de QueenAnne aux États-Unis. Anne ajoute quelques cœurs, un émoji drapeau américain, un qui tire la langue pour montrer qu'elle ne se prend pas au sérieux, et puis elle se filme enfin pour annoncer à ses fans une « grande nouvelle dont elle ne peut pour l'instant pas parler ». Elle fait du teasing, plante les graines du prochain épisode de son récit.

Lorsque la voiture ralentit, avant de s'arrêter, Myrtille vérifie le make-up de son talent, ses cheveux, les plis de ses vêtements, tire sur sa jupe. La première portière automatique de son côté s'ouvre, elle descend, contourne le véhicule et donne le *go* au chauffeur pour qu'il déverrouille la seconde. Alors QueenAnne apparaît, tout sourire, tandis qu'une jeune fille en baskets de footing, jean et tee-shirt à l'effigie de la Nasa la filme d'un air concentré, et que se dirige vers elle le personnage tant attendu de son petit show. Anne la serre dans ses bras et la tutoie immédiatement.

— Oh mais je suis tellement heureuse de te voir ! Tellement, si tu savais !

— Moi aussi…, murmure la femme enceinte.

La vidéaste s'approche, zoome, leur indique où s'asseoir. Elles continuent de se sourire. On entendrait presque la musique émouvante qui sera inévitablement ajoutée au montage de ce futur « grand moment des réseaux ». Alors qu'elle s'apprête à entamer sa conversation avec la femme enceinte, Anne jurerait avoir vu une larme perler au coin de l'œil de Myrtille. Ça dure une fraction de seconde avant qu'elle ne saisisse à nouveau son téléphone et immortalise à son tour cet épisode qu'elle a imaginé. Qui pourrait comprendre à quel point elle est fière de cela ?

Anne, sans doute, qui se sent aussi redevable que pleine d'émotion envers cette jeune fille qui prend doucement confiance en elle.

Blanche

Le Palais-Royal est noir de monde. Les barrières protectrices manquent de tomber, poussées par la foule venue voir des célébrités, n'importe lesquelles, du moment qu'elles sont connues.

— C'est qui ?
— Aucune idée.
— Alors, pourquoi tu la filmes ?
— On sait jamais.
— Regarde, c'est la fille de la télé ! Attendez, mais poussez pas !

L'air exaspéré sous ses lunettes noires, Blanche se fraye un chemin, écarte tout le monde de sa main tendue tandis qu'un drone tourne dans le ciel avec des airs de gros insecte maléfique. Certains la reconnaissent, plaquent l'écran de leur smartphone sur son visage. Elle fait mine de ne pas remarquer tout ça et laisse à Sylvain le soin d'éloigner les plus importuns. Les gens hurlent, de très jeunes filles sautillent, excitées. Plus que cinq jours, et tout ce cirque sera fini – l'hystérie, les dîners, les levers à l'aube, les shows qui s'enchaînent et lui donnent le tournis. Blanche est épuisée. Est-ce qu'elle vieillit ou est-ce ce calendrier qui n'est plus humainement tenable ? Sans compter l'injonction à filmer, monter, poster, ainsi que cette foule qu'il faut subir.

Il est près de 22 heures, et elle n'a rien avalé depuis son muesli du petit matin. Après ce défilé, il lui reste encore un rendez-vous à honorer. Comme elle, le reste du fashion circus s'engouffre à nouveau dans les berlines tandis que des centaines de badauds tâchent d'arracher des petits lambeaux filmés de ce royaume des rêves. Les chauffeurs discutent entre eux. Que peuvent-ils bien penser de tout ça, et de ces êtres étranges, irascibles souvent, drôles parfois, qui sortent et entrent sans relâche dans les habitacles, partent pour cinq minutes, reviennent avec des petits sacs de cadeaux, se remaquillent, s'exaspèrent des embouteillages, convaincus de faire partie du vrai monde ?

— Tu me remplaces pour le dernier show, lance Blanche à Sylvain.

Ce n'est pas une question, juste un fait asséné comme ça. Il ouvre de grands yeux. Ne demande pas pourquoi, hoche juste la tête.

— Déposez-le, et je vous dirai ensuite où aller, ordonne Blanche au chauffeur.

Tout en gardant le nez sur son écran, elle branche pour la dixième fois de la journée son téléphone au chargeur fixé à l'allume-cigare. Elle repense à ces trajets en voiture de son enfance. À ces cigarettes que son père allumait sans relâche avec cet effrayant objet qu'elle avait interdiction de toucher. C'était il y a un siècle. Tout comme ces virées nocturnes au Palace ou au Montana que la mode organisait en marge des défilés. Ce monde est devenu si raisonnable, songe-t-elle, tellement normé, soumis à la seule injonction du rendement et d'une forme de perfection assortie à un désir d'immortalité. On ne peut même plus s'amuser de cette frivolité.

— Programme-nous une conf' en visio demain à 8 heures, précise-t-elle à Sylvain.

— Personne ne sera levé, et puis la plupart des filles emmènent les enfants à la crèche ou à l'école à cette heure-ci.

— Tu te fous de moi ? Les cheffes de service ont toutes la cinquantaine. Quand est-ce qu'elles vont arrêter de nous enfumer avec cet argument à la con ? Leurs gosses vont au collège tout seuls depuis belle lurette. Quand ils ne bossent pas déjà. Renvoie-moi le chemin de fer, tous les papiers, les séries mode du prochain et des deux numéros suivants.

— On n'en a shooté qu'un.

— C'est une blague ? Tout est prêt pour le reportage backstage de lundi chez Balmain ? Vous avez calé Anne ? Il me faut un truc 360 qui buzze sur les réseaux. Une couverture de l'événement *never done before*. On est attendus au tournant.

— Oui, tout est prévu.

— Ralentissez, monsieur, c'est ici. Ensuite, on tournera à droite, ce sera plus simple. On ne va pas s'engager dans cet enfer de bagnoles.

Sylvain sait que le vocabulaire de Blanche fleurit à mesure que son stress augmente. Il se demande pourquoi elle sèche le dernier défilé, celui d'un gros annonceur qui plus est. Est-ce qu'il s'agit d'un homme ? Non. Ils ne passent jamais avant. Pas plus que sa vie personnelle, ni même une mammographie, qui a été reportée plusieurs fois pour d'obscurs impératifs professionnels, ce qui avait rendu Sylvain fou de rage parce que le magazine s'engage pour Octobre rose depuis plusieurs années. Faites ce que je dis, pas ce que je fais...

— Pas un mot sur mon absence.

— Et si on me demande où tu es ?

— Enfin... Tu ne réponds rien. Tu fais comme si tu n'avais pas entendu. Au pire, tu enchaînes sur un sujet malaisant pour ton interlocuteur. Syl, depuis combien de temps tu bosses dans la branche ?

Blanche prend une mine dépitée. Qu'a-t-elle bien pu apprendre à cet homme plus si jeune ? et aux autres ? Elle a beau être une bonne professionnelle, elle paraît être un piètre modèle... Des klaxons la tirent de ses pensées.

— Oh, merde ! Ça passe, non ?

— Oui, ça pourrait, répond le chauffeur en se décalant cependant de quelques centimètres.

— Allez, file ! Il ne manquerait plus que tu loupes le show. C'en serait fini d'*Attitude*, de nos salaires et de ceux de toute la rédaction.

Sylvain jette un coup d'œil dans le rétroviseur, rajuste sa veste à 2 300 euros, tire sur son jean, humecte son index pour lisser ses sourcils. Se tourne vers Blanche, l'interroge du regard avant de chausser ses lunettes noires. Il fait nuit dehors, il ne verra rien. Moins encore dans la salle qui accueille le défilé. La reine acquiesce d'un léger mouvement de tête.

— À demain, Blanche.

— Envoie-moi quand même tes vidéos, que j'aie l'air au courant. Je laisserai entendre que j'étais en standing parce que je suis arrivée trop tard.

— Yes !

— Ah... Sylvain ?

— Oui ?

— Tu es parfait, tu sais.

Il marque un temps d'arrêt. Il ne sait pas si elle parle de son allure, de sa veste, de son travail ou d'autre chose mais il reste sans voix. Avant qu'il ait eu le temps de répondre, Blanche a fait signe au chauffeur de démarrer.

La pluie s'est mise à tomber sur Paris. Le bruit s'engouffre un instant dans l'habitacle – les gouttes qui cognent sur la carrosserie, les talons qui claquent sur le sol, le crépitement des flashes des photographes venus immortaliser ces silhouettes faussement naturelles qui déambulent aux abords des défilés. Et puis la portière se referme, et le silence enveloppe de nouveau Blanche, qui a lancé le *live* du défilé auquel elle n'assistera pas. La salle est filmée en direct pour que tout le monde puisse le suivre comme s'il y était. Sauf qu'elle n'y est pas.

— Où va-t-on ?

— Au… Café de la gare. À Clichy. Attendez… Rue de Neuilly.

— À Neuilly ?

— Non, à Clichy.

Le chauffeur paraît circonspect. Il ne comprend pas. Tout ça sort de l'itinéraire habituel. De celui qu'il prend depuis une semaine pour *Attitude*.

— Vous êtes sûre ? insiste-t-il, inquiet.

— Oui.

Les lampadaires accrochent les gouttes de pluie dans leur halo, tout comme les néons des boutiques plus criards à mesure qu'ils s'éloignent du centre de la capitale. Blanche se plonge dans ses mails pour oublier où elle va. La maquette ne lui plaît pas. C'est trop convenu, déjà vu. Elle le résume en une phrase lapidaire.

La gare Saint-Lazare apparaît tandis que le véhicule s'arrête à un feu rouge et qu'un sans-abri s'en approche. Blanche entend le cliquetis discret du verrouillage des portes. L'homme est trempé, il tend la main. Le chauffeur lui fait signe de circuler, avec l'assurance de ceux qui s'en sentent le droit parce qu'ils viennent du même monde. Blanche sent bien qu'il aimerait engager la conversation, l'interroger sur son métier, lui lister toutes les célébrités qu'il a transportées, celles qui étaient avenantes et celles qui n'adressent la parole à personne...

— On est bientôt arrivés ?

— Waze annonce douze minutes, madame.

Blanche se demande si Waze prend en compte les embouteillages générés par la Fashion Week. Ils prennent la rue de Rome, qui lui rappelle ses cours de piano au Conservatoire. Elle songe que ce serait joli, une belle série mode avec des pianos. Des mains parées de bijoux sur les touches d'un Steinway. Avec de vraies femmes pianistes, peut-être. Les gens veulent du vrai. Du féminin puissant. Elle ouvre une note et écrit « Série piano joaillerie ».

Le store du café doit avoir trente ans. On y sent les intempéries, les années à s'enrouler et se dérouler à l'aube pour accueillir un nouveau flot d'habitués et de clients de passage. Ça fait des siècles que Blanche n'est pas entrée dans un tel établissement. À son arrivée, tous les regards convergent vers elle. Ses talons vertigineux, son blouson de cuir aux larges épaules, ses ongles laqués, ses dizaines de bracelets dorés et ses lunettes de soleil qu'elle retire parce qu'ici elles la gênent.

Blanche a conscience de son ridicule. Deux jeunes hommes jouent au flipper, trois autres plus âgés boivent des bières au comptoir, en compagnie d'une femme qui parle fort.

— Je peux m'asseoir ? demande Blanche d'une voix timide qu'elle ne se connaissait pas ; ou plus.

Le patron lui désigne une table près de la vitrine qui donne sur un mur triste non loin des voies ferrées. Le flipper émet un bruit mécanique, et par moment brutal. Les éclats de rire ont repris. La présence incongrue de Blanche, dont le chauffeur stationne au-dehors, est oubliée. Et puis la porte s'ouvre sur une silhouette floue, vêtue d'une cape de pluie informe qui cache les traits de sa propriétaire. Celle-ci se dirige droit vers Blanche, dont le cœur s'emballe sans prévenir. Pourtant Blanche n'a plus jamais peur. Cette sensation physique remonte à très loin.

La capuche se baisse. Elle sent son pouls accélérer tandis qu'apparaît le visage de Bonnie et, par-delà les traits de l'adolescente, celui de Simon.

Anne

Voilà huit jours qu'Anne n'a pas vu Suzanne. Dimanche midi, elle a pu déjeuner avec Brice, Tom et Daria mais la petite était chez Nine. Gérer les trois enfants est trop contraignant pour Brice. Elle clique pour la dixième fois sur la vidéo que sa sœur lui a envoyée. Suzanne qui contemple avec admiration sa cousine vêtue d'une robe de princesse. Et pour la dixième fois, son cœur se serre parce que sa fille lui manque. Son odeur de pain d'épice, sa façon bien à elle de prononcer les « s », ses petits bras potelés qui l'enlacent quand elle vient la sortir de son lit le matin. Tout ça lui paraît si loin.

Depuis New York, qui ne devait être qu'une escapade volée de plus, Anne ne s'est pas arrêtée. Son épisode outre-Atlantique a affolé les audiences. Lancées par les retrouvailles entre QueenAnne et la femme de l'avion, les aventures de cette *mum next door* française plongée dans l'univers impitoyable de la mode ont enthousiasmé le monde entier. Pourtant, rien dans ces vidéos à peine montées ne pouvait expliquer les raisons d'un tel succès. Mais chacun avait pu constater un engouement pour le milieu qu'on n'avait plus connu depuis les supermodels – la mode n'intéresse que les initiés, sauf quand elle est portée par des « figures concernantes », avaient déclaré certains analystes très inspirés de talk-shows américains avant que le phénomène ne fasse ricochet en France.

Avec plusieurs millions de spectateurs à chaque publication de QueenAnne, les acteurs de la Fashion Week n'allaient pas laisser filer comme ça un tel levier de visibilité. On le lui avait clairement fait comprendre. Ce coup de projecteur supplémentaire sur l'agence électrisait Myrtille. Qui avait même reçu un message de Bertrand Beaulieu en personne, la félicitant pour ce coup de génie, et son aptitude désormais reconnue à repérer les talents avant les autres. Aussi les deux femmes avaient-elles prolongé leur séjour new-yorkais de quelques jours.

Depuis six mois, Anne était pour ainsi dire emportée par un tourbillon qui lui avait fait tout oublier – sa vie sentimentale comme les soirées en famille, jusqu'à la gestion d'Irene, laissée à Lauren qui ne s'en plaignait guère malgré ses nombreux messages restés sans réponse tant Anne était exténuée en rentrant le soir.

Les éboueurs terminent leur tournée des Grands Boulevards avec un bruit épouvantable. Les cafés

Anne

ouvrent leurs portes et les serveurs disposent les chaises en terrasse. Anne descend du taxi qui est venu la chercher à 7 h 30. Une chance que Tom se soit réveillé à l'aube. Elle a pu profiter de quelques précieuses minutes avec son cadet devant un chocolat chaud.

Sur les pavés de la grande cour qui abrite le showroom de l'agence Ancel, elle fait claquer les talons des bottes de cuir toutes neuves sur lesquelles elle a enfilé la première robe venue – parce que Myrtille l'a prévenue, elle devra se changer en arrivant pour faire une publication. L'une des grandes maisons de Kronos avec lesquelles elle a signé un contrat attend d'elle une mention ce matin avant 9 heures avec une tunique brodée de sequins de la dernière collection, qu'elle s'est engagée à porter pour le défilé. Lauren l'attend devant la porte vitrée sur laquelle une plaque au nom de l'agence annonce fort discrètement qu'ici réside une grande partie du luxe parisien.

— Ah, mais on fait aussi un point sur Irene ? Je ne me souvenais plus, plaisante Anne en embrassant son amie.

— Merci...

Anne n'a jamais vu Lauren contrariée. D'ordinaire, elle est pleine d'énergie et affiche une bonne humeur que rien ne peut ébranler. Pourtant, ce matin-là, son visage accuse la fatigue ; elle a des cernes, un air las et même des racines apparentes – ce qui ne lui ressemble pas. Anne se demande à quand remonte leur dernière véritable discussion. Se sont-elles seulement raconté leurs dernières vacances ? Sa mémoire est encombrée de tant de choses. Élodie, la communicante senior en charge d'Irene, arrive, les bras chargés de viennoiseries.

— Entrez !

À peine a-t-elle poussé la porte qu'Anne et Lauren aperçoivent Myrtille déjà assise devant une immense table en bois, tel un sphinx inébranlable, son ordinateur portable couvert de stickers ouvert devant elle, tapotant des mails à un rythme métronomique.

— Un café ? On en a bien besoin, non ? propose Élodie qui se dirige droit vers une machine et plonge ses mains dans un saladier de capsules multicolores.

Anne est étonnée, elle pensait que l'agence avait signé une charte green, mais peut-être qu'elle a rêvé.

— Elles sont biodégradables, précise Myrtille, qui semble avoir lu dans ses pensées, avant de s'emparer d'une télécommande qui actionne le déploiement d'un écran sur lequel apparaît la première slide. Si ça va à tout le monde, reprend-elle, je propose cet ordre du jour. On commencera par tout ce qui concerne Irene, qui va nous être exposé par Élodie, afin de libérer Lauren après une première demi-heure. Puis on enchaînera sur QueenAnne. Il est 8 heures. Je mets une première

Anne

alarme à 8 h 30, une seconde à 9 heures, après la publi Kronos. Anne, tu dois être au Petit Palais à 9 h 30. Jade t'accompagnera pour prendre deux photos de toi. Une première où tu descends de la voiture – le constructeur a demandé d'apparaître sur ton compte. On n'a pu dealer l'extension d'horaires jusqu'à Viroflay que dans ces conditions. Tu dois être devant le logo. Jade est au courant. Sur une autre, il faut qu'on voie bien ton sac. Le mieux est de la faire dans la voiture sur le chemin. En revanche, qu'on ne voie rien de l'intérieur. On ne va pas non plus leur offrir de la visibilité sinon ils ne paieront plus. Faites d'autres essais dans la rue au cas où.

— Les cafés.

— Merci. Je veux bien du lait d'avoine, intervient Élodie. Je commence, si ça va à tout le monde.

Anne tente de croiser le regard de Lauren, qui ne sourit toujours pas. Une courbe vertigineusement ascendante apparaît pourtant à l'écran.

— Irene enregistre une croissance exponentielle. Les ventes à l'étranger ont quadruplé en quelques semaines. Comme celles du digital, ce qui va de pair. Portée par la notoriété de QueenAnne, la marque affiche des chiffres records mais peine à répondre à la demande.

— Oui, voilà. C'est très compliqué…

— Tu permets, Lauren ? Je continue si ça ne t'ennuie pas.

Anne aimerait intervenir mais elle se contente de poser la main sur l'avant-bras de son amie et associée, qui le retire aussitôt.

— L'urgence est de fabriquer rapidement afin de ne pas être déceptifs et, surtout, de surfer sur le succès dont on sait qu'il peut être volatil. Aussi a-t-on d'ores et déjà demandé à des développeurs externes de mettre en place une pré-commande, afin de capitaliser sur l'enthousiasme des internautes qui découvrent la marque et cliquent via les posts de QueenAnne ou d'autres talents à qui on a *gifté* des pièces de la dernière collection.

— Ce qui explique aussi la pénurie…, intervient Lauren.

— Veux-tu connaître les chiffres générés par une telle visibilité, Lauren ? Pour ce post de Liliinthecity, on a eu 150 000 vues, 8 000 clics et 800 commandes.

— Tentatives de commandes !

— Justement, c'est là qu'il faut réagir. Enfin, tu as bien conscience du rendement. Pour une pièce offerte à 600 euros, on obtient 800 achats. Tu voulais que je la garde sagement dans l'entrepôt jusqu'à ce que vos petites couturières du Cantal aient fini de renflouer les stocks ? Un mois c'est un monde.

— Très bien, mais tu proposes quoi ?

— Qu'on laisse tomber le Cantal pour produire en masse. Deux solutions. À la main en Inde ou en usines en Europe.

Anne 277

— C'est hors de question. Ça va à l'encontre de l'ADN d'Irene, de nos valeurs ! Enfin, Anne, dis quelque chose.

— Je... Élodie, il n'y a pas d'autres solutions, tu es sûre ? Dans quelques jours, je serai de retour au bureau. Je suis sûre que je peux gérer. Cette pauvre Lauren est toute seule depuis des mois à cause de tous ces partenariats, ces défilés. Mais je vais reprendre le travail.

— Tu seras très occupée, l'interrompt Élodie. Mais on verra ça en seconde partie de réunion avec Myrtille. D'ailleurs, j'attire votre attention sur le fait qu'il est déjà 8 h 21 et qu'on n'a déroulé que deux des dix slides à venir. Il faudrait cesser les interruptions si on veut avancer sereinement.

— Je crois que Lauren et Anne ont envie de creuser ce point, intervient Myrtille. On n'avancera pas sereinement avec des désaccords.

Lauren ouvre la bouche pour répondre, mais son sens de la hiérarchie la retient. À moins que ce ne soit la fatigue, la lassitude, le manque de communication des dernières semaines. Myrtille semble penser que les boomers n'arriveront jamais à rien avec tant d'états d'âme. Quant à Anne, elle était convaincue que la nouvelle génération accordait beaucoup d'importance au bien-être, à la santé mentale, à l'épanouissement personnel. À la planète, aussi. Mais visiblement le bonheur d'Élodie avait l'air de dépendre uniquement du rendement et de l'acceptation par autrui de ses seuls conseils et analyses de situations.

— Lauren, je te propose qu'on aborde ces points mercredi, reprend Anne. La Fashion Week se termine demain soir. On remettra tout à plat. On va prendre le temps de parler d'Irene, d'envisager des solutions qui nous ressemblent et d'utiliser à bon escient l'argent que gagne QueenAnne pour financer l'entreprise.

— Tu parles de toi à la troisième personne, maintenant ? marmonne Lauren en émiettant un morceau de croissant pioché dans la corbeille.

— Bien sûr que non. QueenAnne, ce n'est pas moi ! C'est... un personnage. Celui qui s'habille comme ça. Enfin, tu m'imagines avec ces bottes à la sortie de l'école ?

— Je pense surtout que ta famille aimerait t'y voir, à l'école, avec ou sans ces bottes.

— Tu es injuste.

— Peut-être. Je ne sais plus. Je suis fatiguée.

— Lauren, on est là pour vous aider. Il faut nous faire confiance, intervient Myrtille. Si tu veux, on peut se voir toutes les deux dans l'après-midi ? Attends... (Elle sort son téléphone et regarde son planning.) Vers 16 heures ? Tea time au Meurice ? Anne pourra même nous rejoindre si elle le veut, vers 16 h 30. Elle a un petit créneau avant Cardin. C'est bon pour tout le monde ?

Lauren ne répond pas. Elle paraît excédée puis finit par acquiescer, avant de prendre son sac, d'embrasser Anne et de saluer le reste de l'assemblée.

— Il est 8 h 29, Myrtille. Tu peux enchaîner directement sur la seconde partie, conclut Élodie avant de quitter à son tour la salle.

Blanche

— Ça fait longtemps que vous habitez ici ?

En sortant du café, après une bonne heure à tenter d'établir un dialogue malgré le bruit du flipper, la bière éventée et les ivrognes du comptoir qui lorgnaient sans vergogne le crop-top de Bonnie, porté sans soutien-gorge, Blanche a proposé à la jeune fille de poursuivre leur conversation chez elle.

Elle a allumé un feu dans la cheminée, apporté de la tisane servie dans des tasses en porcelaine à filet cobalt de Russie qu'elle ne se souvenait plus avoir achetées avec Simon avant de les déposer devant sa fille. Blanche est fascinée par ce visage. Ses canines pointues qui lui rappellent les premiers clichés de Kate Moss, les taches de rousseur sur son nez, ses sourcils parfaitement imparfaits, si différents de ces standards redessinés au tatouage que la plupart des femmes arborent aujourd'hui. Et puis la multiplicité de couleurs dans ses iris, comme dans ceux de Simon, qui la font chavirer. Instinctivement, Blanche vérifie que les fenêtres sont bien fermées. C'est idiot, bien sûr. Bonnie plonge sa main dans une boîte de chocolats que Blanche a reçue en cadeau d'une marque. Elle aimerait lui conseiller de faire attention, que les aliments avalés après la tombée de la nuit comptent double, qu'elle aura un mal fou ensuite à se débarrasser d'un kilo supplémentaire qui ne lui aura sans doute apporté que peu de plaisir comparé aux efforts qu'elle devra fournir pour le perdre. Mais elle se tait, parce que Bonnie sourit, les yeux aussi écarquillés que lorsqu'elle a découvert l'appartement de Blanche, les immenses photos de mode, le portrait de son hôtesse accroché au fond du couloir, les œuvres d'art disposées avec soin dans ce décor à la fois contemporain et douillet.

— Ta mère ne va pas s'inquiéter ?

— Ça ne risque pas, non.

— Pourquoi ? insiste Blanche, pas tout à fait sûre de vouloir entendre la réponse.

— Elle est morte, il y a deux ans.

— Je suis désolée.

— Ce n'est pas votre faute. Pas cette fois-ci en tout cas, ajoute Bonnie, sans oser regarder Blanche, qui serre sa tasse à s'en briser les phalanges.

— Veux-tu qu'on en parle ?

— Qu'est-ce que vous allez me dire ? Que vous n'y êtes pour rien ?

— Qu'est-ce que tu sais ?

— Qu'il s'est jeté d'un balcon. Que vous étiez là.

Une bûche s'effondre sous le poids de ses braises. La pluie continue de taper au carreau. Bonnie baisse les yeux. Elle est venue pour ce moment. Sans doute l'attend-elle depuis des années. Blanche doit se montrer à la hauteur. Elle ne pensait pas devoir évoquer de nouveau cet épisode qu'elle refoule chaque jour au fond de son âme. Lundi, cela fera quinze ans tout juste que Simon est mort à Étretat.

— Il n'allait pas bien, commence Blanche.

Bonnie ouvre la bouche pour répondre.

— Non, laisse-moi continuer. Je te promets de dire la vérité, mais tu dois me laisser parler.

Blanche se lève pour attraper un étui à cigarettes en argent. Elle n'a pas fumé depuis longtemps. Pourtant, elle retrouve instinctivement les gestes, et la fumée qui envahit sa gorge l'aide, semble-t-il, à continuer.

— Comme tu le sais, j'ai moi aussi rencontré ton père sur un salon du livre, où j'étais venue signer un ouvrage que j'avais coécrit sur Saint Laurent. Je ne connaissais rien à ce milieu – ce qui est toujours le cas d'ailleurs. Et ce milieu ne connaissait rien à la mode – ce qui était aussi le cas de ton père. Il était admirable. Un pur intellectuel. Tellement érudit. Curieux de tout, et même de moi et de mes petites futilités. Tout le monde – les « vrais écrivains », les historiens, les philosophes – me prenait un peu de haut pendant ce week-end.

Mais lui, non. On a été placés côte à côte le soir, et il m'a posé beaucoup de questions. Je ne savais pas du tout qui il était, et je n'avais pas pris le temps de me renseigner sur les invités de ce salon corrézien. J'ai été immédiatement séduite. Et je crois que ç'a été réciproque. Je te jure que je ne savais rien de sa vie personnelle. Encore moins qu'il allait avoir un enfant. Mais je t'avoue aussi que ça n'aurait rien changé. Cette rencontre m'a foudroyée. Comme dans les romans, les films à l'eau de rose ou les magazines féminins, tiens. Une aventure dont tout le monde rêve.

Bonnie s'est assise en tailleur devant la cheminée. Elle a posé ses mains sur le pare-feu. Les flammes dansent sur son beau visage. Blanche réprime un sanglot.

— Je ne sais pas si je devrais te raconter tout ça, mais je ne sais pas mentir, édulcorer, m'adapter à mon public, comme on dit. Et puis, je ne connais rien aux enfants. Après ce dîner, on ne s'est plus quittés. On n'est jamais sortis en public. Ton père ne voulait pas. Par respect pour ta mère, qu'il a rapidement quittée, comme tu le sais. Mais avec ma notoriété et la sienne, on nous aurait photographiés. Il y aurait eu des articles, des demandes d'interview. Il redoutait tout ça. Peut-être que cela m'aurait plu, j'étais tellement fière qu'un homme tel que lui s'intéresse à moi. Mais la question ne s'est pas posée. On se retrouvait dès que nos agendas nous le permettaient. C'est-à-dire trop peu à son goût. Il était tellement passionné. Tourmenté, aussi. Comme un enfant. Je ne sais pas faire, je te l'ai dit. Je n'ai peut-être pas pris la mesure de son sentiment d'abandon permanent, de ses démons. Il était suivi pour cela. Il était inconsolable d'être né sans parents. Pendant les périodes de défilés, il m'attendait jusque tard dans la nuit, inquiet. Il avait un mal fou à écrire. Ça m'a culpabilisée bien sûr, mais je n'aurais jamais arrêté pour un homme. Même pour lui. Ce métier, j'en rêve depuis que je suis toute petite. Je n'aurais jamais pu me regarder dans un miroir si j'avais cédé à son mal-être. D'ailleurs il ne me l'a jamais demandé.

« Et puis il y a eu l'été. Mon plus bel été. On a loué une petite maison sur une île au large de la Sicile. Sans voiture ni touristes. Il fallait monter sept cent quatre-vingts marches pour rejoindre notre paradis. On y est restés un mois. Rien que tous les deux. Je crois que, depuis, je sais ce qu'est le bonheur. J'avais emporté un sac de la taille d'un panier à provisions. On vivait nus ou en maillot de bain. Pour descendre au port, j'enfilais une tunique et des sandales. Je crois n'avoir même jamais répondu au téléphone pendant cette période – au grand dam de la rédaction. Mais c'était une autre époque, le magazine se vendait très bien. Les lectrices affluaient sans qu'on ait à se creuser les méninges ni à supplier une comédienne de nous faire l'honneur d'apparaître en couverture. Il n'y avait pas d'actionnaire... Mais je m'égare et tout ça ne te concerne pas mais ce que je veux dire, c'est que cet été-là a vraiment marqué la fin d'un tout. De mon monde, bien sûr, mais d'un monde tout court. Peu de temps après, il y a eu la crise. La presse a perdu de son pouvoir. La pression est devenue énorme. Carla est entrée à l'Élysée. Saint Laurent est mort, et avec lui l'idée d'un sixième Art. La mode est alors devenue une véritable industrie. Partout on parlait chiffres. La cadence des collections a redoublé, exigeant toujours plus de ventes, de visibilité, de rendement. J'ai rapidement été submergée de travail. Cette rentrée-là, ton père sortait *Un appel en absence*. Ce roman qu'il considérait comme son plus beau. Il était sur toutes les listes des prix. L'avenir nous tendait les bras.

Blanche remet une bûche dans la cheminée. Son téléphone ne cesse de clignoter de dizaines de notifications mais elle n'y prête pas attention. Silencieuse, Bonnie boit les paroles de cette femme si frêle, recroquevillée sur son canapé et enroulée dans un plaid Dior, ses orteils parfaitement vernis dépassant à peine.

— Je suis tombée enceinte. Je l'ai appris pendant la Fashion Week de septembre. J'étais plus fatiguée qu'à l'accoutumée. Je me suis même endormie pendant le défilé Chanel.

Blanche laisse échapper un petit rire dissonant auquel Bonnie ne répond pas.

— J'avais quarante-trois ans. Je n'avais jamais voulu d'enfant. À l'époque, ça ne se faisait pas de le dire. Aujourd'hui, les femmes peuvent choisir de faire ce qu'elles veulent de leur corps. Choisir de devenir mère ou non selon ce que la vie leur permet, ou ce que leur envie leur dicte. Mais à l'époque, on me regardait comme un monstre d'égoïsme. Certains me demandaient si je ne pouvais pas en avoir. Beaucoup me disaient que j'allais regretter d'avoir fait passer ma carrière avant cela. On me conseillait d'adopter, arguant qu'avec tous les voyages que je faisais ce ne serait pas très compliqué de rapporter un enfant du bout du monde. Bref, beaucoup de conneries d'un autre âge. Mais j'étais bien, sûre de moi. Alors, quand le médecin me l'a annoncé, je n'ai pas sauté de joie.

— Vous avez avorté ?

— Non. J'ai attendu la fin des shows. Et puis j'en ai parlé à Simon. Il était fou de joie. Ça faisait de nous de vieux futurs parents mais il trouvait ça merveilleux que notre amour se concrétise comme ça.

— Quand je pense que ma mère était enceinte de moi au même moment.

— Est-ce qu'elle l'avait prévenu ? s'enquiert Blanche, sans doute trop brutalement, parce que la question lui brûle les lèvres depuis que Bonnie a pris contact avec elle il y a quelques jours.

— Non. Elle voulait attendre que je sois née. C'est ce qu'elle m'a dit.

Blanche se lève. Délie sa silhouette gracile. Sans ses talons, elle paraît minuscule. L'heure tardive imprime des sillons sur son visage. Elle fait bien son âge, doit se dire Bonnie. Elle est belle, pourtant. Elle ouvre la porte-fenêtre donnant sur la petite terrasse face à la tour Eiffel qui s'est mise à clignoter, dans une danse joyeuse inopportune. Il est des chapitres de son existence qu'on aimerait enfouir à jamais, des remords, des « et si » qui vous bloquent pour avancer. Bonnie est venue déterrer ces ombres qui la hantent depuis quinze ans. Qui viennent la réveiller la nuit, même au bout du monde, lorsque les anxiolytiques ou la mélatonine ne suffisent pas à tapir ces douleurs sourdes qui sont comme des boulets de prisonnier. L'air est encore frais. Il y a quinze ans à la même époque, on sortait les collants, les fourrures et les salomés en cuir. Aujourd'hui, on brûle. Est-ce que j'ai participé à cela ? se demande Blanche.

— Puis on s'est enfoncé dans l'automne. *Un appel en absence* a peu à peu disparu des listes. Les ventes n'étaient pas fameuses non plus. Quant aux critiques, ils avaient semble-t-il décidé de faire la peau à leur romancier chouchou que beaucoup jugeaient coupable de frayer avec le « show business » – malgré nos efforts pour rester discrets. Ça l'a rendu malade. Il ne riait plus, ne sortait plus, ressassait sans cesse. Boostée par les hormones et ce bébé que, contre toute attente, j'avais rapidement intégré à notre avenir, je faisais tout pour le réconforter. Il y aurait d'autres romans, plus beaux encore. Notre enfant, des Noëls, des étés. Une nouvelle vie

Blanche

nous attendait, on était encore jeunes après tout, on s'en fichait de tout ça. Des honneurs, du pouvoir. Oui, ce bébé viendrait faire taire nos douleurs à tous les deux. Mon ventre s'arrondissait. La grossesse commençait à se voir, et j'étais tiraillée entre une fierté immense et la honte de ce corps qui enfle. La mode est cruelle. Elle l'était à cette époque, en tout cas, pour les femmes qui n'entraient pas dans la norme d'une minceur extrême.

— C'était vraiment n'importe quoi ! lance Bonnie en reprenant un chocolat, avec un air de défi.

— Probablement. Enfin, chaque période de l'Histoire a eu ses canons de beauté. Mais tout ça n'a pas d'importance. Ce que je veux te dire, c'est que malgré cette famine que je m'imposais depuis des décennies pour répondre à l'image qu'on attendait de Blanche de Rochefort, je m'en suis moquée du jour au lendemain. Tout se modifiait en moi et autour de moi, et ça ne me déplaisait pas. Jusqu'à cette première échographie. Simon m'accompagnait. On était heureux, on se tenait par la main. La femme médecin était gentille, elle se réjouissait pour nous, sans nous juger. Et puis elle m'a priée de m'allonger sur la table d'examen, elle a recouvert mon ventre de gel et posé la sonde. J'ai souri à Simon avant de me tourner vers l'écran, pour y voir notre enfant. Mais la femme médecin ne souriait plus. Elle ne disait rien. Je pense que j'ai compris tout de suite. Puis elle m'a demandé de me rasseoir à côté de Simon et nous a dit à tous les deux qu'elle était désolée, que le cœur s'était arrêté, que c'étaient des choses qui arrivaient. Lorsque j'ai voulu savoir si c'était à cause de mon âge, elle a secoué la tête. Peut-être, mais peut-être pas. Selon elle, on pouvait toujours réessayer, il y avait encore de l'espoir. Mais on n'entendait plus rien.

« On est sortis le cœur lourd. Simon ne parlait pas. C'était mon premier très grand chagrin. Je me sentais si vide, avec ce petit enfant mort au fond de mon ventre, cet enfant qu'on avait tellement espéré. Quelques jours plus tard, on m'a opérée. J'étais dévastée. J'ai refusé que Simon vienne avec moi. Le soir même, je partais à Séoul avec une maison horlogère. J'avais besoin d'oublier, de mettre des kilomètres entre cet épisode et moi, de recouvrir de faste et de rêve un quotidien que j'avais voulu approcher, mais qui ne m'avait finalement offert que déception et souffrance. Cette "vie normale" n'était pas pour moi.

« Et puis, je voulais aller de l'avant. De son côté, ton père s'enfonçait. Il ressassait l'échec de son roman, notre échec à tous les deux avec cet enfant, il avait des idées noires et je n'ai pas voulu sombrer avec lui. J'ai pensé qu'en me sauvant moi, je pourrais mieux le sauver. Comme ces masques dans l'avion qui tombent, et qu'on demande à la mère de mettre en premier pour s'occuper de son enfant. Alors j'ai fait beaucoup de déplacements pour des shootings, des lancements, des dîners.

Je lui ai proposé de m'accompagner parfois, il a toujours refusé. Et puis il y a eu la trêve de fin d'année. Les numéros étaient bouclés. Ceux de janvier ont moins d'importance. Il n'y a presque pas de publicité, moins d'enjeu. Chacun part dans sa famille, même les dirigeants. Les bureaux de presse ferment, ainsi que les showrooms des grandes marques. Le monde entier se recentre sur sa famille, met le business entre parenthèses. J'ai loué une chambre dans ce grand hôtel face à l'océan. On s'était habillés très chic pour y dîner le soir du 31. Simon avait l'air d'aller mieux. Il avait commencé un nouveau livre, semblait reprendre goût à la vie. On a passé une belle soirée. On a beaucoup bu, évoqué notre avenir, dansé dans la grande salle de bal jusqu'à minuit. On s'est embrassés en même temps que les autres clients tandis que des feux d'artifice crépitaient sur la plage. On est remontés dans notre chambre. On a...

Blanche hésite, observe Bonnie. Est-ce qu'elle doit continuer ? Que dit-on à une jeune fille de seize ans ? À cet âge-là, elle vivait déjà à Paris avec un photographe de trente ans, sortait aux Bains Douches et buvait plus que de raison. Mais Bonnie a l'air si jeune. Elle n'arrive pas à superposer son image à celle qu'elle était alors. Ça lui paraît ahurissant.

— ... fait l'amour ? Vous pouvez le dire. Je ne suis plus une gamine.

— Oui, on a fait l'amour. Et je me suis endormie. Au milieu de la nuit, j'ai été réveillée par un courant d'air glacial. Simon avait ouvert la fenêtre de cette chambre que j'avais réservée au dernier étage. Ce sont toujours les plus belles.

Blanche réprime un sanglot. Elle n'a jamais pleuré devant personne. N'a jamais raconté cet épisode de sa vie non plus. À part à la police.

Elle revient dans l'appartement, attrape son paquet de cigarettes – des Dunhill au paquet bordeaux, sans message alarmiste ou photo choc, qui doivent avoir plus de vingt ans –, en allume une nouvelle, grimace, ferme les yeux, passe la main dans ses cheveux chahutés par le vent tiède. Puis elle reprend :

— Il était monté sur la table, face à la mer. Je ne voyais que son dos. Je me souviens m'être dit qu'il allait avoir froid. J'ai voulu l'appeler pour qu'il revienne vers moi. Mais je n'ai pas eu le temps. La seconde d'après, il avait disparu.

Une épaisse fumée sort de la bouche de Blanche tandis qu'elle laisse se consumer sa cigarette dans la nuit. Son regard est vide. Elle ne voit plus Bonnie, seulement la tour Eiffel illuminée. À moins que, sans ses lunettes noires, elle ne distingue qu'un beau halo flou, ce qui lui convient fort bien. Parce que le réel est trop désespérant.

Un long silence est tombé sur la pièce. Seulement rompu par le moteur des rares voitures qui traversent le quartier et des klaxons au loin vers le Champ de Mars. Soudain un bourdonnement sur la table brise le silence. Et la lumière de l'écran qui clignote vient supplanter le passé pour la ramener du côté de la vie. Peut-être pour la sauver, qui sait. Elle hésite. Lance son mégot dans la nuit. Puis tend le bras.

— Oui, Sylvain ? Non ! Raconte.

ACTE III

Myrtille

C'est fou ce qu'on peut accumuler dans un lieu en trente ans de vie. Myrtille observe les cadres photos, joliment disposés sur de petits guéridons. Les clichés sont tous anciens – parce que aujourd'hui on a beau faire des milliers de photos, on ne les imprime plus. On y voit Cerise et elle riant aux éclats, même frimousse, coiffure toujours différente – Myrtille y a toujours tenu, au grand dam de sa sœur –, regards remplis d'une candeur qui les a forcément quittées l'une et l'autre. Damien est là lui aussi, de cinq ans leur aîné. Sérieux, comme à son habitude. Comme papa et maman. Elle a toujours été le vilain petit canard de cette tribu d'intellectuels en cardigan. Si elle ne ressemblait pas tant à sa sœur, Myrtille aurait probablement cru à une négligence à la clinique. D'où lui venait ce goût pour les paillettes, les froufrous, le spectacle ? La bibliothèque est pleine d'ouvrages lus et relus, des Pléiade héritées de grand-papa. Ses parents se sont installés dans ce vaste appartement bourgeois de la rue Damrémont lorsqu'ils se sont mariés et n'en ont plus jamais bougé. Damien, puis Myrtille et Cerise sont venus grossir les rangs de ce noyau grandi à l'ombre du Sacré-Cœur dans le respect du savoir et d'une laïcité souveraine. Les prénoms de leurs jumelles sont la seule fantaisie que s'est accordée ce couple sans histoire, fier de ses aînés passés par Normale sup pour l'un, Polytechnique pour l'autre. Oh, ils auraient bien pu devenir agrégés ou même professeurs au collège, on n'aurait rien trouvé à y redire. Mais enfin…

Myrtille s'est juré de ne pas céder au sentiment, qui l'emporte un peu plus chaque jour, de décevoir les siens. Il est déjà rare qu'elle trouve un moment pour venir les voir, alors elle veut que celui-ci soit joyeux, léger. Elle refuse de reprendre le métro avec une boule dans la gorge, d'autant que sa valise l'attend chez elle. Dans quelques heures, elle sera à Bombay pour une visite d'ateliers de broderie avec un de ses talents venu filmer les femmes indiennes – un voyage qui la fait rêver depuis longtemps. Alors, elle ne veut pas qu'on lui gâche la fête. Et puis, c'est l'anniversaire de leur père aujourd'hui. Soixante ans. Ça lui paraît si vieux, mais Myrtille songe que c'est l'âge de Brad Pitt ou de Tom Cruise. Ça la fait rire intérieurement parce qu'elle doute que cette comparaison enchante Alain Castan, qui préférerait qu'on l'associe aux figures de Romain Gary ou Arnaud Desplechin.

Par ailleurs, Cerise viendra accompagnée de son petit ami Nicolas, que personne n'a jamais rencontré sauf Myrtille qui a eu l'honneur d'un café en sa compagnie, non loin de l'hôpital Necker où le jeune homme achève son internat. Encore une case de cochée, ne peut s'empêcher de penser Myrtille, qui à ce jour ne sait même plus si elle est attirée par les filles, les garçons ni par qui que ce soit tant le travail a envahi sa vie.

Maman a ouvert la fenêtre en grand pour donner un « air de vacances », dit-elle, à ce salon qui ploie sous la culture, la poussière et les souvenirs. Elle a mis une belle robe, demandé à Myrtille si ça ne faisait pas « trop ringard ». La jeune fille aurait pu prendre ces questions pour ce qu'elles étaient – un intérêt et un appel à son expertise –, mais elle s'est braquée. « Qu'est-ce que j'en sais ? Mais oui, maman c'est très bien. » Tout le monde presse Nicolas de questions, le pauvre, pendant que Myrtille se gave de noix de cajou qu'elle engouffre avec frénésie. Même Damien, qui ne voit jamais rien, lui fait les gros yeux, l'air de dire « Tu n'auras plus faim, ça va faire de la peine à maman ». De toute façon, elle fait tout de travers. Elle n'a même pas été reçue à Esmod.

Papa parle des films sur les médecins. Est-ce que l'hôpital est vraiment comme ça ? « Ce n'est pas du grand cinéma, ajoute-t-il, mais c'est amusant. Instructif. » Nicolas sourit poliment. Cerise tente d'agripper le regard de sa sœur. Elle sent bien quand elle va mal. Elles sont liées, c'est idiot mais c'est comme ça.

— Mais Myrtille le connaît, je crois ! Hein, Myrtille ? Il te suit, Thomas Litli ?

Myrtille voit tous les regards converger vers elle et celui, affolé, de maman qui manque de faire tomber ses gougères sur le tapis râpé. La jeune fille s'en veut parce que, pendant une minuscule seconde, elle songe que les gougères, c'est dépassé, *so eighties*, démodé. Et elle s'en veut tellement qu'elle aimerait prendre sa mère dans ses bras pour l'avoir un instant placée sur cette ridicule échelle de valeur du style. Et pourquoi sa mère n'aurait-elle pas raison ? Pourquoi n'aurait-on pas le droit de manger des gougères, après tout ? Au lieu de cela, elle devient odieuse.

— C'est Lilti. Thomas Lilti, déclare-t-elle. Pas Litli.

Silence. Myrtille engouffre une gougère.

— Ma chérie, cet homme te suit ? demande maman, inquiète.

Nicolas manque de s'étouffer avec son champagne. Cerise lui tapote le dos en souriant. Damien et papa ne comprennent rien de ce qui se passe.

— Mais non, maman. Enfin, si ! Il la suit sur Instagram. Il est abonné à ses activités ! Ça veut dire qu'il regarde tout ce que fait Myrtille.

— Ah bon ? Et pourquoi donc ? s'enquiert papa, manifestement très intrigué.

— Bah, je sais pas. J'imagine qu'il s'ennuie à crever, répond Myrtille, excédée.

Cerise la fusille du regard.

— Papa ! C'est passionnant de suivre Myrtille, tu devrais le faire. Et puis comme ça, vous sauriez toujours où elle est, vous qui vous plaignez tout le temps de ne pas la voir. Moi, je suis hyper fière. Toutes mes copines la followent. Elles sont fans.

— Fan…, répète papa, pensif.

Maman se lève, visiblement tendue. Elle époussette des miettes imaginaires sur sa robe qu'elle semble juger définitivement ringarde. Demande qu'on passe tous à table. Le gigot est prêt. Elle y a consacré un temps infini. Il est certainement trop cuit, car comme chacun sait elle n'est pas un cordon-bleu. Tout le monde la gronde poliment mais si, c'est certainement excellent. Mais non, mais non, vous verrez. Cerise prend Myrtille à part.

— Qu'est-ce que tu as ? Pourquoi tu es toujours sur la défensive ? On ne peut pas passer un bon moment tous ensemble ? Et tu as pensé à Nicolas ?

Le reste du déjeuner se déroule relativement bien, hormis les centaines de notifications que Myrtille voit affluer sur son téléphone, et auxquelles elle se retient de répondre malgré leur probable urgence. La grande maison qui les emmène à Bombay, QueenAnne, Lauren Marsac la directrice générale d'Irene et elle, a certainement des questions.

Veulent-ils s'assurer que tout est bon de leur côté, qu'elles se sont enregistrées, qu'elles seront bien à l'atelier demain à l'heure dite ? Une centaine de femmes les attendent. Elles sont très excitées par ce reportage qui mettra en lumière leur travail. Pendant des siècles, ce sont les hommes qui ont été brodeurs en Inde – pays où les violences sexistes et sexuelles sont dévastatrices. Cet éclairage sur leur travail est essentiel pour elles. Le *Harper's Bazaar* a prévu un photographe sur place, pour un six pages dans le prochain numéro. C'est un énorme coup pour Fruits défendus. Comment leur expliquer tout cela, alors que Damien achève un discours nébuleux censé les renseigner sur sa prochaine thèse et que papa continue d'interroger Nicolas sur les contraintes budgétaires de l'hôpital public ?

— Et ces pauvres enfants, non mais je vous jure. Il faudrait vraiment que le gouvernement se penche sur la question et réinvestisse dans l'éducation et la santé. On vit une époque pas possible.

— Ça n'est pas trop difficile de manger avec des ongles pareils ? demande maman à Myrtille tandis qu'elle fait glisser dans sa bouche un morceau de comté, coincé dans la laque rose et diamant.

— Bon, assez parlé de choses fâcheuses, intervient Nicolas. Et toi, Myrtille, où vas-tu ces prochains jours ? Les Baléares ? Los Angeles ? Sydney ? On n'arrive plus à te suivre, tente gentiment le jeune homme alors que maman est partie chercher le gâteau, talonnée par Cerise.

Silence.

Myrtille aimerait le rompre avec le sourire. Oui, elle sent que ce Nicolas veut bien faire, sans forcément se moquer d'elle ni mettre au jour l'évidente futilité de sa vie que beaucoup peinent à qualifier de « professionnelle ». Mais elle n'y parvient pas. Les larmes lui montent aux yeux. Ses ongles lui semblent grotesques, tout comme ses cils recourbés grâce à une technique révolutionnaire qui les ourle pour des semaines et offre un gain de temps considérable aux femmes d'affaires comme elle. C'est ce que lui a vanté l'esthéticienne chez qui elle s'est rendue sur les conseils d'une fille formidable brûlée sur une partie du corps et qui emploie aujourd'hui son influence pour communiquer sur son parcours et redonner du courage à plein de gamins comme elle. Myrtille a beau savoir ça, elle se sent nulle. Ridicule, même, dans son pantalon corsaire dernier cri (« Tiens, le pantacourt revient à la mode ? » a demandé Damien) et ses mules de cagole. Peut-être qu'elle n'a plus rien à faire avec eux. Peut-être s'épanouirait-elle mieux parmi ceux qui trouvent qu'elle bosse bien, qu'elle est admirable.

Alors elle se lève, embrasse son père, lui souhaite un bon anniversaire, prend congé de Nicolas, attrape son sac Jacquemus avant de le reposer en disant « Tu le donneras à Cerise ? Je sais qu'elle en rêve », et part en tirant doucement la porte. Elle avait promis de ne pas faire d'esclandre.

Anne

Le showroom est immense. Blanc, sous une verrière qui laisse passer les rayons du soleil. L'agent immobilier le leur a promis : elles pourront bénéficier toute l'année d'une luminosité folle, absolument parfaite pour la mise en valeur de ses créations. Aujourd'hui, Irene a son *flagship* sur les Champs-Élysées et ses bureaux longent un rooftop d'où l'on pourrait presque toucher du doigt le sommet de l'Arc de Triomphe. « C'est dire si ces locaux ont un bon karma », avait ajouté l'agent tandis qu'Anne et Lauren parcouraient les lieux avec intérêt.

C'est Marcel qui leur a suggéré de déménager les locaux de la marque à Paris. À la demande d'Anne, l'agence a énormément travaillé sur la stratégie de la maison. Anne préfère dire « maison », désormais. Peut-être ajoutera-t-elle ce terme aux prochains dossiers de presse. « Maison Irene. » Ça la placera au-dessus du lot de la moyenne gamme. Elle a insisté pour garder tout le savoir-faire en

France, sauf les broderies, qui sont réalisées en Inde. Après tout, c'est leur spécialité, et les femmes y sont de plus en plus représentées. Anne y est allée avec Lauren et Myrtille. Pendant une semaine, elles ont été logées à l'Oberoi, en front de mer de Mumbai. Un voyage hors du temps qui les a beaucoup rapprochées.

Là-bas, Anne avait renoué avec le plaisir du travail manuel, de l'art. Elle avait beaucoup dessiné, nourri son imaginaire, rêvé une prochaine collection qui lui était venue comme ça, en quelques jours et une centaine de pages griffonnées sur un carnet de croquis. Les posts, les stories, les photos, les likes et les réunions pour évoquer les collections capsule – des lignes thématiques en série limitée, que les clientes adorent – et autres partenariats plus ou moins heureux avaient été engloutis sous cette eau fascinante qu'elle contemplait chaque matin à son réveil. Lorsqu'Anne avait suggéré de reverser à une école de jeunes filles une partie des bénéfices de la vente des pièces fabriquées en Inde, Myrtille avait argué qu'il faudrait alors communiquer dessus. Car céder à une telle philanthropie sans le faire savoir ne servait à rien, d'autant qu'on risquait de lui reprocher de délocaliser sa production en catimini. Irene ne pouvait pas garder un nom aussi français et faire fabriquer à l'étranger.

À leur retour, Anne avait provisoirement mis entre parenthèses ses activités d'influenceuse, acceptant un maximum de cinq obligations quotidiennes, qui ne lui prendraient pas plus d'une heure par jour. C'est pourquoi Lauren et elle avaient alloué un poste d'Irene Inc. à un jeune homme dynamique en contrat de professionnalisation chargé de filmer, photographier, monter des contenus destinés aux réseaux sociaux d'Irene. Ceux destinés à QueenAnne continuaient d'être gérés par les équipes de Myrtille – Anne gagnait ainsi un temps fou pour se consacrer à sa prochaine collection et à ses proches, lesquels s'obstinaient à communiquer avec elle via les réseaux sociaux, commentant chacune de ses activités et même ses repas.

Au milieu du loft, un fond a été dressé, enroulé sur deux pieds de fer, clipsé par des pinces. Un assistant finit de disposer plusieurs parapluies et spots de lumière qui diffusent une chaleur déconcertante. Les blouses, pantalons en maille de coton, robes, chapeaux de paille, shorts, jupes longues, midi, courtes, passent entre les mains d'un assistant styliste qui les défroisse sans relâche, steamer en main d'où s'échappe une épaisse vapeur d'eau. AirPods dans les oreilles, il traque le moindre pli en se trémoussant gaiement. Plus loin, devant un grand miroir auréolé d'ampoules, une enceinte diffuse des *hits* à la mode que le photographe sélectionne avec soin sur son iPhone tout en jetant des regards courroucés à la mannequin bulgare elle-même absorbée par l'écran de son téléphone.

— Je peux vous parler ? demande-t-il à Anne, qui n'est plus habituée à ce qu'on la vouvoie – car, dans ce milieu, une telle marque de déférence ne se fait pas.

— Oui ?

— La fille, là. Ça ne va pas du tout.

— Ah bon ? Pourquoi ? Lauren, tu peux venir, s'il te plaît ?

— Je ne sais pas. Elle a zéro expression. Vide, rien.

— Elle est très jolie, intervient Lauren. On a passé trois semaines sur ce casting, je ne comprends pas. Je vous ai envoyé des dizaines de packages. Chaque fois, ça ne vous convenait pas. J'ai demandé des polas, on est allés sur les comptes Insta pour vérifier qu'elles n'avaient pas grossi, ne s'étaient pas coupé les cheveux, n'avaient pas posé nues.

— Eh bien, justement, c'est peut-être ça le problème. Les polas ont été retouchés, ça se voit. Comme les trous dans le nez que les piercings ont laissés. Cette fille n'a aucun chic. Et puis je n'aime pas sa bouche.

— Pardon, mais on pourrait peut-être s'éloigner, non ? Je pense qu'elle nous entend, fait remarquer Anne.

— Oh, ces filles-là, elles ont l'habitude, objecte le photographe. C'est leur métier. Si elles ne veulent pas qu'on parle de leur physique, il faut en changer. Quant aux agences, il vaudrait mieux qu'elles arrêtent de mentir sur la marchandise. On n'est pas sur Tinder. On bosse, merde ! Dites au make-up artist qu'il peut arrêter les frais. Moi, je ne la shoote pas. Hors de question que mon nom soit associé à ça, grommelle-t-il en désignant avec dédain le set, la fille et l'équipe dans son ensemble.

— On revient, lance Anne, excédée, en tirant Lauren par le bras.

Elle entraîne son amie dans la petite véranda qui mène au showroom, où elles ont disposé un banc, une table en teck et une jolie balancelle pour y prendre leurs déjeuners, y faire des photos et accueillir les pauses vaporette des stylistes et autres journalistes venus découvrir les collections.

— C'est qui ce connard ?

— Un grand nom. Il a fait la campagne Felicita. Il sélectionne ses projets, n'en fait que quelques-uns par an pour le milieu en dehors de ses expos. C'est une chance incroyable de l'avoir, Anne. Ça va faire le buzz. Tu n'imagines pas le temps que ça a mis pour l'avoir. Blanche a énormément poussé. Et pourtant, Dieu sait qu'elle t'en veut d'avoir pris son ancienne styliste pour agente. Tu savais que Myrtille était partie comme ça, sans préavis de chez *Attitude* ? Ah, ces jeunes, je te jure… Bref, elle sera plus que furax si tu te débarrasses de lui, j'ai eu un mal fou à la convaincre de nous laisser faire la direction artistique de la campagne.

— Oh, mais je n'en peux plus de ces gens. De leur ego à gérer, leur notoriété, leur hiérarchie virtuelle. Et puis cette façon qu'il a, ce photographe, de s'adresser aux autres. Il n'était pas acté qu'on en avait fini avec ce genre d'individus dans le monde de la mode ?

— Il est de l'ancienne école, tu le vois bien.

— Effectivement, il ne date pas d'hier. D'ailleurs, tu as bien fait de le vouvoyer, ça l'a rendu fou, tu as vu ?

— Bien sûr ! s'esclaffe Lauren. Ah, tiens, voilà Blanche justement.

Sous une grande chapka en fausse fourrure, lunettes noires, denim large, bottines aiguilles et manteau Max Mara, Blanche de Rochefort s'avance, souveraine. Elle est accompagnée d'une jeune fille en veste de daim seconde main, besace d'étudiante et cheveux courts. On peut dire que le duo détonne.

— Albert est là ? demande Blanche sans saluer personne.

— Bonjour, Blanche, répond Anne. Et bonjour... ?

— Bonnie, précise la jeune fille, dévoilant un sublime sourire aux canines mutines qui met tout le monde d'accord.

Elle tend la main vers Lauren et Anne, qui fond devant tant de candeur au milieu de toutes ces tensions. À peine ont-elles eu le temps de se présenter que Blanche ressort du showroom, sans sa chapka mais manifestement courroucée.

— Qu'est-ce que c'est que cette fille ?

— Je la trouve très bien, moi, réplique aussitôt Anne, qui commence à trouver qu'on empiète un peu trop sur son libre arbitre, ses choix pour sa marque.

— Elle est *useless*, lance Blanche sans la regarder. Albert refuse de shooter si on la garde. Lauren, j'imagine que tu as expliqué à Anne qu'il était inenvisageable de changer de photographe ?

Lauren hoche la tête, dépitée.

— Anne, il faut que tu fasses fi de tes émotions. C'est du business, tu comprends ? Je vous avais dit de prendre un directeur de casting. Cette fille s'en remettra, tu sais ? C'est son boulot d'être jugée, acceptée ou refusée. Elle signe pour ça. Si ça lui fait trop de peine, il faudra qu'elle change de métier. Toi en revanche, ta marque peut être complètement impactée, en bien comme en mal, par les images de la campagne. C'est une opportunité en or que je t'offre en demandant à Albert de la signer. Et si on doit repousser le shoot, on le fera.

— Attention, on a pris la C4 sur le spécial nouveaux créateurs, intervient Lauren. Il sort dans un mois et demi. On doit livrer les éléments avant la fin de semaine. Albert avait accepté de faire ses retouches en urgence pour coller au calendrier. On n'a pas le choix. On doit shooter aujourd'hui.

— C'est quoi la C4 ? s'enquiert Bonnie.

— La publicité au dos du magazine, explique Blanche, déjà occupée à chercher qui, dans son ten réseau taculaire, pourrait les tirer de ce mauvais pas. C'est la plus demandée, avec la double d'ouverture du mag. Celle qui reste sur les tables des gynécos, des coiffeurs, des chirurgiens esthétiques. Celle qu'on a sous les yeux tout le temps dans le salon de la baraque des vacances, celle sur laquelle on épluche les légumes et qui vous rentre dans le cerveau sans qu'on s'en rende compte. La place du roi, quoi.

— Bon, on fait quoi ? rugit Albert en sortant du showroom, suivi par la mannequin méconnaissable, son minuscule visage démaquillé enfoui dans un grand bonnet, le corps recouvert d'une parka immense, leggings noirs, baskets de course, sac à dos, casque sur les oreilles.

— *Bye bye*, lance-t-elle avec un petit sourire.

Elle ne semble clairement pas vexée.

— J'ai eu l'agence. Il faudra régler la demi-journée. 500 euros. J'ai dit que vous seriez...

Albert laisse sa phrase en suspens. Il fixe Bonnie qui mâche un chewing-gum en jouant avec la guirlande lumineuse accrochée aux arbres de la véranda.

— Qui est-ce ? murmure-t-il.

Lauren et Anne interrogent Blanche du regard. Elles aussi aimeraient savoir qui est cette adolescente même pas lookée qui accompagne la papesse de la mode parisienne.

— Ma nièce, répond Blanche.

— Je ne savais pas que tu avais une sœur. Ou un frère ? s'étonne Anne.

— On s'en fiche, intervient Albert, qui connaît le dégoût de Blanche pour tout ce qui touche au partage de sa vie privée. C'est elle.

— Elle quoi ?

— C'est elle qu'il nous faut. La *new face*.

— Enfin, Albert, proteste Blanche.

— Je suis très sérieux.

— Mais elle est bien trop... imparfaite.

— Justement ! Blanche, souviens-toi de Kate Moss. Ses polas ont été retrouvés dans le *maybe drawer*.

— Qu'est-ce que c'est ?

— Le « tiroir des peut-être », murmure Blanche. Là où on entrepose les profils des filles ordinaires qui ne risquent pas de faire carrière.

— On voit ce que ça a donné. Qu'est-ce qu'on disait à l'époque ? Qu'elle était trop petite, trop maigre, pas assez *glamazone* ni *bling*. Et pourtant, The Face a osé la mettre en une pour se reconnecter à la nouvelle génération. On a vu ce que ça a donné. Et Laetitia Casta, à qui on a conseillé de se refaire les dents...

— Oui, oui. Je pense qu'on a compris. Mais Bonnie n'est pas mannequin. Et elle ne connaît rien à la mode. Elle n'a même pas de compte Instagram.

— Mais enfin d'où vient-elle ? s'exclame Anne, qui ne connaît aucun individu de moins de quatre-vingts ans sans compte sur un réseau social ; alors que dire d'une adolescente.

— Elle vit à la montagne.

— Ça explique ce teint *glowy*, murmure Albert, incapable de détacher son regard de Bonnie.

— Et ces cuisses un peu trop fortes, ajoute Blanche, qui s'en veut aussitôt.

Ses vieux réflexes la reprennent. Elle n'y peut rien.

— Blanche, s'il te plaît. Faisons un essai. Je n'ai pas eu envie de shooter comme ça depuis des années.

— Il faut qu'elle soit d'accord. Et qu'elle sache poser. Albert, tu le sais bien. Il ne suffit pas d'être jolie, ni même photogénique.

— Qu'est-ce qu'on risque à tenter ? Tout est installé de toute façon. Au pire, ça lui fera un joli souvenir. Je lui ferai un tirage dédicacé. Elle pourra toujours le revendre. Ça vaut cher sur Internet, tu sais ?

— Quelle modestie. Bon, d'accord. Anne, tu nous refais une sélection de pièces ? On part sur un autre mood. Oh, la glam team ! Fraîcheur, innocence, candeur. *New generation*.

— Ah non, aucun maquillage.

— Tu es sûr ? Pour une campagne ?

— Absolument sûr. Et pour les looks tu sais quoi ? Laissons-la choisir. Si elle n'y connaît rien, c'est canon. Génial. Tu imagines ? « Sans artifices. » Parfait comme nom de campagne, non ?

— La fille de Madame Tout-le-monde, murmure Blanche pour elle-même.

— Qu'est-ce que tu dis ?

— Rien. Bon, on tente. Bonnie ? Viens.

Blanche

Depuis combien de temps n'est-ce pas arrivé ? Une new face dont la notoriété sort du strict secteur de la mode ou du cinéma. Des « enfants de », qu'on appelle les « nepo-babies », il y en avait pléthore. Trop, même, à qui aucun agent n'aurait jeté un regard dans une queue au supermarché. Sans véritable talent ni bien souvent le charme de leurs divins géniteurs. D'ailleurs, ça manquait cruellement à la mode, ces histoires folles de Cendrillon surgies du vrai monde. Jamais Blanche n'aurait cru ça possible. Bonnie s'était prêtée de bonne grâce à la séance photo d'Albert. Elle n'avait rien de mieux à faire, avait-elle précisé. Ça l'amusait de participer un instant à l'étrange vie de Blanche. Chacun s'était rendu compte que les deux femmes faisaient pour ainsi dire connaissance, ce qui paraissait étonnant pour une tante et sa nièce – mais qui ne s'était jamais brouillé avec sa famille ?

Voir surgir le visage de Bonnie sur l'écran de retour avait été pour Blanche un saisissement.

À travers elle, c'est d'abord Simon qui lui était apparu. Son aura extraordinaire, la grâce de son regard, sa bouche ourlée, ses pommettes hautes et son magnétisme. Bonnie avait hérité de tout cela. Elle avait ce « je-ne-sais-quoi », comme disent les Américains, ce truc en plus que Blanche avait tout de suite reconnu dans l'ossature de son visage et la candeur de son regard. C'était elle. L'Élue, aurait-on déclaré avec emphase dans le milieu, où le moindre micro-événement prend une ampleur démesurée. Car quelle adolescente n'a pas rêvé d'un destin à la Cindy, Claudia ou Naomi ? Quel gamin ne s'est pas imaginé en Tom Cruise, Ryan Gosling, Elon Musk ? La mode tient du spectacle comme le cinéma et le star-system. Et si elle ne sauve pas de vies, elle panse les plaies de bien des existences qui sombrent sous les douleurs, les chagrins ou les ennuis quotidiens. Elle est un rêve pour gamines qui ne grandissent jamais et continuent d'admirer, semaine après semaine, ces images fantasmagoriques qu'elles savourent comme des bonbons esthétiques, des vies inventées de poupées comme elles le faisaient enfant. On peut en penser ce qu'on veut, s'était dit Blanche, mais cette fille-là va donner du bonheur. De l'espoir à toute une génération. Comme d'autres avant elle, elle incarnera son époque. Elle en sera le visage, le corps et l'esprit.

Quelques semaines plus tard, son portrait figurait en C4 dans le fameux spécial nouveaux créateurs d'*Attitude*. Il s'étalait sur les murs des grandes villes et des petites bourgades. Et sur les réseaux sociaux d'Irene, repris ensuite un peu partout. Puis Bonnie était repartie chez elle. Elle avait pris ça comme une récréation. Anne lui avait offert un total look de la collection, on lui avait glissé une enveloppe avec quelques billets parce qu'elle n'avait pas encore de compte en banque, ni d'agent, et on en était resté là. Mais Blanche savait. Tout comme Albert. Et pourtant, ça n'était pas faute d'être allé à l'encontre de toute stratégie de communication. On avait demandé à Anne de ne pas filmer la séance, de ne poster aucun *making-of*, alors qu'il aurait été si facile de documenter celle-ci sur son compte pour nourrir l'attente, commencer une narration autour de cette jeune fille venue de nulle part qui brûle l'objectif de son innocence, s'affranchit d'un monde formaté en ouvrant un nouveau chapitre esthétique avec son seul visage, sa méconnaissance totale du système, sa candeur idéale.

Ça n'avait pris que quelques heures. Partout on s'interrogeait. Qui était cette fille ? Comme souvent dans le milieu, les moutons voulaient suivre. Les agences, les marques, les magazines, tout le monde appelait chez Irene pour se renseigner. Avec plus ou moins de délicatesse. La messagerie d'Anne avait une nouvelle fois explosé, ainsi que les pré-commandes de la marque. Toute une génération voulait ressembler à cette jeune fille gironde et joyeuse qui portait les vêtements comme s'ils avaient été coupés sur elle. Et puis, ça faisait si longtemps qu'on n'avait pas vu un mannequin sourire. C'était devenu rare, le sourire. Surtout avec des dents pareilles.

Des dizaines d'abord, puis des centaines et des milliers de jeunes filles et garçons avaient repris à leur compte les attitudes de Bonnie, et reproduit les images de la campagne sur les réseaux sociaux. Sur Tik Tok, les occurrences avaient explosé. Dans les chambres, les salons, les parcs municipaux, on se filmait en train d'éclater de rire, sans maquillage et avec cet air ingénu plein de promesses que chacun s'ingéniait à copier. Il ne s'agissait pas d'un sourire forcé, social ou de mimétisme. Le visage entier de Bonnie était tourné vers la joie et l'empathie. Était-ce ce que la mode avait oublié ? C'était peut-être ce que Blanche elle-même avait oublié.

« La mode n'est ni morale ni amorale. Elle est faite pour remonter le moral. » Blanche relit les notes qu'elle a prises cet été, dans la solitude de ce mois d'août moribond. Et si c'était aussi simple que ça ? La phrase de Karl lui saute aux yeux. Comme les couvertures des belles heures d'*Attitude*, consignées dans son téléphone, qu'elle fait défiler, pensive. Ines de la Fressange, toutes dents dehors, qui pose devant la tour Eiffel. Vanessa, Estelle, et puis Sophie Marceau, à treize ans, quatorze, trente ans... Les petites fiancées des Français, disait-on.

— Tu vas continuer longtemps à cacher ta petite protégée ?

Blanche sursaute. Elle n'a pas entendu Benjamin arriver.

— Peut-être bien, oui. Tu sais ce qu'ils en feront si je la leur livre.

Pour la première fois, elle a accepté de se rendre avec lui à un cocktail. Celui-ci est donné au Crillon, le palace légendaire de la place de la Concorde, pour l'anniversaire d'Olivier, un couturier que Blanche suit depuis ses débuts. Elle l'avait repéré à Londres, lorsqu'il faisait ses armes chez les tailleurs pour homme de Savile Row. C'est elle qui l'a poussé à se former au St Martins College of Art and Design, qui l'a aidé à payer ses études, qui l'a logé quand il est arrivé à Paris.

Depuis, il est à la tête d'une des plus grandes maisons du groupe Kronos et n'a jamais oublié ce que Blanche a fait pour lui. Combien sont-ils dont elle a modifié le destin ? Aujourd'hui, Olivier gagne des millions, sort trois collections par an, voire quatre, avec le défilé croisière et la pré-fall, venus s'ajouter à ces calendriers délirants parce qu'il faut bien que les généreux clients partis au soleil en hiver ou réciproquement trouvent à se vêtir correctement. C'est beaucoup mais ça fait tourner l'industrie, dit-on, et préserve les métiers d'art. Pourtant, il tient le coup, il en a fini des excès, est devenu vegan, ne boit plus et médite une heure au réveil avant d'envoyer à sa marraine de mode un mantra quotidien quand tant d'autres ont sombré. Combien d'entre eux la remercient d'avoir été là ? D'avoir senti qu'ils avaient leur place dans ce monde où, sans passe-droit, il faut parfois des années, souvent plus d'une vie pour faire ses preuves.

Quand Benjamin l'a rejointe à la rédaction, elle a été surprise de constater qu'il n'avait pas de chauffeur. « Je l'ai remercié en prenant mes fonctions », a-t-il expliqué. Il aime conduire, ne supporte pas qu'on écoute ses conversations, moins encore qu'on lui ouvre la porte. « À cause de toi, il s'est retrouvé sans emploi », a commenté Blanche, jamais avare d'une contradiction, et souvent désireuse de justifier un privilège que beaucoup jugeraient d'un autre âge. « C'est direct, a-t-il ajouté. C'est sur la 1. » Blanche n'a aucune idée de ce que ça signifie. Elle a beau avoir souvent entendu les journalistes de la rédaction se plaindre de certaines de ces lignes, ça n'a aucun sens pour elle.

Exagérément altière, Blanche est assise sur un strapontin que Benjamin lui a dégoté. Heureusement, car elle n'aurait en aucun cas touché la barre en métal. En revanche, elle songe que ça ferait un beau décor pour une prochaine série mode. Un truc très underground, tube girl, réalisé à l'infrarouge peut-être. Ça aurait de la gueule. Comme ce défilé AMI dont la mise en scène reproduisait une station idéalisée où l'on entendait les voix de Pierre Niney et Carla Bruni en lieu et place de celle qui alerte sur les pickpockets et la marche en descendant de la rame.

— Tu parles comme si tu allais la jeter aux lions, reprend Benjamin. Tu sais que des milliers de gens aimeraient être à sa place ? C'est le métier rêvé des jeunes.

— Lequel ? s'enquiert Blanche, laconique.

— Influenceur. Acteur, chanteur. Célèbre, quoi.

— Célèbre, ce n'est pas un métier.

— Si, tu le sais bien.

— Mais Bonnie ne rêve pas de ça, elle.

— Et de quoi elle rêve, alors ?

— De montagne, réplique Blanche en levant les yeux au ciel.

Elle déteste le ski, ses vêtements hideux, y compris ceux des marques de luxe qu'*Attitude* met en avant dans les numéros de janvier. Elle hait la raclette, la fondue, les restaurants d'altitude, l'injonction à se réjouir de cet enfer pour nouveaux riches, et même les hôtels de station qu'elle se sent obligée de fréquenter parce qu'il faut bien y représenter le magazine.

— Décidément, cette fille est parfaite ! s'enthousiasme Benjamin. Tu sais que je rêve de faire le mont Blanc ?

— C'est-à-dire ? demande machinalement Blanche en observant à la dérobée un groupe de jeunes femmes qu'elle juge très astucieusement vêtues.

— L'escalader ! Tu imagines ? Se retrouver sur le toit de l'Europe. À près de 5 000 mètres, uniquement entouré des sommets enneigés et du ciel. Aucune boutique, aucun réseau, aucun bruit. Personne.

— L'enfer ! conclut Blanche. On est arrivés, non ?

— Oui, bravo ! Je vois que tu commences à t'y faire. Tu sais que tu gagnerais à te déplacer en transports en commun. Ça t'éviterait le coach à 6 heures du matin.

— Hors de question. Tu imagines si on croisait quelqu'un ? Tu sais combien de temps il m'a fallu pour bâtir ma réputation ?

— Très peu. Tu es si jeune, ajoute Benjamin en l'enlaçant dans le couloir qui mène à la sortie du métro.

Puis il plaque ses lèvres contre les siennes. Elles sont douces. Il sent Bleu de Chanel. Contre lui, Blanche redevient toute petite. Elle oublie ces milliers de dates, de looks, de rendez-vous et d'invitations, d'idées géniales et de négociations qui lui grillent le cerveau. Même le souvenir de Simon lui devient tolérable. Comme la culpabilité qu'elle enfouit sous toutes ces obligations irrationnelles qu'elle n'ose pas interrompre parce qu'alors que se passerait-il si elle appuyait simplement sur « stop » ?

— Oh, mais ne serait-ce pas la grande Blanche de Rochefort dans ce remake de *Subway* ?

Elle a l'impression qu'un grand seau d'eau glacée vient de se déverser sur sa tête. Le journaliste de New York ! Celui qui se pense son ami. Elle reconnaîtrait sa voix mielleuse entre mille. Dans un sursaut adolescent, Blanche s'écarte de Benjamin, tire sur son corset, rajuste sa coiffure, agrippe son Timeless.

— Monsieur Favre ? s'étonne-t-il ensuite – à moins que des décennies de jeu de cour n'aient formé ce serpent à l'art dramatique. Ça alors, je ne savais pas que vous vous connaissiez... Même si à Paris, tout le monde connaît tout le monde. Votre voiture est en panne ? Mon journal ne me défraie plus que pendant les shows. Le reste du temps, vous le voyez, je dois me contenter de ces transports de vassaux. Enfin, on y lit très bien. Et ça permet de rester *in shape*. Saviez-vous que la première classe avait été supprimée en 1991 ? Mon Dieu, mais pourquoi mettre tout le monde dans le même wagon, si je puis m'exprimer ainsi ? Personne n'a envie de ça. De quelque bord que l'on soit, n'est-ce pas ?

Pris dans les filets invisibles du journaliste, Blanche et Benjamin progressent à petits pas vers le Crillon. Le ciel rose se déploie derrière l'Obélisque et l'Assemblée nationale. Il fait un froid sec et franc.

— Cher Benjamin... Je peux vous appeler Benjamin ? Il faut absolument que nous prenions un *lunch* ensemble. Que vous me racontiez les affres et les splendeurs de votre merveilleuse branche de la beauté cosmétique. Saviez-vous que je prenais la rédaction en chef de tout le *lifestyle* ? Nous avons forcément beaucoup de choses à nous dire. Puis-je me permettre de joindre votre assistant afin de convenir d'un rendez-vous ?

— Blanche me donnera vos coordonnées, je vous recontacterai.

Le journaliste paraît déçu, fâché même, mais il s'efforce de le cacher avec un sourire énigmatique. Un instant, il couve du regard ce duo inattendu puis s'enfuit en direction des jeunes hôtesses qui prennent son manteau, excité d'aller partager sa monumentale découverte. Blanche de Rochefort a une vie amoureuse. Et pas avec n'importe qui. Non mais vous imaginez ? Mais si, je vous assure, de mes yeux vus. Et savez-vous où ? Mais si !

— C'est quoi, *in shape* ? Et qui est ce connard, d'abord ? s'enquiert Benjamin en prenant la taille de Blanche, qui se dérobe.

— Personne. En revanche, si ça ne t'ennuie pas, je vais entrer sans toi.

— Bien sûr, que ça me dérange. Pourquoi on ferait ça ?

— Tu ne les connais pas. S'afficher ensemble, c'est la certitude d'avoir des ennuis. Tout le monde nous verra. Ce connard, comme tu dis, doit déjà être en train de balancer sa bombe. On dira que tu me prends des pages parce qu'on couche ensemble. Et puis, si on entre tous les deux, on va devoir poser au photocall. Dans une heure, on sera sur les réseaux, la semaine prochaine dans les pages soirées. Non, je ne peux pas.

— Leur avis est si important ? insiste Benjamin.

Blanche lui lance un regard étonné. Détaille ses lèvres ourlées, son teint mat, son costume à la coupe parfaite. Elle aimerait se mettre sur la pointe des pieds, prendre son visage, l'embrasser devant tout le monde, se précipiter dans une suite, défaire sa cravate, balancer ses talons, son sac, retirer ces kilos de maquillage qu'elle a fait appliquer par un maquilleur de studio. Au loin, on entend le murmure du beau monde qui s'anime sous les ors des salons du Crillon. Des silhouettes élégantes passent près d'eux, foulent l'épaisse moquette qui habille les marches de marbre. Elle hésite. Un instant. Et puis murmure :

— Oui.

Avant de le précéder sans se retourner.

— Blanche, formidable ! J'avais peur de te rater !
— Cher Marcel, marmonne-t-elle, toujours contrariée que le Sphinx lui ait dérobé sa jeune styliste sans l'en avertir. Je ne savais pas que tu connaissais Olivier.
— Enfin, Blanche, j'ai été l'un des premiers à le soutenir ! J'ai même entreposé toutes ses collections gracieusement dans mon premier bureau au Sentier. Tu te rappelles ?
— Je suis bête. J'oublie que toi et moi, on est les dinosaures du milieu.
— Ne le dis pas trop fort. On pourrait nous entendre. Et tu sais qu'ici comme ailleurs l'expérience n'est pas considérée comme une distinction. Bien au contraire.

Ce faisant, Blanche jette un coup d'œil à Myrtille, qui converse avec une jeune créatrice de mode dont le père milliardaire subventionne Olivier avec bienveillance, et que Marcel Ancel accompagne depuis deux saisons, sans succès, tant la qualité et l'intérêt artistique de ses collections font défaut. Marcel et ses équipes ont plusieurs fois tenté de convaincre Blanche d'intégrer quelques pièces, « même une petite », dans ses pages. Mais on dira ce qu'on voudra, elle reste une des dernières incorruptibles de la presse française.

— Ça marche bien, sa structure, fait remarquer Marcel de but en blanc, voyant Blanche hypnotisée par Myrtille qui a emprunté tous les codes de ses talents. Elle est méconnaissable et pleine d'assurance.

Sans prendre la peine de répondre, Blanche balaie l'assemblée du regard, repérant en un rien de temps les personnes qu'elle doit voir absolument, celles qu'elle doit éviter, celles à qui il serait bien vu qu'elle lance un bonjour, offre un selfie, avant de s'éloigner sous un vague prétexte, parce qu'elle n'a rien à leur dire.

— Qui ? finit-elle par demander.

Blanche aperçoit Benjamin en pleine conversation avec une top-modèle française, ambassadrice d'une gamme de crèmes transgénérationnelles de son groupe, qui le dévore des yeux.

— Mais Myrtille, enfin ! Ma chère, tu ne peux pas être passée à côté du phénomène. Pas toi. Bien sûr, elle pense qu'on est complètement *has-been* et qu'elle pourrait prendre ton poste et le mien en faisant trois fois mieux mais c'est de son âge, n'est-ce pas ?

— De l'âge que tu avais au sien, tu veux dire ? Dois-je te rappeler que tu as planté cette pauvre Geneviève Léane en ne lui laissant que sa marque de chapeaux tibétains et sa licence de porte-clés, emportant tout le reste pour lancer ton bureau ?

— Ça n'a rien à voir !

— Ah, vous êtes là !

Anne est parvenue à s'extraire de la mêlée. Elle porte une combinaison pailletée très décolletée, des rajouts capillaires et d'énormes sneakers qui sont le best-seller de la dernière collection d'Olivier.

— Je sais ce que vous pensez, dit-elle. J'avais une réunion de parents d'élèves ce soir, autant vous dire que les regards ont convergé vers moi. Et pourtant, j'avais tout planqué sous un Teddy Bear Max Mara. Mais les sequins, c'est comme les punaises de lit. Ça resurgit de partout.

— Je ne pense rien, tu sais. Ça fait trente ans que je suis dans la mode, répond distraitement Blanche.

— On fait une photo ? propose Anne sans relever.

Elle tend le bras pour faire un selfie d'eux trois. Blanche relève le menton, tourne légèrement la tête pour exposer son meilleur profil, vérifie chaque cliché, supprime ceux qui ne devront apparaître nulle part. Marcel demande à Anne de passer tout ça sur Facetune, l'application qui lisse tous les visages, même les plus jeunes. Récemment il a même vu une influenceuse tenter de facetuner son chihuahua. Puis tous deux la félicitent pour ce résultat finalement très naturel.

— Ma chérie, tu es sublime ! s'exclame Olivier en se précipitant sur Anne.

Il porte un short d'été en cuir qui lui descend sous les genoux, une veste assortie sur un débardeur et les mêmes sneakers qu'Anne. Ils s'embrassent en Wifi. Puis le créateur se jette dans les bras de Blanche. Marcel n'a jamais vu quiconque oser une telle proximité avec Whitinator qui, contre toute attente, ne se dérobe pas. Au contraire, elle semble éprouver un réel plaisir à cette étreinte.

— Elle est comme ma maman, murmure-t-il, les larmes aux yeux.

— Ah non ! s'emporte Blanche, qui souhaite ne pas avoir d'âge, à défaut de paraître toujours aussi jeune.

— Ma maman de mode ? propose-t-il timidement. Ma grande sœur ? Une cousine ?

— Pourquoi appliquer à l'amitié les carcans de la famille ? Mon Dieu, Olivier, ce que tu peux être traditionnel sous tes allures marginales.

— Je suis un petit gars de l'empire britannique, tu le sais bien. Une patrie où l'on continuera de pleurer notre reine mère pendant un siècle encore.

Je ne t'ai pas dit ? Je vais habiller Kate et William pour leurs quinze ans de mariage.

— Tant que ce n'est pas Harry et Meghan.

— Celle-là ! Non, mais plutôt mourir ! Bon, vous ne m'oubliez pas pour le défilé. Il me faut absolument Bonnie en clôture.

Blanche paraît contrariée. Elle fait signe à Anne de se taire.

— Je ne suis pas sûre qu'elle soit disponible. Et puis, tu sais, elle n'est pas mannequin, elle ne sait pas marcher. Je ne pense pas qu'elle continue dans cette voie.

— Tu plaisantes ? Elle est faite pour ça. Blanche, je t'en supplie ! Je suis en train d'imaginer une robe incroyable, rien que pour elle. Quelque chose de body positive, une pièce qui fera date. La *revenge dress* de toute une génération. Ultra *girl power* et *ingenious* à la fois. J'ai besoin d'elle. Il me faut une cabine digne de ce nom. Je ne vais quand même pas faire un show sans célébrités. Qui parlera de moi ? On dit que Bella fera son retour chez Versace à Milan. Chanel a ses ambassadrices. Paris Hilton pouponne et m'a fait faux bond. J'ai bien pensé à Britney mais c'est peut-être un peu trop disruptif. Qu'est-ce que tu en penses ? Elle n'a pas encore dit non. On pourrait ouvrir avec Britney et clôturer avec Bonnie. Ou clôturer avec les deux. Dans une grande allégorie du star-system qui propulse ses étoiles au moment où elles deviennent femme…

— Avant de les broyer..., murmure Blanche. Écoute, on verra. Je te le dis vite.

— Oui, oui, oui ! Allez, profitez les filles. Et les garçons ! fait-il en couvant Marcel du regard. Anne, tu n'oublies pas de me taguer. Ainsi que la maison, le *hair stylist* et le *make-up artist*. Enfin, tu sais tout ça. Tu postes aussi sur Tik Tok ? Je ne me souviens plus de ce qu'on avait prévu. Je vois ça avec Myrtille ?

— Non, seulement Insta, répond Anne, toujours gênée lorsque le prénom de son agente surgit en présence de Blanche.

Car elle a toujours l'impression de trahir l'une ou l'autre en travaillant avec ces deux femmes aux antipodes. Mais le sont-elles vraiment ? se demande Anne.

— Ah, dommage, lâche-t-il, déçu, se souvenant qu'il avait pris le « premier pack » dans l'« offre à tiroirs » proposée par Fruits défendus.

La prochaine fois, il ne fera pas d'économies de bout de chandelle. La prochaine fois, Anne aura probablement disparu, comme la plupart de ces filles propulsées au firmament en quelques semaines, et qui finissent par lasser aussi rapidement qu'on se les est arrachées. Bon, celle-ci est polie et réglo. Ça aide à faire plusieurs saisons comme mannequin vivant. Montrer ses pièces sur ce genre de filles, ça a plus d'impact que sept minutes de défilé. Leurs vidéos restent dans le temps, se partagent et montrent les créations portées par quelqu'un de

Blanche

« normal » – quel horrible terme. C'est *drive to store*. Après réflexion, il se promet d'appeler l'agence demain pour débloquer du budget pour Tik Tok. Il faut toucher l'Asie

Soudain, les lumières s'éteignent, laissant place à un immense halo de bougies disposées sur une montagne de mini-macarons piqués en pièce montée. Au fond du salon, une jeune chanteuse à la mode, que toutes les soirées branchées invitent pour entonner ses trois mêmes tubes, entonne a cappella, un « Bon anniversaire » qui dans quelques minutes sera posté sur tous les réseaux sociaux des invités enthousiastes.

Olivier feint la surprise, pleure un peu. Blanche s'approche de lui, le prend par la taille, saisit un peu de sa lumière. Elle est sa grande sœur de mode, après tout. Le monde doit le savoir. La jeune chanteuse, en vogue elle aussi, ferait une *cover girl* parfaite pour un prochain numéro. Tout le monde hurle, se trémousse, veut arracher un peu de leur éclat, montrer qu'il connaît ces deux-là.

Près du bar, Blanche remarque que Benjamin est en grande conversation avec Myrtille.

Anne

Il était à peine 16 heures quand c'est arrivé. Pour une fois, Anne avait réussi à reporter toutes ses obligations professionnelles et contractuelles pour rester à la maison. Elle avait prévu d'aller chercher Tom à l'école, de prendre un café avec Sophie et quelques parents d'élèves qu'elle n'avait pas vus depuis trop longtemps. Elle avait fait tous ses posts de la journée. L'un pour le joaillier avec lequel elle venait de signer un gros contrat qui financerait Irene pour l'année à venir – une aubaine qu'elle ne pouvait pas refuser –, un autre pour un voyagiste qui proposait des séjours de luxe en famille – « un rêve en tribu » – grâce auquel ils pourraient découvrir tous ensemble le Kenya pour les vacances de Pâques, moyennant trois stories quotidiennes et l'apparition à l'écran des enfants – ce pour quoi elle avait dû batailler ferme avec Brice qui, au début, ne voulait rien entendre.

On avait sonné à la porte. Suzanne dormait dans sa chambre. Daria faisait ses devoirs à l'étage. Anne avait pensé qu'il s'agissait d'un des nombreux coursiers qui passaient toute la journée avec des fleurs, des chocolats, des sacs de vêtements, de maquillage, des invitations. Elle avait ouvert la porte en souriant, encore absorbée par son téléphone, prête à signer distraitement le bon de réception. Le type portait encore son casque. Les pauvres, venir jusqu'à Viroflay quel calvaire, s'était-elle dit. Et puis tout était allé très vite. Il avait poussé la porte avec violence, la projetant contre le mur, avait brutalement agrippé ses poignets de ses mains gantées. Deux complices très excités l'avaient rejoint, et tous les trois s'étaient dirigés sans hésiter vers le placard de l'entrée – celui devant lequel Anne fait chaque jour son selfie matinal pour montrer son *outfit of the day*, avec ce petit déhanché amusant qui est devenu sa signature.

Ils avaient tout jeté par terre. Vidé le placard de son contenu. Avaient flanqué dans de gros sacs-poubelles les pochettes en cuir, les portefeuilles, les bonbonnières encore emballées. Puis ils avaient inspecté la penderie et râlé contre les manteaux des enfants achetés dans de grandes enseignes – de la camelote invendable. Ils avaient demandé où se trouvait le reste, les pièces de marque, les bijoux. Mais Anne était plongée dans un état de sidération. Comme dans les rêves qu'elle fait si souvent, sa voix était restée bloquée dans sa gorge, et elle tremblait de tous ses membres. Personne ne s'attend à voir surgir la violence dans un univers sous filtre, d'où rien ne dépasse. C'est ce que semblaient se dire ces types jaillis des fracas du monde, venus déchirer les belles images retouchées d'une société domestiquée, magnifiée.

Ensuite, lorsqu'ils s'étaient dirigés vers l'escalier, le plus grand la tirant par le bras, la voix d'Anne avait percé le silence. Son cri presque animal lui avait valu un coup. Une beigne, aurait dit son père, et c'est le mot qui lui était immédiatement venu quand un sifflement strident avait résonné dans son oreille et que son champ de vision s'était obscurci. « Ta gueule », avaient lancé les types. Et elle avait obéi parce qu'elle pensait aux siens. « Mes enfants sont là-haut, je vous en supplie », avait-elle murmuré tandis que le sifflement continuait d'obstruer son audition. « Viens alors », avaient-ils répliqué, avant de lui arracher ses bracelets, ce qui était idiot parce que ceux-là ne valaient rien de plus que le souvenir des jours heureux d'un temps où tout cela n'existait pas. « Ta gueule », avaient-ils répété. Et Anne s'était tue. Sa peur lui nouait le ventre. Et puis elle avait pensé à Tom qui allait l'attendre. « Je dois aller chercher mon fils à l'école », avait-elle expliqué, sans que cela n'émeuve personne.

Elle s'était demandé si ces types-là avaient des enfants. Ils avaient l'air si jeunes, excepté celui qui continuait de lui broyer le poignet de ses mains gantées. Bizarrement, Anne avait pensé que sans ces gants elle aurait pu avoir une idée de son âge, parce que c'est ainsi qu'on camoufle les années.

Mais il était évident que ce gars-là n'avait pas agi par coquetterie.

Les trois hommes étaient allés directement dans sa chambre, ils avaient ouvert une grande malle toute neuve, encore sous plastique, avant de la remplir de vêtements, de chaussures, de bijoux, entreposés un peu partout. Anne avait été étonnée de constater qu'elle avait oublié certaines pièces. Elle en avait reçu tellement qu'il n'y avait pas eu assez de jours pour toutes les mettre. Il aurait fallu qu'elle les archive, qu'elle crée un code couleur pour savoir lesquelles avaient été portées, postées, taguées, et celles qui étaient restées intactes depuis leur envoi.

Ils avaient beau être organisés et silencieux, Anne redoutait par-dessus tout que Suzanne se mette à pleurer, que Daria les surprenne, qu'ils la brusquent, que sa fille découvre sa mère exsangue, en jogging logotypé et brassière prototype, maintenue par des inconnus cagoulés, venus violer leur cocon familial, peindre la sauvagerie sur le décor de son enfance. Elle avait eu l'impression que la scène avait duré des heures, que le temps s'était arrêté. Elle se rappelle s'être dit que la nuit tombait très tard en cette saison car le soleil tapait encore fort contre la fenêtre de leur chambre.

En contemplant son lit et les dizaines d'oreillers offerts, recouverts d'une parure hors de prix livrée par un fournisseur de palaces « amoureux de son univers » qu'elle avait oublié de remercier, elle avait songé que Brice et elle n'avaient pas fait l'amour depuis longtemps. Un instant, elle avait eu très peur que ces inconnus ne décident de profaner davantage l'image de celle qu'ils observaient sans doute depuis des semaines sur les réseaux, afin de connaître ses habitudes, ses biens, l'agencement de sa maison. Ça, ils avaient dû bien rigoler devant son inconscience, sa naïveté crasse à exposer toute cette intimité et ces richesses obscènes aux yeux du monde. Ce qu'elle pouvait être idiote !

Oui, ils auraient pu aller plus loin, l'humilier, la laisser là, la photographier, tiens, avec son propre téléphone, poster ce qui restait de QueenAnne, une pauvre cloche au maquillage dégoulinant qui ne pouvait s'en prendre qu'à elle-même. « Salut, la commu. » Mais les types étaient restés calmes, guère intéressés par elle, qui tentait de faire oublier sa présence, pour ne pas attirer l'attention, la jalousie ou la colère.

Ils s'étaient emparés de tout ce qui était neuf. Des vêtements encore étiquetés, dans leur joli papier de soie et emballage crème, rouille, ocre, bleu marine... Bien qu'encombrantes, ils avaient gardé les boîtes. Ils devaient savoir que pour la revente, c'est un vrai plus. Comme de conserver les sacs. Anne entrepose les siens, bien pliés, dans un placard du garde-manger. Elle ne leur avait pas dit, et s'était consolée intérieurement de cette minuscule victoire.

Pourtant, elle n'avait pas eu vraiment de peine en les observant faire main basse sur ces marchandises qui en fin de compte ne lui appartenaient pas tant que ça. Soudain, les mots « bien mal acquis » avaient surgi des méandres de sa mémoire. « Bien mal acquis ne profite jamais. » Elle n'avait jamais tout à fait compris cette expression avant ce jour-là.

Lorsqu'ils s'étaient précipités sur sa boîte à bijoux, ç'avait été différent. Certains lui avaient été offerts par Brice. Un pour la naissance de chaque enfant, sa bague de fiançailles aussi, et puis son alliance qu'ils lui avaient arrachée du doigt. « Pas ceux-là, s'il vous plaît, pas ceux-là. Ils ne valent rien mais j'y tiens », avait-elle bredouillé sans l'avoir décidé. Mais ils s'en fichaient pas mal, ils avaient tout glissé dans des pochettes en plastique zippées qu'ils avaient apportées, pendant qu'un autre s'occupait des produits de beauté dans la salle de bains. Il avait pris les crèmes, les sérums au caviar, dont un pot de 100 ml à 2 700 euros – ils savaient ce qu'ils faisaient. Anne s'était demandé qui allait acheter ce minuscule pot plus cher qu'un Smic – lorsqu'on a assez d'argent pour s'offrir ce genre de folie inutile, on n'en commande pas en ligne sur un site de bonnes affaires entre particuliers pour gagner quelques euros.

Et puis, lorsqu'ils ont eu fini d'entasser les manteaux, les combinaisons de ski flambant neuves, les plaids, les vestes sportswear, la montre de collection pavée de diamants portée la veille pour la soirée de lancement du modèle, que la marque devait passer reprendre quelques heures plus tard, ils étaient partis. D'un coup. L'un d'eux avait lancé : « C'est bon, on se casse. » Les autres avaient suivi sans lui accorder un regard. Elle avait entendu la porte claquer.

— Maman, tu sors ? avait crié Daria du fond de sa chambre.

La voix toujours coincée au fond de sa gorge, les mains liées dans son dos par une de ces menottes en plastique qui lui cisaillait la peau, Anne avait été incapable de répondre à sa fille.

— Ça va, maman ?

Son casque encore sur les oreilles, Daria n'avait pas tout de suite compris quand elle avait trouvé sa mère au milieu de ce grand bazar. Des sacs partout, elle commençait à en avoir l'habitude. Et puis, ça pouvait être une mise en scène pour une vidéo. Ce type de format plaît beaucoup à la communauté de QueenAnne – elle se place au milieu des réceptions du jour et les ouvre une par une. L'unboxing, c'est un peu daté comme type de contenu mais c'est toujours efficace. Et puis elle avait vu les traînées de maquillage sur le visage d'Anne, les mains liées et le faible sourire qui se voulait rassurant.

— C'est rien, c'est rien, ma chérie, avait-elle murmuré alors que les gazouillis de Suzanne annonçaient la fin de sa sieste.

Le portable d'Anne affichait 16 h 18. Elle avait encore le temps d'aller chercher Tom. Daria avait détaché sa mère. Ne t'inquiète pas ma chérie. On va appeler la police pour faire un constat.

Elle avait minimisé parce qu'il ne fallait pas l'effrayer. Elle aurait bien le temps d'y penser plus tard.

Non, non, on ne va pas joindre papa tout de suite, il va s'affoler, et surtout il me rendra responsable. Tu le connais, ces histoires d'influence, il n'aime pas vraiment. Non, je vais mettre Suzanne dans la poussette, tu vas venir avec nous – parce que, sait-on jamais, ces types pouvaient revenir, et peut-être qu'il en restait un caché quelque part… –, et puis je rangerai tout en rentrant, ferai une déclaration, j'oublierai. Maintenant, il faut se dépêcher. Allez, ma chérie, va chercher ta sœur, on va rater la sortie de l'école.

Mais quand Anne avait remarqué la petite pastille rouge sur le coin droit de l'icône Instagram, signalant de nouveaux messages, des likes, des commentaires élogieux sans doute – son dernier post était vraiment canon –, des propositions de partenariat, de portage, de gifting, de voyages, elle avait essayé de se retenir. Vraiment. Telle une droguée, elle avait voulu tendre le pouce, appuyer juste un peu, ouvrir la petite boîte de récompense virtuelle, panser la peur, l'effroi même, avec un petit réconfort sucré, simple. Et puis elle avait cédé. Souhaité en consulter quelques-uns, juste pour vérifier que tout allait bien.

Oui, debout au milieu du chaos qui régnait dans la chambre, elle avait cliqué. Et au moment où Daria était revenue avec Suzanne dans ses bras, Anne était hypnotisée par une vidéo d'un avatar de Tom Cruise passant l'aspirateur sur de la musique cubaine.

— Mais maman, tu fais quoi, là, sérieux ? s'était exclamée l'adolescente en regardant l'écran.

Blanche

— Ici, c'est la maquette. C'est là qu'on met en page, qu'on sélectionne les photos, qu'on fait les essais de couverture, qu'on cale les accroches de une. Là, ce sont les secrétaires de rédaction – les SR. Ils font les titrailles, corrigent les textes, coupent ce qui dépasse, sont les garants de la qualité qui a fait la renommée d'*Attitude*. Là, c'est le web. Ici, les réseaux. Et là-bas le bocal, où tous les journalistes attendent que la cantine ouvre plutôt que d'enquêter sur les sujets du moment.

Blanche marche au pas de charge. Elle a fait venir Bonnie à la rédaction. La jeune fille l'a recontactée. Elle avait aimé son expérience parisienne, et la séance photo – mais elle n'avait aucune idée du barnum autour d'elle. Comme elle avait quelques jours de vacances, et que sa tante était d'accord, pouvait-elle venir habiter chez Blanche ?

Celle-ci avait pas mal hésité. Bonnie lui paraissait bien trop séduite par le monde de la mode. Elle avait culpabilisé à cause de Simon. Qu'aurait-il pensé de tout ça ? Lui qui affichait une suprême indifférence face à ces « hystéries insondables ». Lui qui ne comprenait pas que la culture ne rapporte rien aux magazines alors qu'un simple sac en forme de demi-lune pouvait à lui seul générer des bénéfices et permettre des embauches.

Puis elle s'était dit qu'il aurait sans doute apprécié que Blanche tende la main à sa fille. À quoi lui servaient son argent, sa renommée, ses relations si ce n'était pour en faire profiter les autres ? Blanche n'avait jamais fait le deuil de cet enfant qu'ils avaient failli avoir. Avant cette grossesse, elle était fière de son choix de ne pas devenir mère, mais ensuite ç'avait été différent. Peut-être que la coïncidence avec la mort de Simon avait rendu cette prise de conscience plus douloureuse encore. Blanche ne pouvait nier qu'elle avait pour cette gamine une certaine affection. Au contact de Bonnie et de Benjamin, elle sentait son cœur s'ouvrir à nouveau et ça lui faisait peur. Parce qu'elle prenait le risque de souffrir à nouveau. Pourtant il lui semblait qu'elle avait un devoir envers la jeune fille. Comme si leurs destins étaient liés par-delà la disparition de Simon. Comme s'il lui soufflait d'emprunter ce chemin de traverse pour continuer son histoire. Ou bien la leur. Comme tout ça est niais, pestait-elle. Pourtant, elle avait cédé.

— Ton bureau est magnifique ! s'émerveille Bonnie en posant son nez constellé de taches de rousseur sur la grande baie vitrée.

Ce jour-là, le gris des gratte-ciel de La Défense se fond dans le bistre du ciel. C'est presque joli.

— Ça ressemble à mes montagnes.

— Tu exagères, réplique Blanche, lunettes sur le bout du nez, ouvrant un à un les paquets déposés un peu partout.

Un foulard, un manteau, des bouteilles de champagne, trois bouquets de fleurs, des cartes de spa, des piles de beaux livres, une autre de romans, des boîtes de chocolats, un immense sac Hermès récupéré d'un portage récent, qu'elle remplit de crèmes, de sérums, de maquillage, des bijoux, une théière design, une corbeille de fruits, un portefeuille... La rédactrice en chef jette méthodiquement les cartons, les enveloppes, les papiers de soie. Elle grommelle parce qu'elle a besoin de place. Pour travailler, précise-t-elle, et parce que ces objets encombrent son espace. Comme c'est emmerdant, tout ça.

Puis elle prend conscience de la présence de Bonnie, qui la regarde avec des yeux écarquillés. Blanche mesure soudain l'indécence de la situation, lui tend le sac de cosmétiques, met le reste de côté. Se sent coupable d'un geste comme de l'autre, et la prie de s'asseoir.

— Que veux-tu faire plus tard ?

— Travailler dans la mode, comme toi.

— Ça ne veut rien dire, « travailler dans la mode » réplique Blanche. C'est un univers qui fait rêver, d'accord, mais il y a une infinité de rôles à y jouer, comme dans n'importe quel autre secteur. Et d'abord, pourquoi souhaites-tu « travailler dans la mode », comme tu dis ?

— Parce que tout y est beau, et que ça a l'air passionnant.

— Bonnie, tu n'y connais rien. À l'histoire de la mode, à ses développements, à ses techniques, ses grandes heures, ses couturiers, ses tragédies, ses névroses, ses enjeux, surtout. Tu ne vois que ce qui brille.

— C'est joli, ce qui brille.

— Plus que tes montagnes ?

— Non..., répond la jeune fille après un temps de réflexion. Mais on s'y sent moins seule. Regarde, tu es toujours entourée de plein de gens originaux et créatifs.

— Ne crois pas ça...

— Qu'est-ce que tu veux dire ?

— Que si tu entres dans ce monde il deviendra le tien. Tu auras beau l'aimer il peut aussi te détruire. Il te happera, tu n'auras plus le temps d'exercer tes passions, de voir tes amis, de te consacrer à quoi que ce soit d'autre. C'est une vocation. Comme médecin ou avocat. Ça peut paraître risible, je sais. Mais ceux qui ne l'avaient pas s'y sont brûlé les ailes. Regarde Anne. Ça lui a complètement tourné la tête. Elle ne voit plus ses enfants, elle accorde davantage d'importance au succès d'un post qu'à ses vacances en famille, qu'elle a écourtées pour aller en Laponie filmer le père Noël pour une marque de doudounes éco-responsables. Quant à cette... Myrtille, qui semble fasciner les filles de ta génération, je me suis laissé dire qu'elle répondait aux textos de ses clients pendant les essayages de robe de mariée de sa sœur de peur qu'ils ne partent voir ailleurs s'ils étaient traités avec davantage de réactivité. Je ne sais pas pourquoi je te raconte tout ça, parce que je ne porte aucun jugement. Je suis probablement pire qu'elles. Mais j'en ai pris mon parti depuis longtemps. Je suis née pour cette vie-là et j'ai fait une croix sur d'autres.

— Blanche ?

Sylvain a fait irruption dans le bureau. Il manque de défaillir en apercevant Bonnie, comme s'il s'agissait de Michelle Obama. Il ressemble à un poussin déplumé. Récemment, il s'est rendu en Turquie pour subir une greffe de cheveux. Il a dû tout raser, et arbore depuis un triste champ de greffons minuscules qui semblent hurler leur détresse dans cette immense étendue de vide. Une fois n'est pas coutume, Blanche se réjouit d'être une femme.

— Tu as vu le mail de M. Wang ? On est bons sur la *cover* du spécial mode ?

— Pas encore, râle-t-elle, plus qu'elle ne l'aurait voulu. On a déjà fait plein d'essais de couvs. Aucun ne lui convient ? Je ne sais même pas comment je peux prononcer cette phrase. Depuis quand l'éditorial passe par les actionnaires ? Merde ! J'ai encore le droit de décider de ce que je fais de mon magazine, non ?

Prudent, Sylvain bredouille quelques mots qui signifient qu'ils ont bien le temps, qu'évidemment c'est elle qui décide. Et que ce qu'elle fera sera forcément formidable.

Le jour tombe sur La Défense que la rédactrice en chef sonde, dos à la pièce, cheveux impeccables, moulée dans un denim prototype Chanel 1995 que tout Paris lui envie et qui lui donne la silhouette d'une adolescente. Son téléphone ne cesse de clignoter. Blanche se retourne sans un mot tandis que Bonnie feuillette l'un des numéros d'*Attitude* vintage qu'elle a remontés des archives l'été dernier. Accoudée sur la table de réunion autour de laquelle les rédacteurs en chef adjoints se triturent chaque semaine les méninges pour trouver des sujets révolutionnaires, la jeune fille demande soudain :

— C'est quoi un « patron » ?

— Pardon ? dit Blanche, prête à faire un bon mot, sans toutefois comprendre où Bonnie veut en venir.

— Dans ce numéro, il est écrit qu'un « patron » de la veste Chanel est offert.

— Ah ! C'était l'époque où l'on cousait encore. Et où il était plus amusant de reproduire chez soi les iconiques de la mode plutôt que d'aller les acheter pour trois francs six sous dans n'importe quelle enseigne de fast fashion en bas de chez soi avant qu'ils ne finissent sur une plage africaine.

— C'est trop cool, comme idée ! s'enthousiasme Bonnie en feuilletant le journal aux feuilles jaunies.

Sur la couverture, une femme élégante d'une quarantaine d'années balade sa gracieuse nonchalance en tailleur Coco rose bonbon. Blanche se souvient de sa grand-mère qui récupérait les exemplaires dans certaines maisons où elle faisait des ménages. De ces croquis qu'elle dessinait à la craie sur des pans de tissu, des après-midi entiers passés sur sa machine à coudre. Elle se souvient de son excitation lorsqu'elle parvenait à reproduire le look de la une, qu'elle pensait ne jamais pouvoir s'offrir. Elle se penche par-dessus l'épaule de Bonnie, remarque ses mains encore potelées, sursaute face au contraste de la sienne posée à côté. Pourtant, leurs doigts convergent vers les mêmes lettres.

Attitude.

Blanche saisit un autre magazine sur la pile. On y voit plusieurs mannequins, souriantes, qui arborent les pièces rayées d'une collection Rykiel. Elles sont cinq. Quatre sur un autre. Depuis combien de temps n'ont-elles pas offert la une à plus d'une femme à la fois ? À force de prôner le développement dit personnel, l'amour de soi comme vertu cardinale d'une société individualiste, n'ont-elles pas oublié l'humain au profit d'un repli égotique désenchanté ?

Attitude était autrefois une communauté de femmes qui se reconnaissaient comme telles. Des sœurs, des amies qui confrontaient leurs vies, leurs carrières, leurs idéaux. C'est pour cela que Blanche a aimé la mode. Petite, elle se projetait dans les femmes épanouies, prêtes à dévorer le monde, qu'elle découvrait dans les pages de ce journal. Elle se voyait déambulant en trench dans les rues de Paris, rejoignant une bande de copines comme celles de *Sex and the City* qui, plus tard, glamouriseraient plus encore l'amitié et l'accomplissement sexuel et personnel au féminin. Le style englobait tout ça. Il n'était pas seulement un calendrier, des collections, des besoins devenus envies par l'entremise de marketeurs chargés de créer partout de nouvelles désirabilités. On fondait pour un col roulé, une minijupe ou une robe Paco Rabanne pour ce qu'ils évoquaient de liberté et d'énergie. Et tout cela était incarné par ces huit lettres à la typographie iconique.

Attitude.

— C'est ça ! murmure Blanche.

— Quoi ?

— *Attitude*. Tout est là, finalement, et prévaut sur le reste. Les annonceurs, les mannequins, les tendances, les new faces. La star, c'est *Attitude* elle-même. La plus belle des marques. Celle qui, pour moins de 5 euros par semaine, sublime et accompagne la vie des femmes depuis des générations. Au-delà des âges, des frontières. Une marque qui continue de faire rêver sur sa seule évocation. Que les plus jeunes connaissent grâce aux réseaux sociaux, mais que leurs grands-mères achetaient déjà quand la télévision existait à peine.

Blanche attrape un calepin, un stylo, et griffonne frénétiquement. Au centre de ses idées jetées à la hâte, les lettres *Attitude*, passées et repassées à l'encre noire, qui s'imposent dans un méandre de projets auxquels Bonnie ne comprend rien, reliés par des flèches, des dates, un rétroplanning sur les pages suivantes. Et puis des petits dessins de mugs, des logos de réseaux sociaux, quelques chiffres aussi, des pays. Dehors, la pluie frappe aux carreaux. Au loin, on entend des rires.

— Va me chercher Sylvain, marmonne Blanche, concentrée.

— Je ne sais pas où est son bureau, bredouille Bonnie, déjà debout.

— Au shopping ! Demande le shopping et ramène-le-moi.

Bonnie sort à la hâte, marche vite dans les couloirs. Elle croise des femmes chargées de sacs remplis de vêtements, des silhouettes poussant des chariots, d'autres tenant de larges pages imprimées. Tout le monde va si vite qu'elle a du mal à accoster quelqu'un. « On est en bouclage », murmurent certains. On finit par lui indiquer le fameux « shopping » où se presse une armada d'adultes en jean, basket et pull noir. S'ils ont tous sensiblement le même look, ils paraissent fiévreux au milieu d'une centaine de portants où des robes volumineuses en soie, coton, dentelle, velours ou matière futuriste attendent d'être choisies pour figurer dans les pages d'*Attitude*, et ainsi faire basculer leur destin.

— Sylvain ? Blanche veut vous voir.

— Pitié, ne me vouvoie pas ! J'ai l'impression d'avoir mille ans.

Bonnie l'observe, et songe qu'elle aura le plus grand mal à accéder à sa requête, d'autant que son chantier capillaire ne pousse guère à la promiscuité.

— Barbara, continue la sélection sans moi. N'hésite pas à y aller sur le non-choix. On doit voyager léger. Pas plus de huit valises en soute.

Ladite Barbara esquisse une grimace mais ne dit rien. Sylvain et Bonnie sont déjà dans le couloir, marchent vite, tandis qu'en chemin on tente de l'intercepter pour lui poser des questions manifestement urgentes. Sylvain décline. « Je dois voir Blanche », annonce-t-il pour couper court aux demandes de ses interlocuteurs. « Oh, mais tu es la fille de la campagne Irene ? Ma nièce t'adore. Incroyable, on la shoote bientôt ? » Bonnie sourit, mais n'a pas le temps de répondre. Elle continue de trottiner comme portée par un tapis roulant d'aéroport.

— Tu voulais me voir ?

— Ferme la porte.

Blanche est assise sur le canapé crème de l'espace « réunion informelle » de son immense bureau. Elle sirote une eau au curcuma que lui a sans doute apportée son assistante. Elle semble calme. Tranquille. Sylvain est soudain pris d'un vertige, parce que sa N+1 n'a jamais eu l'air aussi sereine. C'en est effrayant.

Blanche

— J'ai trouvé la martingale, déclare-t-elle simplement, sans que ni Bonnie – qui n'a aucune idée de ce qu'est une martingale ; un accessoire de mode sans doute ? – ni Sylvain n'osent interrompre le silence qui suit.

Au bout d'un moment, Blanche reprend :

— Ce qui se dit ici est confidentiel. Je compte sur toi, Bonnie. Voilà ce que nous allons faire pour relancer les finances du magazine, retrouver notre liberté, redonner à la marque son faste. Non, mieux que cela. Faire d'*Attitude* un essentiel, un iconique, la brand la plus désirable du moment, une marque dans le sens le plus large et noble du terme. Nous allons faire une collab avec Olivier. Lui demander de dessiner une collection. Simple, basique.

— Orelsan ? tente Bonnie.

— Quoi ?

— Non, rien.

Puis Blanche reprend avec sérieux, leur signifiant qu'elle ne tolérera plus d'être interrompue :

— Quelques pièces seulement, où le logo mythique d'*Attitude* apparaîtra. En édition ultra-limitée, évidemment. Rien ne doit filtrer. Ou plutôt si. Lorsqu'on aura un peu avancé, on devra lancer la rumeur. Qu'on en parle en ville, sans que quiconque sache vraiment si ce projet est vrai.

« Et puis nous organiserons un défilé événement pendant la Fashion Week. Il nous faudra un lieu disruptif, inattendu où un nombre très limité de *happy fews* sera invité. Où des superstars défileront.

Liste A+. Je m'en charge. Que des *cover girls* du magazine. D'anciens visages des premiers numéros, toutes celles des unes historiques. Des femmes de tous les âges qui incarnent la famille *Attitude*, la mode dans ce qu'elle a de communautaire, de sororal, d'émotionnel. Nous développerons aussi quelques pièces numérotées pour le défilé. Des porte-cafés, un sac... uniques, car gravés aux initiales des invités. Qui rendront folle d'envie une société tellement habituée à disposer de tout, tout de suite, à pouvoir acheter en un clic, porter le lendemain. *Attitude* deviendra le Graal, posséder une pièce de cette collection un objectif inaccessible.

« Dans un second temps, nous lancerons une capsule adressée au grand public. En édition limitée de nouveau. Et nous vendrons nos anciens numéros comme des pièces de collection. On doit désirer un ancien *Attitude* comme on bataille pour un Chanel ou un Kelly vintage. À des prix exorbitants mais abordables. Les images du défilé doivent être folles. Il faudra que l'opération fasse le tour du monde. Que nous soyons relayées partout, en quelques secondes. *Attitude* doit être sur toutes les lèvres.

« Pour la Fashion Week suivante, nous ferons signer la capsule par un autre créateur. Ils voudront tous en être parce que nous serons passés au premier rang. Ce sera l'occasion de faire défiler nos looks. De montrer au monde notre savoir-faire en termes de style, de *mix and match*. Nos séries mode défileront aussi, et ne seront plus simplement visibles dans les pages du magazine. Les images ne suffisent plus, le papier non plus. Il faut du mouvement, de la vidéo, du partage. De la vie. Notre légitimité repassera au premier plan. *Attitude* retrouvera son statut de premier analyste de la mode, de faiseur de tendances, de marque de style numéro 1 au monde. Quant aux revenus générés par la vente des collections et des produits dérivés, ils nous délesteront de la dépendance à la publicité. Nous recouvrerons notre liberté originelle. Notre créativité. Notre âme.

Sylvain a cessé de prendre des notes. Sur l'écran de son téléphone le curseur clignote devant le mot « iconique ». La pluie s'est arrêtée, laissant la place à une lumière rose qui strie le ciel assombri par la nuit qui reprend ses droits. Pour la première fois depuis qu'il est entré chez *Attitude*, Sylvain croit percevoir dans le regard de Blanche une forme d'inquiétude, de vulnérabilité peut-être. Elle n'a parlé de tout cela à personne, mais elle attend qu'il dise quelque chose. Il est conscient de sa chance de travailler avec une telle femme, même s'il n'est jamais parvenu à établir une quelconque intimité avec l'idole de ses jeunes années. Jamais elle ne lui a posé de questions sur sa vie personnelle. Elle ne sait probablement même pas s'il est heureux, s'il est en couple, s'il compte avoir des enfants, s'il a des projets. Mais Blanche de Rochefort lui a apporté tant de choses qu'en fin de compte il se fiche pas mal de tout ça. Il sait qu'il devrait s'extasier – car, dans la mode, il est de bon ton d'en faire des tonnes –, lui dire combien il trouve son plan « canon », lui rappeler encore et encore qu'elle est tout simplement géniale, si innovante et avant-gardiste. Pourtant, il choisit de rester naturel. C'est peut-être ce qui lui a plu chez lui, et il est de toute façon trop tard pour changer. Alors il murmure simplement en la regardant droit dans les yeux :

— Merci.

Et pendant un minuscule instant suspendu, il voit s'allumer une petite flamme de réassurance au fond des pupilles de Blanche. Et un air enfantin. Probablement celui de la fillette qu'elle était lorsqu'elle découpait les pages du magazine dans le secret de la chambre qu'elle occupait chez sa grand-mère, au fin fond du Finistère, ainsi qu'elle l'a raconté dans une des rares interviews qu'elle a données.

Une seconde plus tard, elle a retrouvé son masque habituel, et reprend d'une voix grave et assurée qui ne souffre aucune discussion :

— Parfait ! Bonnie, tu ouvres le défilé.

Myrtille

— Quand j'ai commencé, on était des pionniers. Ce métier n'existait tout simplement pas. C'est Jean-Marc le premier qui a ouvert la voie aux bureaux de presse. Il prenait des sacs qu'il remplissait de vêtements, et partait dans les rédactions. Il y passait des journées entières. Tout le monde l'adorait. Il était si drôle, déjà. À l'époque, il n'y avait pas les mails, les lookbooks en pdf, les influenceuses-portants, les types de la sécurité à l'entrée qui vérifient que tu ne viens pas mettre une bombe. Il y allait au culot. Il débarquait avec sa bonne humeur et son fatras en bandoulière chez *Harper's Bazaar*, *Vogue*, *Elle*, *Attitude*. Les marques ont trouvé ça épatant que quelqu'un prenne le relais entre elles et les journaux. C'était tellement plus simple. Ça leur faisait gagner du temps, et puis elles ont vu que c'était un métier de créer du lien, de l'affectif, une réelle relation de confiance pour pousser des pièces de leurs collections parce que plus les jours passaient, plus elles étaient nombreuses sur le marché.

Alors se faire une place dans les séries mode, être visibles au milieu des annonceurs qu'il fallait bien contenter parce qu'ils faisaient vivre tout le monde – et plutôt bien, à l'époque –, c'est devenu un job à temps plein. On a été une petite dizaine à se lancer dans cet interstice que le milieu avait créé. On a monté nos bureaux. On était amis. On faisait la fête, c'était une chouette époque. On se retrouvait dans les showrooms, des lofts, les rédactions, les soirées, aux Bains Douches, au Palace, à Londres ou à New York.

Myrtille se retient de prendre son téléphone. Elle a probablement des dizaines de messages. Ça lui picote les doigts, de se retenir comme ça. Marcel lui a donné rendez-vous sans sommation. À 8 heures au Costes. Il veut qu'on les voie, et c'est ce qui se passe. À côté d'eux, il y a ce créateur qui porte de grandes lunettes fumées écaille de tortue. Son lifting s'est patiné, c'est devenu joli, a décrété Marcel entre deux leçons de morale distillées sous son babillage matinal. Le créateur caresse un tout petit chien glissé dans son sac Cahu en sirotant de l'eau chaude – le thé, ça l'empêche de dormir, même ingurgité de bon matin.

Plus loin, la régie publicitaire au grand complet d'un mensuel de mode international attend son rédacteur en chef en poussant des gloussements. Quelques tables derrière la verrière, dans l'ombre, Blanche de Rochefort pianote frénétiquement sur son téléphone en picorant des fruits rouges. Tous les ont salués en passant, ont pris de leurs nouvelles. Marcel a visiblement savouré ces instants de théâtre social. Regardez, je suis avec ma chose, leur signifie-t-il en accaparant la conversation, la lumière, l'espace. C'est moi qui lui ai mis le pied à l'étrier.

Myrtille n'a plus le temps de s'intéresser aux vieilles heures de la fashion. Dans quelques jours, elle recevra Milabelle, la plus grosse influenceuse du monde. Une Brésilienne. Un demi-milliard d'abonnés. Venue à Paris pour la signature d'un contrat top secret avec une des marques de mode et de cosmétiques les plus puissantes de l'univers. Les négociations ont pris des semaines. Myrtille les a suivies jour et nuit avec les cabinets de conseil, les agents et les avocats, alinéa par alinéa. Elle en est à l'origine. Elle est passée par Benjamin Favre, qu'elle a récemment rencontré lors d'un cocktail. Elle touchera un gros pourcentage pour cette mise en relation qui conduira à une association historique, et générera sans nul doute des milliards d'euros. Les chiffres ont été estimés, consignés sur des centaines de pages à l'aide de diagrammes et courbes exponentielles, promesses de gains toujours plus considérables.

Pourtant, Myrtille se fiche pas mal de l'argent. Le plus important, c'est que ce coup d'éclat jette pour de bon les bases de sa suprématie dans le domaine du marketing d'influence. Elle veut enterrer l'ancien monde. Celui des médias papier, de la télévision, de ces vieux de la vieille qui ont fait la fête aux Bains Douches, mangé de la viande, bu du vin rouge en habillant des stars du rock saturées de cocaïne. Dans quelques jours, Milabelle atterrira à Paris. Myrtille et Benjamin l'attendront ensemble. Elle fera un selfie contractualisé. Taguera la jeune fille et la marque de cosmétiques.

— J'arrête, déclare brusquement Marcel, tirant la jeune fille de ses pensées.

— Pardon ?

— Je vais vendre mes parts à Jean-Marc, lui céder mes clients. Il pourra remonter la pente, regagner ses galons.

— Ce n'est pas votre concurrent direct ?

— Je l'ai toujours beaucoup aimé. C'est quelqu'un de très bien, de très humain. Tu sais, c'est important dans la mode comme ailleurs, de garder une part d'humanité. À toi de voir si tu veux continuer avec lui. Il est prêt à reprendre la branche influence de l'agence. À discuter avec toi. Je ne saurais trop te conseiller, à ton âge, de travailler avec lui. Il a un gros carnet d'adresses, de l'expérience. Il a beaucoup à t'apprendre, comme tu as beaucoup à lui apporter aussi, évidemment.

— Et vous allez faire quoi ? s'enquiert Myrtille, mal à l'aise.

— J'ai des projets.

— Dans le domaine de la mode ?

— Plus ou moins... Attends, une seconde. Blanche !

Myrtille 361

La rédactrice en chef d'*Attitude* se serait bien passée de cette interruption dans son parcours chronométré. Myrtille le voit à son mouvement d'épaule, à ses lèvres qui se pincent subrepticement. Pourtant, elle revient sur ses pas, ses oreillettes toujours vissées, lunettes noires, écharpe Chanel qui masque le léger outrage des ans sur son cou.

— Qu'est-ce que c'est que ce « Save the date » mystérieux que tu m'as envoyé ? Je suis fou d'impatience ! Un événement secret ? Un concert ? Une fête du magazine ?

Blanche jette un bref coup d'œil à Myrtille. Pour un peu, on pourrait croire qu'elle est gênée que Marcel aborde le sujet de ces festivités au nombre d'invitations limité. Et puis non, elle paraît s'en ficher pas mal. Il n'y a qu'une place pour toute l'agence, et encore. C'est le seul des bureaux de presse qui sera invité au défilé événement. Il n'y aura que cinquante places. Pas une de plus. Il a fallu trancher, faire des choix, en désinviter certains, même. Tout Paris grogne, trépigne. C'est un drame. C'est exactement ce que Blanche aime. Certains se couperaient un doigt pour assister au mystérieux *event* d'*Attitude*. Blanche a même reçu une parure de diamants à la rédaction. Elle s'étonne que Marcel casse les codes implicites qui exigent qu'on n'en parle pas.

Alors Blanche comprend que sous cette apparente légèreté matinale, ces pancakes que Myrtille écrase mollement avec sa fourchette en argent, incapable de continuer à mâcher, face à cet arrêt sur image qui place Blanche, majestueuse et à l'écoute, devant Marcel Ancel et sa perfide protégée, il se joue bien plus que cela. Une vengeance légère certes mais voulue. Le point final à des années de jeux de dupes. L'acmé jouissive d'une tragicomédie commencée par la création de l'agence il y a de cela vingt ans. Alors Blanche décide d'offrir à Marcel ce cadeau de départ bien mérité, vengeant du même coup des générations de bonnes âmes trahies, méprisées, sournoisement poussées sur le bas-côté.

Blanche se penche vers Marcel et chuchote à son oreille. Ainsi toute l'assistance peut les voir proches, échangeant sans doute de fabuleux secrets que chacun espère intercepter. Vous désirez un autre café ? un jus détox ? Oh mais taisez-vous enfin. Chut, chut, mais qu'est-ce qu'ils peuvent bien se raconter ? Quelques portables se lèvent. Ça ferait une chouette story, une image rigolote à envoyer aux copines. Et puis Blanche se redresse, pose une main légère sur l'épaule de Myrtille. Tripote ses lunettes qui n'avaient pourtant pas bougé d'un centimètre et lance à la jeune fille de sa voix grave :

— Allez, ne boude pas comme ça. Une prochaine fois, promis je t'invite, Mathilde !

Avant de quitter les lieux de sa démarche chaloupée, que des milliers de Millenials tentent de reproduire depuis des mois sur les réseaux sociaux. Hashtag #Blanchewalkingdead.

— C'est Myrtille, *bitch*.

Anne

— Il faut que tu sortes de chez toi, insiste Lauren. Que tu t'aères. Tu n'imagines pas le nombre d'invitations qui atterrissent au bureau, et les coups de fil que je reçois parce que tu ne réponds plus au téléphone.

— Je suis très bien ici.

Depuis deux semaines, Anne reste au lit. En pyjama, les traits tirés, recroquevillée sur elle-même. Suzanne ne va plus à la crèche. Anne la garde auprès d'elle, comme pour rattraper le temps passé loin de sa fille, si petite, née dans un monde devenu fou.

Les premiers temps après l'agression, les Travers ont fait changer la serrure, installé un système d'alarme, des caméras, enregistré le numéro du commissariat de quartier dans les téléphones de toute la famille. Brice a râlé pour la forme contre l'insouciance de sa femme mais, conscient du traumatisme qu'elle feignait de ne pas avoir subi, ne l'a pas accablée. Tout semblait être rentré dans l'ordre. Anne avait même repris ses activités dès le lendemain, postant coup sur coup une photo de la nouvelle veste Irene en édition limitée – en laine surpiquée, noire ou grise, très *quiet luxury* scandinave –, provoquant un emballement des serveurs de l'e-shop et une rupture de stock quasi simultanée, une vidéo vantant les bienfaits d'un sirop au collagène repulpant et un code promo valable vingt-quatre heures sur tout l'électroménager d'une enseigne leader du marché. Le reste du temps, elle scrutait avec avidité l'écran de son téléphone, branché en direct sur les caméras du salon, de sa chambre, de celle de Suzanne, du garage. Ça devenait obsessionnel.

Et puis un jour, elle avait basculé. Un matin, Anne n'avait plus été capable de se lever. De bouger ses bras, ni l'ensemble de son corps. Elle était comme vidée de son énergie. Tel un smartphone sans batterie, grillé, incapable de gérer les informations reçues, d'envoyer ou de recevoir un quelconque fichier, de passer d'une information à une autre. Depuis, elle restait là. Atone.

— Tu fais un burn-out, reprend Lauren. C'était prévisible. Tu as été en surchauffe. Toujours entre deux avions, le nez collé à ton téléphone, à essayer de tout gérer. Ta famille, ta marque, et ces foutus partenariats. Oui, je sais ce que tu vas dire. C'est grâce à eux qu'on a pu se développer, embaucher, accélérer la cadence de fabrication, accroître les stocks, les créations, augmenter mon salaire, et je t'en remercie. Mais est-ce que ça valait le coup ? Pourquoi faudrait-il toujours aller plus vite, si c'est pour en arriver là ? Moi, je pense que l'agression n'a été qu'un facteur déclenchant de ce qui couvait depuis des semaines, des mois.

— Tu ne vas quand même pas prétendre que c'est un mal pour un bien ?

— Non...

Lauren cherche ses mots. Elle ne veut pas brusquer son amie. Ni paraître ingrate. Ou pire. Elle sait bien que les parents de l'école parlent beaucoup de la soudaine célébrité d'Anne, du genre qu'elle se donne, selon eux, depuis qu'elle côtoie « le grand monde ». Depuis qu'elle change plusieurs fois par jour de sac à main, quand ça n'est pas carrément de pays, au vu et au su de tous, qui la suivent avec frénésie dans ses pérégrinations. L'air de rien. Ils trouvent qu'elle a changé, qu'elle se prend pour ce qu'elle n'est pas. Qu'elle est une mauvaise mère, une épouse déplorable, une quadragénaire tombée dans le jeunisme. Ils critiquent ses tenues, ses coiffures, son visage. La trouvent tantôt vieille, « marquée » par le manque de sommeil, tantôt transfigurée, « massacrée » par la chirurgie esthétique. Sophie, qui feint de ne pas entendre ces conversations qui s'éteignent à son arrivée, lui a tout raconté. Lauren se demande si, parfois, Sophie n'est pas d'accord avec eux. Quelque chose dans le ton de leur amie lui fait penser que, sous la frustration de ne plus voir Anne aussi souvent qu'avant, se cache peut-être le poison sourd de la jalousie. Car c'est bien cela qui les anime. À moins que ce soit l'ennui qui les pousse à remplir le vide de ces espaces conversationnels pour crucifier celle qui a osé sortir du groupe, se démarquer, sacrifiant selon eux sa famille sur l'autel d'une réussite trop voyante, artificielle, obscène.

Depuis qu'Anne est clouée sur son lit, personne n'est venu la voir. Elle a eu beau ne rien dire de son état, ils se sont forcément rendu compte qu'elle avait cessé d'exister dans ce monde parallèle où son avatar honni nourrissait leur soif de voyeurisme digital. Beaucoup de membres de la communauté d'Anne s'inquiètent. Lui demandent en commentaires si tout va bien. Ils sont en manque. D'elle ? Ou de leur dose quotidienne de contenus, de cette amitié factice déversée au compte-goutte, de cette inconnue qui a transformé un quotidien de femme au foyer en rêve éveillé ? Le rideau s'est déchiré. Et Lauren elle-même n'a pas les réponses. Ce qu'elle sait, c'est qu'Anne va mal. Qu'à force d'avoir fait feu de tout bois, elle s'est brûlé les ailes. Elle s'est perdue dans cet entre-deux mondes et les paradoxes d'un secteur où la bonne volonté ne suffit pas toujours, où l'on pollue comme on crée, où l'on fait les tendances comme on s'accroche à un univers qui n'existe plus tout à fait.

— Et si tu me laissais faire ? propose Lauren, tandis qu'Anne tripote nerveusement son téléphone, le déverrouille, semble chercher quelle application lancer, puis le repose.

— Faire quoi ?

— On va tout reprendre à zéro, si tu es d'accord.

— Explique-toi.

— Déjà, on va dénoncer ton contrat avec Fruits défendus. Myrtille a beaucoup fait pour toi, je le sais. Mais tu vois bien que c'est trop. Elle n'est même pas venue te voir.

— C'est moi qui lui ai demandé de ne pas le faire. Et puis, elle est sur ce gros contrat, tu le sais. Ne sois pas trop dure avec elle.

— Certes, mais si tu veux te concentrer sur Irene, tu dois arrêter l'influence, ne serait-ce que pour un temps. Quoi qu'il en soit, je te vois mal continuer dans ton état, et on a récolté assez d'argent pour développer la marque de manière saine sans vendre notre âme. Pour le reste, je voudrais que tu t'habilles sans te poser de questions. Enfile quelque chose de confortable, quelque chose dans lequel tu te sens bien et pour lequel tu ne dois rien à personne. Une de tes créations, un vieux jean ou même un jogging. Et par pitié, balance-moi ce pyjama, je ne peux plus le voir. Va prendre une douche, je t'aiderai si tu veux. Je t'emmène quelque part. Ne pose pas de questions.

En bas, une porte claque, et la voix de Daria retentit dans l'escalier.

— Maman ! Tu as reçu un courrier d'*Attitude* qu'un coursier vient de me donner. J'y crois pas, tu es invitée à l'*event* secret !

Myrtille

Elle observe la fresque immense, dont les couleurs tranchent avec la monotonie du reste du bâtiment. Ça fait longtemps qu'elle n'a pas eu la boule au ventre avant un rendez-vous. En quelques mois, Myrtille semble s'être habituée à tout. Aucun grand patron ne lui fait plus peur. Pas plus Benjamin Favre que Bertrand Beaulieu. Aucun talent non plus, pas même Milabelle et son demi-milliard d'abonnés. Elle s'est blindée. Mais aujourd'hui, c'est autre chose. Sur les arbres nus, dans l'allée, on voit quelques bourgeons prêts à éclore. Est-ce que de l'intérieur, ils les voient, les observent comme elle ? Dans l'allée, ses bottes à plateforme font crisser les graviers. Des groupes de gens passent à côté d'elle sans lui jeter un regard. Ils ont probablement autre chose à faire. D'autres pensées.

Avant d'entrer, la jeune fille vérifie qu'elle n'a plus aucun mail dans sa boîte de réception. Un tic dont elle ne parvient pas à se défaire. Alors elle s'assied sur un banc. Elle doit être toute à cette entrevue, l'esprit libre. Elle répond à quelques messages sur ses comptes Instagram, pose des likes et essaye une nouvelle fois de prendre des nouvelles d'Anne. Elle s'en veut, même si elle n'y est pour rien. Ça aurait pu dégénérer. Les enfants étaient dans la maison quand c'est arrivé. Mais doit-elle culpabiliser pour tout un secteur ? Footballeurs, animateurs, chanteurs... ils sont nombreux à avoir récemment fait les frais de ces cambriolages violents auxquels les médias ont déjà trouvé un nom. Home-jackings. En commentaire, sous les articles, elle voit bien les reproches.

Ils n'avaient qu'à pas tout étaler comme ça.
La rançon du succès.

Est-ce que tout succès nécessite une rançon ?

Elle sait qu'Anne arrêtera bientôt. Les talents sont des étoiles filantes. Ils incarnent un instant éphémère de l'air du temps, un besoin fugace, une image qui passe et qui lasse. Ou qui se lasse avant, en l'occurrence. Pourtant, elle aimerait lui dire que leur relation ne tenait pas qu'à leur envol à toutes les deux dans ce milieu sur ce propulseur qu'elles ont utilisé de concert. Alors elle envoie un nouveau message. Rappelle-moi. Elle craint d'avoir donné une mauvaise image et qu'Anne pense qu'elle souhaite seulement lui faire honorer ses derniers contrats.

Myrtille glisse son téléphone dans sa poche et se dirige vers l'accueil.

Myrtille

Elle a toujours détesté cette odeur. Comme beaucoup de monde, d'ailleurs. S'il y a bien quelque chose que l'influence lui a appris, c'est qu'on a tous des goûts et dégoûts assez similaires, finalement. Et ce sont vers eux que tout converge.

— Oui, mademoiselle ? Quelle chambre ?

— Je viens voir un médecin, dit-elle doucement.

— Ah mais il faut prendre rendez-vous.

— Le Dr Nicolas Berteau est au courant de ma venue. Pouvez-vous le prévenir que Myrtille Castan est là, s'il vous plaît ?

La dame de l'accueil grommelle, lui demande de s'asseoir en salle d'attente. On n'est pas à l'hôtel, ici. Et puis Nicolas arrive, les cheveux en bataille, en pyjama très large que Balenciaga ne renierait pas forcément s'il était en noir. Myrtille rit intérieurement. Elle est incorrigible.

— Viens, lui dit-il. Je t'offre une succulente boisson à notre cafétéria ?

— Avec joie. Et épargne-moi les vannes sur le champagne, le Crillon et les breuvages que j'ai l'habitude de boire.

— Hou là, je ne m'y risquerais pas. Une fois m'a suffi. Pardon, Myrtille. Tu sais, je ne voulais pas du tout me moquer de toi. Au contraire. Je sais que tu travailles comme une dingue. On le sait tous.

Myrtille fait la moue.

— OK. En tout cas Cerise le sait, et moi aussi. Et puis, ce qu'on va faire là tu sais, ça n'a l'air de rien mais ça va vraiment leur changer la vie.

— T'exagères.

— Pas tant que ça...

Devant eux passent des enfants qui rient. Certains sont ici depuis longtemps.

— Bon alors, reprend Nicolas, très excité. Fred la chips, on peut vraiment l'avoir, tu penses ?

Blanche

— Tu es sûre de toi ?
— Plus que jamais.
Le salon de Blanche est rempli de vêtements sortis de ses armoires, qu'elle trie soigneusement. Depuis trente ans, peut-être quarante – bien malin qui se risquerait à faire le calcul –, elle accumule, classe, conserve avec soin ce trésor fait de pièces haute couture, de prêt-à-porter de collections historiques, de souvenirs rapportés du bout du monde, de carrés Hermès et de bijoux hérités de Mamine. Parfois, elle tombe en arrêt devant une robe ou une pochette qui semblent lui rappeler quelque chose. Elle les plaque contre son corps sec, inspecte son reflet dans le miroir, hausse les épaules et les dépose sur le tas dédié. Elle a passé un tee-shirt *Attitude*, le premier de la collection à venir. Le logo a été brodé à la main sur un Helmut Lang 1996 qu'elle n'avait jamais porté. Il porte le numéro 1 et a déjà une valeur inestimable.

Calé sur le canapé du salon, Benjamin lève la tête de son ordinateur, un brin amusé par ce si brusque revirement. Du décor, mis sens dessus dessous, de leur relation aussi, reprisée par cet appel de Blanche il y a quelques jours, alors qu'il s'apprêtait à monter dans un avion pour aller chercher la nouvelle égérie brésilienne de son groupe, un rapide séjour d'une petite semaine. Une folie écologique qui ne choquait personne.

Blanche pleurait au téléphone. Étranglée par ses hoquets, elle ne parvenait pas à répondre aux questions de Benjamin, visiblement troublé par la détresse de cette femme aux émotions enfouies. Blanche semblait si seule et désemparée qu'il n'avait pas hésité longtemps avant de quitter le lounge, prévenant l'agent de l'égérie qu'il avait un empêchement. Un contretemps familial qui ne souffrait aucune discussion. Car enfin, qui s'aviserait de faire faux bond à une femme pesant un demi-milliard de followers pour en rejoindre une autre, pas même propriétaire d'un compte Facebook, pleurant dans la nuit parisienne ?

Il ne s'était pas posé de questions, il avait sauté dans un taxi, laissé la compagnie récupérer sa valise, même la faire exploser si le cœur leur en disait. Et puis il avait débarqué par cette nuit pluvieuse, tapoté doucement contre sa porte pour ne pas réveiller les voisins, comme chaque fois qu'il était venu – s'il y réfléchissait bien, Blanche ne lui avait jamais fait l'honneur de ses jours. Et s'il s'était attendu à la trouver requinquée, maquillée, niant même être l'autrice de ce coup de téléphone qui lui avait fait rebrousser chemin, il en avait été pour ses frais. À la vue de sa peau délicate dépourvue de fards, de ses pieds nus, de son regard vulnérable, Benjamin avait été touché en plein cœur. Il n'avait rien dit. Il avait ouvert les pans de son manteau, et Blanche, qui avait pris cela pour une invitation, s'était blottie dedans comme un animal transi. Elle avait passé ses bras autour de son torse et libéré ses larmes, sans retenue. Pour la première fois de sa vie d'adulte, Blanche de Rochefort avait rendu les armes devant autrui. Et le fait d'être cet élu avait bouleversé Benjamin.

Il n'avait cependant pas osé céder à son désir de serrer ce corps contre le sien. Ce qui aurait été inconvenant, selon lui. Peu à propos. C'est Blanche, elle-même, qui lui avait laissé entrevoir cette possibilité. Après de longues minutes debout dans l'entrée, elle avait cherché ses lèvres, et leur étreinte avait été féroce, presque brutale. Étourdie par les longues heures passées à sangloter, vidée par la catharsis de ces années de lutte contre elle-même et ces émotions trop longtemps refoulées, Blanche avait été emportée. Elle avait joui. Très vite. Très fort. Elle s'était agrippée à Benjamin, tandis qu'il trouvait lui aussi le chemin de son plaisir, le corps de Blanche plaqué contre un mur laqué – œuvre d'un grand artiste contemporain, lui préciserait-elle plus tard. Ils avaient crié ensemble, laissé déferler cette vague de plaisir surgie de leur solitude, de leur éloignement, du soulagement d'être enfin réunis.

Blanche avait encore laissé échapper des hoquets de fillette qui a trop pleuré. Depuis trop longtemps elle n'avait plus ressenti ce soulagement qui succède au lâcher-prise. Benjamin avait ri en exhibant les suçons dans son cou et les quelques griffures sur ses omoplates. Blanche avait eu honte de son emportement, mais il l'avait très vite fait taire d'un baiser. Il était hors de question qu'elle redevienne la créature à sang froid dont elle endossait le rôle depuis...

— Depuis quand es-tu comme ça ? avait-il fini par demander en ouvrant une bouteille de champagne dénichée dans le frigidaire.

Chère Blanche, merci pour cette belle parution. Vous êtes une icône, disait le carton accroché au col par un minuscule cordon doré, ce qui avait beaucoup amusé Benjamin.

Alors Blanche avait raconté pour la seconde fois en quelques semaines la mort de Simon. Sa silhouette qui disparaît du balcon. Le vertige de son absence comme celui des rêves qui ne la quittent plus depuis ce jour. Son corps qui dégringole vers le sol sans jamais s'écraser, la peur qui la ronge et la réveille au milieu de la nuit. Le rythme des collections qui gouverne dès lors son petit monde, réduit à des décors qui se succèdent comme on passe les diapositives d'un voyage oublié, et qu'elle observe, passive, spectatrice de sa propre vie. Si elle n'a pas tout à fait expliqué les choses de cette manière,

Benjamin a compris. Il avait entendu parler de cet écrivain mort tragiquement au sommet de sa gloire. Peut-être même l'avait-il croisé dans des cocktails. Probablement. Il ne savait plus.

Ensuite, Blanche lui avait parlé de Bonnie dont la rencontre avait tout ravivé. Bonnie débarquée sur la scène de son théâtre, personnage cathartique venu exhumer la tragédie enfouie. Bonnie qui bouleverse tout. Les certitudes de Blanche. Ses habitudes aussi. Et ranime une humanité qu'elle pensait envolée. Blanche a l'impression qu'à travers cette gamine, aussi naïve que guerrière, Simon est venu la libérer. La bousculer, aussi. Lui offrir la possibilité d'écrire un nouveau chapitre qui la sortira enfin de la vacuité dans laquelle il l'a abandonnée.

Bonnie est pleine d'ardeur, elle veut sauver la planète. Elle a la fougue de la jeunesse, sans pour autant juger Blanche ou son petit monde. Ensemble, elles souhaitent changer les choses, rationaliser, proposer des solutions, réconcilier les générations. Elles travaillent sur le défilé depuis des semaines. L'idée des accessoires en plastique *Attitude* a été abandonnée, comme celle de fabriquer une collection partie de rien. Tout sera upcyclé. Blanche adore l'idée. Car elle raconte l'histoire de la mode, et par là même la sienne.

Des couturières ont été mises à contribution ; elles leur ont été présentées par Lauren et Anne, cette influenceuse dont l'ascension a été aussi fulgurante que la chute vertigineuse. Le milieu ne s'en est toujours pas remis. À la rupture de ses contrats, on a crié au caprice. Même le groupe dirigé par Benjamin, avec lequel QueenAnne avait l'habitude de travailler, avait prévu une collab importante. Comment pouvait-elle disparaître ainsi ? Tout laisser tomber ? Il fallait être folle pour abandonner de tels privilèges, cracher dans cette soupe que la planète entière rêve de goûter.

Et puis, un jour, Anne avait effacé tous ses posts. D'un coup. Son compte était devenu vide de contenus. Ne restaient que les millions d'inconnus qui avaient suivi cette série digitale au long cours, orphelins de cette voisine de palier transformée en princesse des temps modernes. Alors Blanche avait pris son téléphone. Non qu'elle nourrisse de réel intérêt pour les activités frivoles auxquelles sa *cover girl* avait cédé. Mais la fashion sphère ne cessait de l'interroger. Elle, la papesse, la patronne, la boss. Elle devait bien être au courant de quelque chose.

Blanche, Anne et sa directrice Lauren s'étaient donné rendez-vous à Viroflay. Anne lui avait indiqué l'adresse du showroom. Un joli garage réaménagé non loin de sa maison – une coquette bâtisse aux faux airs de résidence américaine de série télévisée. Dans la rue, des gamins jouaient au ballon. Des parents discutaient devant leur pavillon. Blanche avait eu un bref frisson devant cette scène dépourvue de raffinement et d'ambition.

Pour atteindre le perron sur lequel une plaque « Irene » lui indiquait qu'elle ne s'était pas trompée d'adresse, les slingback Ferragamo de Blanche s'étaient enfoncés dans la terre encore boueuse d'une récente averse. D'abord chagrinée, elle avait ensuite repensé à Bonnie. À son sourire, son enthousiasme, ses éclats de rire devant les bouderies de cette femme si étrange avec laquelle elle formait pourtant une belle équipe. Car il semblait bien que la présence de Blanche à son côté lui apportait de la joie à elle aussi. C'est ce qu'elle lui avait récemment signifié, avec ses mots d'adolescente et cette pudeur dont Blanche lui savait gré – elle aurait détesté que Bonnie l'assaille de *hugs* et autres déclarations dégoulinantes de sentiments dont la génération Z, du moins celle des programmes de téléréalité, paraît si friande. Bonnie n'avait pas peur d'elle – ce qui était d'ores et déjà fort reposant – et lui ouvrait des perspectives que Blanche n'avait jamais envisagées. Comme celle d'appeler Benjamin, tout simplement parce qu'elle en avait envie, pour lui dire qu'il lui manquait et qu'il semblait que la vie était bien trop courte pour passer à côté de bons moments passés ensemble.

Dans le showroom régnait une atmosphère de joyeuse camaraderie. Blanche s'était attendue à y trouver deux femmes recluses dans leur anonymat recouvré. Pourtant, des dizaines d'ouvrières s'affairaient bruyamment dans l'espace où ronronnaient les machines à coudre. D'immenses rouleaux de tissus colorés garnissaient les murs, ainsi que plusieurs exemplaires du fameux manteau-écharpe monochrome à couture apparente devenu it-pièce en rupture de stock, manifestement prêt à envahir à nouveau le marché.

Lauren et Anne avaient expliqué à Blanche leur projet. Elles avaient embauché ces femmes victimes de violences conjugales, logées dans un établissement volontairement tenu secret, à l'abri de leurs bourreaux. La plupart n'avaient plus rien, ni ressources ni trousseau. En quittant leur domicile, parfois dans l'urgence, elles s'étaient délestées de leur vie. Chez Irene, elles réapprenaient un métier, gagnaient en confiance, retrouvaient la solidarité, une chaîne où les plus qualifiées enseignaient aux novices. Tout cela créait une saine émulation que Blanche n'avait pu nier à leur contact.

Le business model n'était pas des plus ambitieux, avait fait remarquer Blanche, dans un vieux réflexe de gestionnaire. Ce à quoi Anne avait rétorqué qu'elle avait suffisamment amassé d'argent pour lancer ce projet, payer tout le monde, et ce qu'elle en retirait avait bien plus de valeur que ce qu'elle avait connu ces derniers mois. Blanche s'était bien gardée de lui livrer le fond de sa pensée – elle l'avait jugée un peu trop naïve, bien sûr. Mais elle avait été émue par le regard de ces femmes – celui qui, malgré les traces d'un passé douloureux, exprime la rage de survivre et prouve au monde et à soi-même que l'on n'est pas qu'une victime du destin. Elle avait promis de faire un article sur l'entreprise, était repartie avec le fameux it-manteau écharpe qui ne manquerait pas de faire parler si elle le portait parce que Blanche était elle-même devenue une influenceuse, que ça lui plaise ou non.

Et lorsque Bonnie lui avait exposé son projet de collection upcyclée, Blanche avait repensé aux femmes d'Irene. Avec l'aide de Sylvain, elles avaient entreposé toute une partie du vestiaire de Blanche, rempli une camionnette et pris à nouveau la route de Viroflay.

Des soirées entières, Blanche avait recouvré le bonheur de créer sans injonction commerciale. Elle mixait, coupait, ceinturait, dessinait, bricolait sur Bonnie et les autres des looks qui redonnaient vie à cette mode qui l'avait tant fait rêver. Bonnie avait acheté dans des stocks des centaines de tee-shirts qu'elle avait teints ou décolorés, avant que les ouvrières n'y brodent le logo iconique d'*Attitude*, et un numéro de série qui les rendrait uniques. Ce jour-là, et pour la première fois de sa vie, Sylvain avait vu Blanche en baskets. Ça l'avait à la fois ému et mis mal à l'aise, comme s'il la découvrait nue ou démaquillée. On ne se défait pas d'une armure en si peu de temps.

— Ce sera mon dernier tri, déclare Blanche. Je ne garderai que cent pièces, pas une de plus.

— Le dénuement le plus total, ironise Benjamin.

— Moque-toi !

Blanche lui balance un corset Jean-Paul Gaultier 1984. Le nez toujours plongé dans ses mails, il attrape sa main pour l'attirer à lui, et elle s'exécute sans se faire prier.

— Tu ne devrais pas passer autant de temps sur cet écran.

— C'est toi qui me dis ça ?

— J'essaie de ralentir. Tu sais qu'en Chine ils commencent à interdire tout ça ? Et même en Espagne, dans certains collèges. Les spécialistes disent que toutes nos interactions digitales sont l'héroïne du XXIe siècle.

— J'arrête si tu arrêtes.

— Chiche !

— Deal.

— OK. Mais pas tout de suite. Il me reste quelques petites choses à faire.

Myrtille

— Vous n'allez pas mettre du papier peint Pierre Frey dans les chambres, ça va trop leur rappeler le boulot ! s'exclame Marcel.

Myrtille remarque qu'il a exceptionnellement troqué son uniforme marine pour un tee-shirt en coton recyclé crème coordonné à un pantalon chino marine – on ne bouleverse pas deux décennies de look signature en quelques semaines. À son côté, Tiphaine Beaulieu paraît concentrée. Les travaux ont bien avancé. Il faut dire que le budget que Kronos a bien voulu allouer à cette association ne souffrait aucun retard. Ça aurait été fort inconvenant de la part des entrepreneurs de courroucer Bertrand Beaulieu, songe Myrtille.

La bâtisse est grande, sans ostentation. Plantée au milieu de milliers d'hectares, elle côtoie un joli cours d'eau dont le torrent rythme le silence que seuls les chants des oiseaux viennent troubler.

Lorsque Marcel s'est ouvert à Tiphaine, l'affaire s'est conclue rapidement. C'était à l'occasion d'une soirée de charité. Un homme de goût comme lui ferait un voisin idéal pour une esthète comme elle, s'était-il dit. Qui plus est, c'est lui qui s'occupait des plans de table, et il rêvait de faire la connaissance de cette femme qui l'intriguait depuis de nombreuses années.

Au milieu des palabres politiques et économiques, Tiphaine avait été enchantée de cette rencontre avec un personnage aussi cultivé et hilarant que Marcel Ancel, d'autant qu'ils venaient tous les deux de la même région. Et Marcel avait trouvé Tiphaine Beaulieu moins impressionnante que prévu. Il s'était fait une nouvelle fois la réflexion que, sous les masques portés dans le grand théâtre de l'âge adulte, on reste toujours le gamin de la cour de récréation. Tiphaine Beaulieu avait sans doute été une fillette discrète et peu populaire, très bonne élève et pétrie de rêves. Quant à Marcel, le rondouillard que son père rêvait en repreneur de l'auberge familiale resterait toujours planqué sous ses pulls Dior.

Tiphaine Beaulieu lui avait ensuite avoué sa passion pour les livres, ses ambitions de romancière contrariées, les tentatives de Bertrand pour la faire éditer… Ces confidences sincères et probablement rares avaient touché Marcel ; assez pour qu'il se livre à son tour – ses années consacrées à la mode, et ces chapitres heureux qu'il allait devoir clore.

Myrtille

La conversation avait pris une tournure un peu triste. Combien de saisons me reste-t-il ? avait-il lancé. Il ne voulait pas faire cesser le bruit quand il serait trop tard pour lui. Trop tard pour profiter. D'ailleurs, une nouvelle génération se profilait. Il avait évoqué Myrtille, que Tiphaine avait elle aussi repérée et avec qui elle conversait parfois sur les réseaux sociaux. Pour finir, elle avait parlé de Bertrand, de son investissement dans la culture, la philanthropie, les arts… De ses propres envies de changement.

Sans s'en rendre compte, ils avaient abordé le sujet de cette abbaye récemment acquise par Kronos, dont l'avenir demeurait flou. Et ensemble, ils avaient ébauché ce projet qui, depuis, les animait follement. Marcel s'était peu à peu délesté de ses activités à l'agence, laissant à Jean-Marc et à Myrtille le soin de prendre sa relève auprès des clients fidèles.

Bientôt, l'abbaye sera prête à recevoir ses résidents dans des chambres confortables, mais sans luxe ostentatoire, dépourvues de réseau Internet. Sur le terrain, on avait construit des petites cabanes, qui donnaient pour la plupart sur la rivière, semblables à ces petits ryokans découverts par Tiphaine lors de ses voyages au Japon. Chacune avait été pensée pour y accueillir des familles venues y écrire des souvenirs avec leurs anciens.

En regardant Tiphaine et Marcel passer de pièce en pièce en souriant, Myrtille éprouve un immense bien-être. D'abord, parce qu'elle a mis les choses au point avec son mentor, celui qui lui a mis le pied à l'étrier – qui aurait cru en son projet s'il ne l'avait pas fait il y a près d'un an ? Et ensuite parce que ces deux-là l'ont associée à une aventure qui donne du sens à sa vie professionnelle. Elle est aujourd'hui convaincue que si elle s'y sent bien, c'est qu'elle va dans la bonne direction.

Avec Nicolas, ils ont lancé des journées de rencontres à l'hôpital. Grâce à son réseau de talents et à la chaîne qui s'est formée entre ces jeunes au cœur bien plus grand que ce que les esprits chagrins croient, ils font venir une fois par mois les idoles de ces enfants malades. La première fois, ça avait été incroyable. Fred, Léa, Wendy avaient tenu leur langue, repoussé leurs obligations, calé dans leurs agendas ce grand moment tenu secret. Nicolas avait réuni tous les gamins dans la grande salle de télé et leur avait annoncé la venue de quelqu'un de très important. Certains avaient fait la moue, râlé. Quoi, c'est un ministre ? Encore un clown ? Personne parmi le personnel soignant ne connaissait la notoriété de ces « talents » presque aussi jeunes que ceux dont ils s'occupaient toute la journée. Myrtille, elle, avait le cœur qui battait à tout rompre parce qu'elle pressentait déjà ce qui allait se passer.

Lorsqu'ils étaient entrés dans la salle tous les trois, ça avait été comme une déflagration de bonheur, de joie et de cris. Certains enfants avaient fondu en larmes en se jetant dans les bras de leurs idoles. Soudain, le monde virtuel qui les accompagnait quotidiennement venait percuter leur réalité. Et Myrtille avait compris alors que le pouvoir de ces communautés, suivies par des milliers, voire des millions de personnes, était bien plus grand que celui de leurs représentants. Qu'il était plus utile d'ouvrir les consciences aux bienfaits que ces convergences pouvaient apporter au monde, aux gens, plutôt que de les réduire à une forme de marchandisation.

Il y avait eu des selfies à ne plus savoir qu'en faire – « Je suis hideuse sur 90 % des photos », avait déploré Léa en rigolant à moitié, refusant toutefois de retoucher un quelconque cliché –, des Facetime avec les petits frères et sœurs « trop jaloux », les parents bouleversés par tant d'euphorie, des autographes sur des polos, des plâtres, des ballons, des draps – « Ah non, pas les draps. Vous charriez, les gars, c'est ceux de l'APHP ! »

Oui, ce jour-là bien des choses avaient changé pour Myrtille. Jusqu'au moment de s'endormir, elle avait gardé ce sourire qui ne la quittait plus. Avant d'éteindre sa lampe de chevet, elle avait vérifié une dernière fois ses notifications parce que c'était vraiment bon ce grand shoot d'amour, de cœurs jaunes, roses, rouges qui tombaient de partout. Et puis elle avait vu ça : « MamanMyrtille vous suit. » Zéro follower. Un compte suivi. Et puis ce commentaire placé au mauvais endroit, sous un flot d'autres commentaires : « C'est ma fille. »

C'est à l'hôpital qu'elle était entrée en contact avec des associations chargées de placer certains malades en suite de soins. Elle avait immédiatement pensé à l'abbaye de Marcel et Tiphaine, à leur désir de réunir les générations qui ne se parlent plus, qui laissent filer le temps, et puis regrettent de ne pas s'être assez vues. L'association les avait aidés à recruter une équipe médicale pour les soins, le quotidien, afin de rendre ces moments-là possibles, et surtout heureux.

Marcel avait d'ores et déjà emménagé à l'abbaye. Au jour de son premier matin face à la rivière, avait-il raconté à Myrtille, il avait ouvert en grand les portes coulissantes pour laisser entrer l'air doux et la petite musique de l'eau ponctuée par les bruits de la nature toute proche. Une mésange était venue se poser et l'avait observé. Marcel avait aussitôt pensé à sa grand-mère – il avait lu quelque part que les oiseaux étaient des messagers de l'autre monde. Il avait pris cela pour un pardon, un assentiment peut-être, qui l'avait conforté dans l'idée qu'il ne faisait pas fausse route. S'il avait gardé un pied-à-terre à Paris, il ambitionnait d'avoir un jour sa chambre dans un des palaces parisiens comme certaines icônes qui ont fait la légende du milieu. Cela arriverait tôt ou tard. Il n'avait pas perdu la main pour obtenir quelque privilège. Il ferait des allers et retours… Il ne s'agissait pas de tout rejeter en bloc mais d'aider les autres à se reconnecter à leurs proches, et à eux-mêmes, le temps de quelques jours sans portable, montre et ordinateur, loin du tumulte d'un monde devenu fou.

Blanche, Anne, Bonnie

Ils ont tous reçu leur invitation à l'heure des travailleurs de l'ombre. À 5 heures exactement, un chauffeur a sonné chez les cinquante invités mal réveillés, leur enjoignant de se préparer vite, en cinq minutes. Même pas le temps de passer un fer à lisser dans leurs cheveux ni même de poser un peu de blush sur leur visage. Devant l'urgence, la plupart ont sauté dans leur tenue préférée. Souvent ancienne, de belle facture, confortable et élégante. Intemporelle, aurait dit Blanche.

Les voitures électriques ont traversé Paris au moment où les premières lueurs du jour percent le voile de la nuit. Les téléphones ayant été proscrits, chacun en est réduit à regarder le paysage, les immeubles endormis, les rues vides et si belles qu'ils n'avaient plus admirées depuis longtemps. Les réverbères font des taches de lumière sur les trottoirs. Quelques fenêtres sont allumées, devant lesquelles certains observent le même spectacle et savourent ce temps suspendu. Les chauffeurs ne parlent pas.

Même les moteurs sont silencieux. C'est intimidant ce silence, ce huis clos dépourvu de small talk, cette beauté qui éclabousse sans qu'on puisse la mettre en boîte, la partager, annoncer au monde qu'on l'a capturée parce qu'on a le privilège de la voir.

Et puis les cinquante invités sont descendus et ont suivi le cortège muet. On se reconnaît bien sûr, mais visiblement on n'est pas là pour cancaner, prendre des nouvelles, râler contre tout et rien, les dîners qu'il faut supporter, les voyages toujours trop nombreux. Il est bien trop tôt pour tout ça, indéniablement. Et puis il y a comme une atmosphère de fin de règne, quelque chose de très solennel qui ne souffre aucune légèreté. Le privilège d'être là suffit à imposer un respect implicite envers les organisateurs d'un événement tellement disruptif qu'il ne sera pas relayé. On se sent nu, vulnérable sans son smartphone. Où est-on d'ailleurs ? Cette passerelle ne fait certainement pas partie des lieux habituels du centre de la capitale. À moins que le magazine ait relooké le pont des Arts ?

Sur le fleuve assoupi se dresse une grande péniche sur laquelle il a fallu embarquer. Retirer ses chaussures, aussi. On a bien vu une ou deux invitées prêtes à repartir devant cette injonction, avant de céder et de parcourir sur la pointe des pieds les quelques mètres menant à leur siège.

Ce qui surprend le plus, c'est cette absence d'étiquette. Sur le pont du bateau, il n'y a guère de rang, encore moins de chaise Empire ou de plan de salle. Juste un immense plancher en bois vernis bordé de bancs de deux à trois places, recouverts de tissus vintage d'anciennes collections de grandes marques de chez Kronos, mais aussi de chutes fournies par de petits créateurs, des stylistes restés indépendants, tel Irene. Placement libre, est-il indiqué, sans qu'on sache quelle est la meilleure place, celle d'où on verra le mieux le spectacle – spectacle qu'on ne pourra ni filmer ni photographier, ce qui rend le dilemme finalement moins cornélien. Quoique. Las, on finit par choisir au pif. Selon ses inclinations personnelles, la proximité d'un banc, un feeling.

Pour une fois, on ne peut pas plonger le nez dans son écran et feindre une urgence, un article à relire, un post à éditer, pour éviter un échange réel avec son voisin du jour. Alors on se sourit timidement, conscient de vivre un moment d'exception avec le soleil qui commence à se lever au loin et darde ses premiers rayons sur l'eau qui scintille. On n'a que ses yeux et sa mémoire pour graver tout cela. C'est frustrant, certes. Mais un peu fou, aussi.

Anne a les larmes aux yeux. Elle a failli refuser. À quoi cela servirait-il qu'elle monopolise une de ces précieuses invitations ? a-t-elle demandé à Blanche. Il valait certainement mieux pour *Attitude* qu'elle laisse sa place à une personne influente. Mais Blanche a insisté. Et Anne en a été d'autant plus touchée qu'elle a senti qu'il s'agissait là de respect à son égard, et peut-être d'une forme d'amitié, puisqu'elle n'aurait pas de fonction ce jour-là. Pas de paraître. Rien que son être.

C'est amusant de voir Mme Wang délestée de sa panoplie de Parisienne en goguette. Touchant, même, d'observer son visage finalement doux, sans maquillage, son look simple et ses petits pieds habillés de socquettes blanches, recroquevillés l'un sur l'autre. On dirait une enfant. Auprès d'elle, Marcel Ancel et son sourire de Joconde, et puis Tiphaine Beaulieu et son port altier, seul signe extérieur de sa position sur un Olympe pour un instant effacé.

Et enfin Blanche qui apparaît dans une fantastique combinaison léopard Alaïa 1991, harnais Helmut Lang 2003 et sandales Prada. On entend quelques soupirs devant tant de grâce. On avait oublié la beauté de ces pièces, leur modernité. Blanche est fantastique. Elle arbore avec fierté son corps de danseuse. Ses cheveux sont sculptés au gel – évidemment, elle a pensé au vent, qui chahute les coiffures de ses invités. Ça fait rire Marcel, qui la connaît assez pour savoir que rien de tout cela n'est dû au hasard. Comme le fait qu'elle soit la seule à porter des talons. Juste derrière elle, sa rivale de toujours comprend subitement pourquoi elle a été invitée et repousse ses mèches avec humeur.

Blanche n'est pas une adepte des grands discours. « *Shut up and let your face do the talking.* » Elle a repris le célèbre conseil de Marie Helvin à Kate Moss à son compte depuis bien longtemps. Mais cette nouvelle étape dans l'histoire du journal l'y oblige, déclare-t-elle au micro. Blanche de Rochefort évoque *Attitude*, cette institution qui lui a donné la vie une seconde fois, ce secteur absurde mais sans doute le plus précurseur, drôle, fugace, créatif dans sa capacité à sentir ses contemporains. Un secteur soumis à l'accélération d'un monde dont les réalités l'ont parfois dépassé. Elle raconte le rythme des collections, le paradoxe de nouvelles générations tiraillées entre la soif d'une mode consommable vite, mal, et une conscience environnementale qui doit tous nous bousculer, dans notre insatiable appétit pour la nouveauté. La mode existe pour refléter un moment dans le temps, conclut-elle. Ça a toujours été le cas.

Certaines sourient, lèvent les yeux au ciel parce qu'elles voient dans ce discours un effet de manche, l'opportunisme d'une boomeuse prête à s'agripper à n'importe quelle branche, fût-elle en bois recyclé, pour ne pas trépasser, noyée dans le grand bain de la ringardise. Et puis les mêmes qui opinent vivement du chef lorsque Blanche rappelle la folle créativité qui avait animé cet artisanat qui naissait au monde de la pop culture dans les années 1990, et leur envie à tous, alors, d'embellir le décor de leurs vies, main dans la main. De cette énergie qu'elle aimerait rapporter de ces années-là jusqu'aux nôtres et donnerait l'impulsion à une nouvelle façon de vivre la mode dans une planète en pleine mutation. Ce serait mal la connaître que de la penser passéiste, précise-t-elle avec une moue de dégoût. Quelle horreur.

— Pour cette collection que nous vous présentons aujourd'hui, nous nous sommes plongés dans les archives, avons exhumé les plus belles pièces, les plus rares. Uniques. Avec elles, nous avons imaginé les looks les plus actuels avec notre équipe de stylistes, upcyclé beaucoup d'entre elles grâce au talent d'Olivier, et puis créé à partir de pièces et tissus existants des looks uniques qui racontent *Attitude*, un magazine qui traverse les époques. Bien sûr, le développement d'une mode circulaire, responsable et raisonnable, coûte cher. Mais avec l'humain on fait beaucoup, ajoute Blanche dont la voix tremble un peu, tandis que le hasard dépose au même moment une flaque de soleil près d'elle, et qu'un air d'opéra vient envelopper la scène d'une aura dramatiquement belle qui fait taire les ricaneuses.

Le bateau a quitté la rive sans que personne s'en aperçoive. Il longe la capitale qui s'éveille et expose ses merveilles séculaires. Le musée d'Orsay prend des teintes dorées, rappelant à ce public souvent négligent son insolente majesté.

— Une gare devenue musée, précise Blanche à son passage. Construite pour l'Exposition universelle, qu'on dénuda en 1973 pour n'en garder que le squelette, et qu'on rhabilla ensuite de ces pierres qui accueillent aujourd'hui les chefs-d'œuvre impressionnistes... Mais je ne suis pas guide touristique. Mon propos est d'attirer votre attention sur la rareté du beau, des instants et des récits, et sur sa capacité à traverser le temps en se renouvelant sans cesse sur le terreau de son histoire. Sur la beauté de nos émotions qui seules doivent nous guider, comme ces époques qui se donnent la main, faisant jaillir les prochains chapitres qu'il nous tarde de lire.

Le public est fin prêt lorsque apparaissent les silhouettes de femmes aux larges sourires. Elles sont de tous âges. Tous les corps sont représentés. Il a fallu convaincre Blanche sur ce point parce qu'on ne lui ôtera pas de l'esprit que la mode est plus belle sur les minces. Mais Bonnie a eu raison de ses réticences, elle-même n'ayant pas particulièrement la taille mannequin – un terme totalement ringard, a-t-elle rétorqué. Et s'il y a quelque chose que Blanche abhorre, c'est bien la simple idée de ne plus être connectée à son époque.

Les supermodèles des années 1990 sont toutes venues. Lorsqu'elles se présentent sur le pont, elles défilent sans ostentation, provoquant dans l'assistance des soupirs d'admiration, des couinements de plaisir. « Regarde, elle aussi est là. Mais on ne l'a pas vue défiler depuis Alexander ! » Sur les tenues iconiques que l'équipe de Blanche a dénichées, elles portent qui un sweat-shirt brodé au logo d'*Attitude*, qui un foulard vintage flanqué de ce grand A à la typo reconnaissable entre mille. Tout le monde en veut. Les rédactrices notent avec frénésie leurs impressions sur les petits calepins qui ont été déposés sur les bancs. Depuis quand n'avait-on pas fait ça ? Depuis quand n'avait-on pas applaudi comme c'est le cas ce matin-là ? Les mains sont aussi libres que les émotions, directement connectées au spectacle en train de se dérouler.

Bonnie clôt le show. Elle est à la fois irréelle et brutalement présente. Sans artifices. Certains tripotent leurs poches, à la recherche d'un téléphone, parce qu'enfin il faudrait immortaliser cet instant dont chacun est conscient qu'il marque la fin d'une époque, le début d'une autre. Tout le monde est debout, des larmes coulent, et la voix de la Callas s'envole au-dessus de la Seine, vers la foule qui s'est arrêtée de courir parce qu'elle se demande bien ce qui peut se passer là-bas, entre les deux rives. Qui sont ces gens qui applaudissent, qui poussent des cris de joie ? Qu'est-ce que cette minuscule planète perdue au milieu du monde, qui cherche dans les étoffes, les couleurs, les volumes et les fronces, les superpositions et l'épure, à prendre l'empreinte des siècles ?

Peut-être rien.

Peut-être tout.

Milabelle

Rio de Janeiro

— PNC aux portes. Armement des toboggans. Vérification de la porte opposée. Bonjour, bienvenue à bord de l'airbus A380 à destination de Paris Charles-de-Gaulle. Notre temps de vol sera aujourd'hui de onze heures et dix minutes. Beau temps sur le trajet avec quelques turbulences prévues en approche. À l'arrivée c'est du beau temps avec une température de 12 °C. Je vous souhaite un très bon…

Les passagers la regardent. Même ceux de la business class. Un demi-milliard de followers, ce n'est pas rien. Elle est accompagnée d'un staff de huit personnes. Ils occupent la quasi-totalité de la première classe. Elle porte un survêtement strassé à plusieurs milliers de dollars, des bijoux de haute joaillerie et même une bague d'orteil sous ses Crocs en fourrure, que personne ne voit, mais qui la rassure sur sa valeur marchande. Sur sa valeur, tout court. On ne voit pas bien son visage derrière ses lunettes masque gigantesques qui mangent son minuscule visage au teint de porcelaine. Le personnel de bord est aux petits soins pour ce groupe particulier.

Près du cockpit, deux stewards sont en plein conciliabule. L'un d'eux aimerait aller prendre un selfie, même si ce type de comportement est prohibé par la compagnie, qui plus est lorsqu'il s'agit de passagers de première qui acquièrent très cher leur tranquillité en vol. Mais le steward n'y tient plus. C'est beaucoup trop tentant. Combien gagnera-t-il de followers avec un pareil contenu ? En gobant tel un vampire un peu de la notoriété de l'influenceuse brésilienne, peut-être pourra-t-il quitter son emploi, se faire repérer, qui sait ? Parmi les centaines de milliers d'inconnus qui verront son visage auprès de celui de la star au demi-milliard de spectateurs se trouve peut-être un producteur, un agent, quelqu'un qui verra en lui ce potentiel qu'il sent au plus profond de son être. Oui, il a toutes les capacités pour devenir célèbre.

Alors il s'approche. Demande si tout va bien, si la déesse de l'univers social n'a besoin de rien. Elle a enfilé les petits chaussons offerts par la compagnie, attend que sa maquilleuse vienne lui ôter ses fards, ses faux cils, ses rajouts capillaires, qu'elle réajustera deux heures avant l'atterrissage. Car dormir avec les paupières ainsi lestées, c'est un vrai défi. Et le sommeil est la clé de la jeunesse.

À Paris, Milabelle est attendue par le grand groupe de cosmétiques qui vient de la signer. Dans les jours qui viennent, elle rencontrera toute la presse, sera front row aux plus grands défilés. N'annoncera pas toujours sa venue pour créer la surprise. Le président de la République la recevra aussi, c'est prévu, comme ce rapprochement entre deux pays dont cette signature apparemment anodine est l'allégorie. Il ne s'agit pas seulement de cosmétiques. Il ne s'agit jamais que de cosmétiques. Tout est politique.

Le décollage s'est bien passé. Les passagers peuvent détacher leurs ceintures. La star tripote son téléphone, énorme, hérissé d'une coque rose en peluche, qu'elle a branché au secteur. La compagnie n'aime pas ça. Récemment, le steward a eu une formation sur le sujet. Ça peut être dangereux. Il faut absolument expliquer aux passagers que ce n'est pas raisonnable. Qu'une batterie au lithium, ça peut exploser. Qu'il faut maintenir les appareils électriques chargés à seulement 30 %. Mais avec le Wifi à présent accessible à bord et ces prises USB sur les sièges, comment leur faire entendre raison ? Bien sûr, il faudrait qu'il l'en informe gentiment, et qu'il avise ses supérieurs. C'est son travail. Mais lorsqu'il pointe le smartphone avec son doigt, la star pense qu'il veut un selfie. Elle sourit d'un air las, acquiesce et place son visage près du sien. Elle a la même odeur musquée qui émane des riches passagers. Le steward tremble lorsqu'il brandit son téléphone. En appuyant sur le bouton, il prend soudain conscience que cette photo existe désormais. Lui à côté de la star au demi-milliard de followers.

Il attendra d'être à terre, bien sûr, pour la poster. Ça lui laissera le temps du vol pour la retoucher. Il doit être parfait. Il remercie, repart, se courbe, se confond en excuses, en remerciements, il ne sait plus bien. Tout ça est tout bonnement magique. La maquilleuse vient poser des compresses sur le beau visage de porcelaine. Le steward prépare les chariots en tremblant.

Quelque part au-dessus du Kazakhstan
Dans la nuit, seuls sont visibles les écrans, sur lesquels ondulent des films récents, des héros qui tirent des coups de feu, des visages déformés par la peur ou pleurant en gros plan. Quelques vagues sons proviennent des casques nouvelle génération. Beaucoup de passagers dorment, blottis dans leurs plaids similaires. Siège ouvert à 180 degrés, la promesse d'un bon sommeil. Une passagère, perdue dans les allées, a franchi les petits rideaux qui séparent les classes. Elle observe avec fascination cette caste qui survole la Terre dans un confort absolu. Elle devrait rebrousser chemin, pioche pourtant dans un petit panier des friandises de grand chocolatier. Elle perçoit un parfum particulier. Quelque chose d'âcre qui envahit l'habitacle.

Milabelle a mis les boules Quies et le masque de sommeil fournis par la compagnie, tout comme sa maquilleuse et son staff. Assoupis, ils sont toujours reliés aux écrans qui continuent de diffuser des fictions dont ils ne verront pas la fin. Demain, l'équipe doit assurer. Offrir au groupe de cosmétique français l'image pour laquelle ils ont déboursé une fortune. Les stories ont été postées, ainsi que le stipulait le contrat. Ils sont des millions dans le monde à savoir que la chanteuse a embarqué, à connaître les vêtements qu'elle porte, les produits qu'elle a appliqués sur son visage, les mets qu'elle a avalés avant de décoller. À les avoir déjà achetés, précommandés vite, vite, avant qu'il n'y en ait plus.

Du portable en charge s'échappent des petites flammes dans une odeur de combustion. Elles gagnent les tissus. Tout va très vite. Ça s'embrase dans un silence assourdissant, à partir du téléphone toujours branché. Dans la nuit au-dessus du Kazakhstan ça fait comme une étoile qui jaillit, éclate, puis disparaît.

On parlera longtemps de ce premier accident. La Federal Aviation Administration publiera nombre de communiqués pour rappeler leurs précédentes mises en garde. On suggérera même d'interdire les smartphones à bord, les appareils électriques, de revenir aux temps anciens où l'on était coupé du monde lorsqu'on le survolait. Il y aura de nombreux débats à la télévision, où influenceurs, hommes et femmes de loi et experts en tous genres viendront s'affronter sur la question. La majorité conviendra qu'il serait inconcevable d'en arriver à de telles extrémités, arguant qu'on a tous besoin de notre téléphone, qu'il est trop tard maintenant pour revenir en arrière.

On se souviendra longtemps de cette somptueuse cérémonie funéraire où se pressait le Tout-Paris de la mode et de l'influence. Le groupe avait voulu offrir à son égérie disparue un événement d'exception. Un hommage à la hauteur de la Légende dont le visage l'accompagnerait désormais pour toujours, figé dans son éternelle jeunesse. Un tableau onirique retransmis aux quatre coins de la planète depuis l'église de la Madeleine.

Le front row était magistral. S'y mêlaient les nationalités et les générations. On aurait dit une Cène des temps modernes. C'est ainsi qu'un grand hebdomadaire l'avait appelée en publiant le cliché devenu culte de cette guirlande de protagonistes du beau monde. La grande Blanche de Rochefort au bras de Benjamin Favre, que certains diraient avoir croisés quelques semaines plus tard au sommet du mont Blanc, vêtus de frusques de haute montagne – c'était probablement faux mais qui sait ce qui peut passer par la tête de ces gens-là ? Anne Travers, Marcel Ancel, presque paternel avec Myrtille Castan, que les fans de la défunte avaient poursuivie de leur ire sanguinaire partout sur la Toile et jusque chez elle, raison probable pour laquelle elle avait radicalement changé de look (un style « boring », disait-on), au point que beaucoup l'avaient à peine reconnue.

Blanche était allée sur les plateaux de télévision pour prendre sa défense – selon elle, l'agente n'était que le fusible d'un événement auquel elle ne pouvait rien, une jeune femme qui n'avait fait qu'obéir aux injonctions d'une agora assoiffée de spectacle. C'était assez joli cette réconciliation des générations et puis cette forme d'adoubement et de rédemption, dont les deux femmes étaient finalement devenues une allégorie.

De l'avis de tous et même de ceux qui n'étaient pas parvenus à obtenir une invitation, ce fut probablement le plus beau show de l'année.

Le lendemain, le compte Instagram de Milabelle, remplacée par un avatar animé par une intelligence artificielle, comptait près d'un milliard de followers. Et tout put continuer.

Remerciements

Merci à Matthias, qui m'a ouvert les portes de ce théâtre un peu fou, fait de tant de paradoxes et de beautés.

Merci à tous ceux qui m'y accompagnent depuis avec bienveillance et beaucoup de gaieté. Malika, Marie-Caroline, Lisa, Louise, Alex, Marie-Gabrielle, Vanina, Delphine, Sabrina, Johanna, Jean-Marc, Anna, Angelo, Caroline, Dominique, Pascale, Carlos, Aurélie, Clara, Marion, Marie, Pierre, Hervé, Maud, Astrid, Adélaïde, Katell, Brune, Stéphanie, Cyril, Richard, Ugo, Marcel, Benjamin, Matthias D., Grégory, Lydia, Margot, Barbara, Thomas, Johanna, Damien, Lucie, Bertille, Flavie, Hoda, Audrey, Bettina, Sandie, Lucien, Jonathan, Tifenn, Jeanne, Elodie, Xavière, Yasmine, Tiziana, Elisabeth, José, Sophie, Émilie, Éva, Camille, Aude, Loraine, Manon, Aurélie, Fleur, toute la rédaction de *Gala*, Julie, Mahjouba, Agathe, Elena, et j'en oublie.

Merci à Guillaume, Tao et Kim de supporter mes voyages, mes décalages, mes passages parfois éclairs et pailletés

Vive la mode et son spectacle, qui racontent le monde et font taire un temps ses fracas dans un tourbillon de taffetas.

*Cet ouvrage a été composé par PCA
pour le compte des Éditions J.-C. LATTÈS
17, rue Jacob – 75006 Paris
contact-lattes@jclattes.fr*

*Imprimé en France par
CPI BRODARD & TAUPIN (72200 La Flèche)
en février 2025*

N° d'édition : 02 – N° d'impression : 3060704
Dépôt légal : janvier 2025
Imprimé en France